国家统一模式研究

王英津　著

九州出版社
JIUZHOUPRESS

图书在版编目（CIP）数据

国家统一模式研究／王英津著．—北京：九州出版社，2008.5

ISBN 978-7-80195-832-7

Ⅰ.国…　Ⅱ.王…　Ⅲ.中国政治—研究　Ⅳ.D5

中国版本图书馆 CIP 数据核字（2008）第 067654 号

国家统一模式研究

作　　者	王英津　著
出版发行	九州出版社
出 版 人	徐尚定
地　　址	北京市西城区阜外大街甲 35 号（100037）
发行电话	（010）68992190/2/3/5/6
网　　址	www.jiuzhoupress.com
电子信箱	jiuzhou@jiuzhoupress.com
印　　刷	北京国防印刷厂
开　　本	720 × 1020 毫米　1/16 开
印　　张	20.25
字　　数	297 千字
版　　次	2008 年 6 月第 1 版
印　　次	2008 年 6 月第 1 版　第 1 次印刷
书　　号	ISBN 978-7-80195-832-7/D · 188
定　　价	45.00 元

目 录

图表目录

一、图目录

二、表目录

导　论

一、选题意义

纵观世界历史，凡强盛兴旺之国家都是统一的。统则兴，分则衰。实现国家统一成了许多政治家和思想家为之奋斗的事业。穆罕默德曾一手拿着《古兰经》，一手握着宝剑，统一了阿拉伯世界，阿拉伯帝国曾雄居西亚、北非数百年；德国宰相俾斯麦用“铁血政策”统一了德国，德意志民族自此而跻身成为欧洲列强；意大利政治家、思想家马基雅维利针对当时意大利的分裂和衰败，提出了统一和振兴意大利的主张，他认为，国家要强大，首先要统一。[1] 马克思主义经典作家历来重视国家统一的重要性，恩格斯在谈到当年德国的分裂状态时说：“统一会使我们不蹈华沙和布隆采耳的覆辙，只有统一才能使我们在国内和国外强大起来。”[2] 斯大林在论述到国家统一所带来的好处时，曾经指出：“如果不能摆脱封建分散和诸侯混乱的状态，世界上任何一个国家都不可能指望保持自己的独立和真正发展经济和文化。只有联合为统一集中的国家，才能指望有可能真正发展文化和经济，有可能确立自己的独立。”[3]

翻开中国历史，我们就会发现，中华民族形成的过程，就是一个国家由分裂到统一，从小统一到大统一，再分裂到再统一的过程，同时，其间充满着维护统一、反对分裂的斗争。历史表明，自有文字记载以来，中国统一的时间要比分裂的时间长得多。如果从秦始皇灭六国，建立起第一个中央集权的封建国家算起，大的长时间的分裂共有六百年左右，只占这段历史的四分之一。而且，统一与分裂交替发展的规律是：大的分裂时间越

【1】 [意]马基雅维利著：《君主论》，潘汉典译，商务印书馆1997年版，第121页。

【2】 《马克思恩格斯全集》第13卷，人民出版社1962年版，第299页。

【3】 《斯大林文选》(1934 – 1952)，人民出版社1978年版，第503页。

来越短；而统一的时间则越来越长；统一的规模，越来越大；统一的程度，越来越高。[1] 从历史上看，分裂从来都是暂时现象，而统一却始终是历史的主流，是历史发展的大趋势。

正因为如此，中国很多杰出的历史人物都在国家统一问题上有所作为。秦始皇、汉武帝、唐太宗、宋太祖、成吉思汗等之所以为后人所颂扬，就是因为他们在国家统一问题上作出了巨大贡献同时，如何实现和维护国家统一也是中国历代思想家、政治家们所共同关心的一个问题。孔子称赞“合诸侯”[2]、“一匡天下”[3]；孟子主张“定于一”，[4] 认为统一之后才能安定；荀子一再称道商汤、周武王“天下为一”的业绩，认为“天下不一，诸侯欲反”[5]；吕不韦提出“一则治，两则乱”[6] 的观点；董仲舒发挥了孔孟“大一统”的主张，认为“《春秋》大一统者，天地之常经，古今之通谊也”[7]；康有为面对殖民主义、帝国主义对中国的瓜分，大声疾呼“中国只可一统，万无分立之理，更无分为联邦之理也”；[8] 为国家统一事业奋斗了一生的孙中山先生说：“统一成而后一切兴革乃有可言”，统一起来才是“真民治”，才能“与列强共跻于平等之域”。[9] 以上思想家、政治家们的这些主张较清楚地反映了中国人民反对分裂、要求统一的强烈愿望，从而使得追求统一成为中华民族的政治传统。

1949年中华人民共和国的成立，结束了中国大陆几十年来四分五裂的局面，实现了国家的基本统一。随着1997年香港的回归和1999年澳门的

【1】参见程林胜著：《邓小平“一国两制”思想研究》，辽宁人民出版社1992年版，第20－21页。

【2】《左传·僖公九年》。

【3】《论语·子路》。

【4】《孟子·梁惠王章》。

【5】《荀子·王制》。

【6】《吕氏春秋》卷十七，《不二》。

【7】《汉书》卷五十六，《董仲舒传》。

【8】汤志均编：《康有为政论集》下册，中华书局1981年版，第693页。

【9】《孙中山选集》上册，人民出版社1956年版，第521页。

回归，中国实现了进一步的统一。但遗憾的是，由于历史与现实的诸多原因，目前台湾仍处于中国统一的大门之外，诚如邓小平所说："我们还有一个台湾问题没有解决，仍然面临着完成国家统一的任务。"[1]

海峡两岸能否统一直接关系到中华民族复兴大业的成败。从现实利益看，台湾问题的解决关系着中国在新世纪的崛起与腾飞，关系着中国未来的前途和命运。具体而言，统一对中华民族的复兴大业具有如下积极意义：

第一，从经济上看，统一之后，中国大陆与港、澳、台形成一个优势互补的经济共同体，大陆将成为港、澳、台经济发展的后盾，为它们提供丰富的原材料、广阔的市场和充足的劳动力，而港、澳、台地区的资金、技术等也将成为大陆经济的有益补充。这一点在近些年来两岸四地的经济交流过程中已得到了充分证实。如果实现了统一，把港、澳、台和大陆的国民生产总值相加，中国的经济实力将位居世界前列。

第二，从政治上看，统一将消除两岸之间的敌对状态，台湾将不再以大陆为假想敌人，而与大陆一起一致对外。这不仅可以消除"内耗"，而且还可以充分发挥国防上的规模效应，增强国家的整体防务能力。在政治制度方面，不再以意识形态"划线"，而以客观、冷静的心态对待对方的制度，相互借鉴，取长补短。

第三，统一还可以大大提高中国的国际地位，使得我们在国际交往中可以处于更有利的位置。比如现在美国经常以台湾问题作为对华交往的一个筹码，统一之后台湾问题将不再能被美国利用，这显然更有利于中国的国家利益，更有利于中国参与国际交往活动。难怪有学者说："统一台湾是中国参与世界事务的第一张资格认证书。"[2]

第四，从现代化与国家统一的关系来看，"中国现代化的特殊性之一就是现代化的整个过程与国家统一过程形成了一种同步和贯通的关系，甚

【1】《邓小平文选》第三卷，人民出版社年1993年版，第289页。

【2】张文木著：《世界地缘政治中的中国国家安全利益分析》，山东人民出版社2004年版，第304页。

至它们有着互为条件和互为助益的关系”，“国家的统一，特别是祖国大陆与台湾的统一，可以为双方的现代化和进一步的深化改革提供新的源泉和条件。”[1]“台湾问题关乎中国现代化全局”，“应将台湾问题看做是中国现代化问题的有机组成部分”。[2] 因此，早日实现两岸的统一，是中华民族振兴的客观要求，是中国现代化发展的战略利益所在。

党和政府正是基于上述认识，早在20世纪80年代就将完成包括台湾在内的国家统一列为当时的三大任务之一。邓小平曾强调指出：“实现国家统一是民族的愿望，一百年不统一，一千年也要统一。”[3] 经过不懈地努力，我国终于在统一的道路上迈出了可喜的两步，即于1997年和1999年应用“一国两制”模式分别实现了香港回归和澳门回归。但在两岸统一问题上却至今没有取得实质性进展，为此，党和政府又将实现海峡两岸的统一列为21世纪的三大任务之一。国家的完全统一，是全球华人共同的愿望；全力谋求两岸统一，对于海峡两岸的炎黄子孙来说，更是责无旁贷。

那么，未来两岸以一种什么样的模式走向统一呢？这是两岸统一中不可回避的现实问题，并且这一问题直接影响着国家统一的进程和结果。多年来，围绕着这一问题，学者们进行了大量的研究，并发表了大量的学术论文，其中也提出了众多的统一模式构想。据大陆台湾问题专家李家泉先生统计，各方提出的有关解决两岸统一问题的主张或模式，除邓小平同志提出的“一国两制”外，还有非“一国两制”的主张或模式共一百零一种，大体可分以下三类：

第一类是“一国一制”模式。共十一种。其中：属“大陆模式”类一种，系台湾部分统派人士提出，主张以大陆的社会主义制度统一台湾。属“台湾模式”类十种，如蒋经国等人提出的“一国良制”，邵玉铭提出的“中华民国模式”，杨国枢提出的“台湾发展模式”等，均主张以台湾的资本

【1】 李义虎：《统一与中国的全面现代化》，载《统一论坛》2001年第6期。

【2】 参见张文木著：《世界地缘政治中的中国国家安全利益分析》，山东人民出版社2004年版，第386－387页。

【3】 《邓小平文选》第三卷，人民出版社1993年版，第59页。

主义制度代替大陆的社会主义制度。

第二类是“两国两制”模式。共七十种，有些虽冠以“一国”，但只是名义的，仍强调台湾“主权独立”。其中：属“一国两府”类二十四种，如沈君山的“一国两治”和“一国两体”，丘宏达等人的“双体制国家”，李登辉等人的“第二共和国”等。属“邦联制”类十三种，如张旭成的“中国国联”，马彬的“中华邦联”，梅可望的“大中华国协”，魏镛的“多体制国家”等。属“经济模式”类十八种，如熊王介的“亚太经济社区”，林邦充的“华人共同市场”，李登辉的“共同发展经济圈”等。属“文化统一”类两种，如余英时等人的“文化统一论”，陈立夫等三十四人的“三民主义文化统一中国方案”。属“奥运模式”类两种，如翁松燃的“奥运会模式”（又称“一个半中国”），亚洲开发银行理事会的“亚行模式”。属“一中一台”类十一种，如彭明敏的“一个中国、一个台湾”，吴丰山的“台湾分立”，民进党新潮流系的“台湾共和国”等。

第三类是不便分类者。有二十种。即虽大体可判断属非“一国两制”，但究竟属“一国一制”还是“两国两制”，暂还不能或不便明确分类。其中：属“大陆主体”类的五种，如台湾某些统派人士提出的“改良型一国两制”、“新一国两制”、“国中国模式”、“中国和平统一方案”等。有的虽似“一国两制”，但并非“一国两制”。属“联邦制”的十种，如台湾学者姜敬宽提出的“联邦共和制”，陆铿提出的“中华联邦”，可能是“一国一制”，也可以是“两国两制”，不便于分类。属“其他类”的五种，如胡秋原、王晓波等人的“国民议会”，侯立朝的“和平统一中国方案”等。从其内容判断，均不属“一国两制”，但究竟是“一国一制”，还是“两国两制”，可此也可彼，不便主观地加以区分。[1]

尽管从表面上看起来，关于国家统一模式的主张如此众多，但从总体说来，目前国内外学者对国家统一模式的研究尚属薄弱，主要表现在：

(1) 论著形式的成果甚少。从海外的情况来看，对国家统一模式进行

【1】参见李家泉：《两岸共创“一国两制”的台湾模式》，载《统一论坛》2001年第2期。

研究的国家，大多是存在着统一任务的国家，如：德国、韩国等。特别是南韩，还成立了研究国家统一的机构——“世宗研究院（The Sejong Institute）”，该研究院组织国内权威学者的《韩国国家的战略》，便是一本研究统一模式的经典著作。从台湾方面来看，其对国家统一模式的研究成果多于大陆方面，但就专著而言，台湾方面也很少。据笔者所掌握的资料信息来看，只有台湾张五岳先生著的《分裂国家互动模式与统一政策之比较研究》和张亚中先生著的《两岸统合论》等数本。绝大多数有关统一模式的研究，通常散见于其他有关统一问题的研究之中。从大陆方面来看，至今还没有一本专门研究国家统一模式的专著，只是在一部分著作中涉及对国家统一模式的研究。由于它们不是对该问题进行专门的研究，所以这些研究成果难免不系统、不深入。

（2）论文形式的成果虽然颇丰，但存在着泛政治化倾向。研究者由于政治立场的局限，在研究成果中表露出一定的政治化倾向，这是难免的。但过于政治化则不利于问题的深入研究。目前有关两岸统一模式的研究，在这方面表现得特别突出。如大陆方面对“联邦制模式”的研究，大多认为它是跟“分权”、“资本主义”联系在一起的，因而对它大加批判，而不是客观地分析它究竟为什么不适用于两岸统一。再如对“一国两制”的研究，太偏重于对“一国两制”的官方宣传和正面论证，意识形态色彩甚浓，这种作法虽然宣扬了“一国两制”的积极效能，却在客观上忽视、淡化、甚至影响了对“一国两制”资源的进一步挖掘。同样，台湾方面对于统一模式的研究也存在着过于政治化的倾向。

（3）关于统一模式的基础理论研究显得薄弱。当今关于国家统一模式的研究，在内容上普遍存在着泛应用主义的特点。不注重从基础理论研究入手，去挖掘某一模式的内在本质。还是以联邦制为例，人们至今对联邦制尚存在着误解，大都将它与“分权”联系在一起，其实它的本质意义与单一制一样都是“集中”，只不过它是非“集中”形式下的“集中”。再如，我们尽管对两岸统一抱有殷切的期望，但是，两岸要统一什么？即统一的使命和客体是什么？这看似一个“1+1=2”的问题。其实不然，真要将答案说清楚，起码让台湾方面感到信服，则不是那么容易，至少目前大陆学术界尚未做到。诸如此类的问题，之所以还不能得到有效解答，就是因为以往不注重对基础理论的研究。

由以上分析可知，两岸统一对于中国具有如此重大的意义，理应有更多的学术资源贡献其中。而当前学术界对国家统一模式及其有关理论的研究却不能完全满足于现实的需要，甚至可以说，在统一及其模式的理论资源方面存在着需求大于供给的状况。很显然，台湾问题如何解决，是考验中国人智慧的一道试题。这一问题的解决并非完全依赖于现实层面的操作设计，有时更需要有理论上的突破和创新。回顾德国分裂时，德国人为实现两德统一，敢于面对现实，勇于理论创新，建构了诠释“分裂国家”主权关系的一系列理论，如“内战理论”、“同一性理论”、“分解理论”、“分割理论”、“部分秩序理论”、“屋顶理论”，等等。这些理论反作用于现实，推动了两德的友好互动和最终统一。这启示我们，基础理论研究对于透视和解决现实问题具有重要意义。基于以上认识，笔者选择这一论题，拟在前人研究的基础上对国家统一模式问题进行进一步的挖掘和探讨。

二、本书架构

从架构上来说，本书由导言、正文和结束语三大部分组成。导言部分主要介绍选题的意义、内容架构、研究创新和研究方法四个方面的内容。第一章至第六章是正文部分。第一章主要研究国家统一模式的基础理论，即通过解析主权的内部构成，将主权区分为主权所有权与主权行使权两部分，然后以此为视角来分析后面各章的统一及其模式问题。设计该章的目的在于为后面的研究做好理论铺垫。第二章主要研究统一国家的制度形式。从近代民族国家形成的情况看，统一国家的制度形式只有两种：一是单一制，二是联邦制。至于邦联制、政合国、君合国等均不是统一国家的制度形式。设计该章内容的意义在于，通过对一个统一国家所具有的制度形式的类型研究，为后面各章分析分裂国家复归统一预先确立一个目标。第三章主要对分裂国家的形式进行了研究。从主权构成学说的视角，将分裂国家分为完全分裂国家和不完全分裂国家两种形式。完全分裂国家是指主权所有权分裂，且分裂方（至少有一方）均不放弃国家再统一的愿望和主张的国家，如东、西德和南、北韩；不完全分裂国家是指在主权所有权统一的前提下仅仅存在着主权行使权分裂的国家，如目前存在着两岸对峙的中国。在第二章和第三章研究的基础上，可以获知一个统一国家是个什么样子，一个分裂国家又是什么样子。那么，接下来的问题应该是，一个分裂国家怎样复归为一个统一国家呢？这便是第四章要研究的内容。因此，第四章主要研究分裂国家复归统一的模式，即完全分裂国家复归统一的模式和不完全分裂国家复归统一的模式。前者解决的是主权所有权统一问题，后者解决的是主权行使权统一问题；前者重点讨论了德国模式和韩国模式，后者重点讨论了香港模式和澳门模式。如果说，第四章从一般性角度对世界范围内的分裂国家复归统一的模式进行了典型性研究，那么，第五章与第六章便是从特殊性视角对中国的两岸统一进行典型性研究。具体说来，第五章与第六章的主要研究内容包括邦联制模式、欧洲统合模式、联邦制模式、德国模式、“一国两制”模式，其中前两种模式从严格意义说来不属于统一模式，仅属于统合模式；后三种模式才是真正意义上的统一模式。第七章既是对前文的照应，也是对前文的补述，其核心内容是：和平模式是国家统一模式的最佳选择，但它不排斥也不否定武力模式的价值和意义，原因有二：(1) 和平模式与武力模式不是截然排斥的，(2) 武力模式通常是解决国家统一的主流模式。基于此，笔者认为大陆方面应力争以和平模式解决台湾问题，但决不能承诺放弃使用武力。本书的逻辑架构正是依照上述设计与安排而展开的。

三、研究突破

与以往学术界的相关研究成果相比较，本书的内容创新之处主要表现在以下几个方面：

(一) 提出主权构成学说

传统主权理论面对当今许多复杂的主权现象，已不能作出很有说服力的解释。就国际层面而言，传统主权理论认为，主权是不可分割的，也是不可转让的，但如何来解释当今区域一体化和全球化过程中出现的主权让渡？就国内层面而言，如何来解释台湾半个多世纪以来一直以“国家”的形态而存在着的“主权”外观？基于研究国家统一模式的需要，本书以解答上述问题作为切入点，通过解析主权的内部构成，将主权区分为主权所有权和主权行使权两部分，这两部分既相互区别，又相互联系，共同构成了主权的全部内容。按照主权构成学说来解释，主权所有权是不可分割、不可转让的，而主权行使权却是可以分割、可以转让的。欧盟成员国向欧盟的主权让渡仅仅是主权行使权的让渡，而不是主权所有权的让渡；台湾的主权所有权自1945年至今一直归属中国，台湾当局目前正在掌握和运用着的是台湾领土的部分主权行使权。

（二）对“统一”的涵义做了新的解读

以往的研究不能给“统一”以明确的含义，只是笼统地说，统一就是一个国家内部的无隔阂状态。但这种描述仍不能清晰地说明一个国家具备怎样的指标就算是统一了。通过主权构成学说，可以赋予“统一”以两个指标：一是主权所有权统一，二是主权行使权统一；或者说，既不存在主权所有权分裂的状态，也不存在主权行使权和主权所有权的被动分离状态。只要具备这两个指标的国家，就是一个完全统一国家。如果只具备主权所有权统一，而不具备主权行使权统一的国家，就是不完全统一国家。从动态意义上来说，“统一”就是指结束主权所有权分裂状态或结束主权行使权和主权所有权被动分离状态的行为过程。主权构成学说，对于我们认清国家分裂的性质和程度，具有重要意义。

（三）对中国海峡两岸分裂的性质进行了界定

本书主张将存在分裂问题的国家分为完全分裂国家与不完全分裂国家。在以往研究中，国际上以及台湾方面的通行做法是将国际社会中凡是存在着统一任务的国家一同归于“分裂国家模式”，最典型的是将东西德、南北韩、南北越以及中国大陆和台湾一同划归为相并列的分裂国家。事实上，中国的分裂与前三个国家的分裂在性质上和程度上有着本质的不同，但由于以往理论研究方面的某些缺憾，大陆方面既不能有效揭示“分裂国家模式”及其理论的局限性，也不能准确描述上述几个国家在分裂方面存在的不同，只是强调“分裂国家模式”不适于中国海峡两岸；充其量只有个别学者用“次分裂”、“统一之中的分裂”[1]等概念来对它们的不同作些描述。通过主权构成学说我们可以清晰地界定它们的不同：东西德、南北韩、南北越属于完全分裂国家，即主权所有权分裂的国家；而中国大陆和台湾则属于不完全分裂国家，即在主权所有权统一的前提下，仅存在着主权行使权分裂的国家。

（四）对“国协”做了新的分析

台湾学者一直将“国协”作为统合模式来看待，认为它与邦联模式和欧洲统合模式的性质是一样的。本书通过研究认为，“国协”模式不能算是统合模式，因为统合模式有一个根本的特点，那就是，它是由分散走向集中的一种制度安排或架构设计。而从“国协”的产生来看，它是由集中走向分散的一种形式安排，因为它是宗主国逐渐失去对其殖民地的控制和这些殖民地逐步摆脱宗主国的控制而形成民族国家的产物。所以，“国协”模式展示了与统合模式相反的路径方向，因而我们说，“国协”模式根本不属于统合模式，更不用说是属于统一模式。有些学者把“国协”模式看作统合模式，大概只看到了它的静态的外观，却没有从动态意义上去考察它的生成、演变轨迹所体现出来的本质意义。

（五）注重统一模式的微观研究

以往学术界对统一模式的研究，只着眼于整体研究，故而很难挖掘出有关模式的内在价值；另外，在对统一模式进行整体研究的视野中，很难将两个模式加以比较，因为有时所谈统一模式的角度是不一致的。如：“一国两制”通常侧重于统一后的制度安排，而吸收统一的德国模式通常侧重于统一时的方式。在这种情况下，无法进行比较研究。鉴于此，本书对统一模式进行了细化研究。首先，将统一模式按照事物发展的逻辑顺次划分

【1】参见王升：《关于“德国统一模式”与中国统一问题的思考》，载《台湾研究》1993年第1期。

为过程模式和目标模式（或结果模式），然后再分别对过程模式和目标模式（或结果模式）进行单项研究。这种通过将主模式分解为几个亚模式的研究方法，一方面更有利于全面揭示和概括某一模式的特征，另一方面任何两个主模式都可以通过其处于相同逻辑阶段的亚模式进行比较。这种研究方法是以往的研究所不具有的，这应算是本书的又一创新。

四、研究方法

从方法论的视角来看，本书所采用的研究方法主要有以下几个：

（一）应用分析法

即运用相关学科的基础理论来分析政治制度或政治现象的方法。该方法所追求的不是对政治现象的一般描述，而是对政治现象的理论解释。其目的是要收到“透视”政治现象的效果。本书从相关基础理论研究入手，通过对相关基础理论的研究来支撑对现实问题的深入分析。具体来说，就是用政治学以及相关学科的基本理论或前沿理论来分析和研究各种两岸统一模式的制度特征、设计结构与运作功能。如用政治学中的结构——功能主义理论来分析单一制和联邦制的不同权力结构决定了它们对于国家统一的实现和维护所具有不同的功能；用国际法的“继承”理论来分析中华人民共和国对中华民国的继承属于政府继承，而不属于国家继承；用国际法的“承认”理论来分析国际社会对1949年新成立的中华人民共和国的承认属于政府承认，而不属于国家承认。实质上，运用基础理论来分析政治现象的过程就是理论联系实际的过程，因而该方法既是政治学研究的通用方法，也是本书采用的重要方法。

（二）阶级分析法

即用阶级的观点考察政治现象的理论和方法，是马克思主义分析政治现象的根本方法。根据该分析方法，不同的阶级有不同的立场，不同的立场决定了人们持有不同的观点。就我们所研究的统一模式来说，对于同样一个统一模式，海峡两岸的领导人处于不同的立场，会有不同的考量，进而会有不同的判断。就本书的研究视角而言，我们主要以党和国家的对台方针、政策作为出发点，来研究海峡两岸的统一模式，因为两岸统一模式研究不单纯是一个学术性问题，它同时又是一项极具政治敏感性的现实问题。研究两岸统一模式，必须将政治性与学术性统一起来，不能将它们割裂开来，更不能将它们对立起来。也就是说，不论是从纯学术的角度去研究与两岸统一有关的制度模式，还是从政治和政策的角度去探讨“一国两制”的现实模式，都要坚持这两者的统一。在统一模式问题上存在的分歧，有时并非源于基础理论和研究方法上的差异，而更多的是由于研究者或决策者本人所处立场的不同。这种不同的立场直接影响着对统一目标的设计和统一模式的选择。

（三）历史分析法

就本书的研究问题而言，我们面对的是一个急剧变化的台湾，它有许多的历史沉淀。这些沉淀均会对统一模式的选择产生重要影响。政治学家一般都承认历史研究的重要性和价值。承认历史的态度和方法是政治研究的一个不可缺少的基础。历史研究法主要是政治制度或政治现象的发展历史，从各种政治现象的关系中找到因果线索，演绎出造成制度现状的原因，推测该制度未来的变化趋势。列宁反复地强调对现状问题的分析要采取历史的观点和历史主义的态度。他在《论国家》中指出：“在社会科学问题上有一种最可靠的方法，它是真正养成正确分析这个问题的本领而不致淹没在一大堆细节或大量争执意见之中所必需的，对于用科学眼光分析这个问题来说是最重要的，那就是不要忘记基本的历史联系，考察每个问题都要看某种现象在历史上是怎样产生，在发展中经过了哪些主要阶段，并根据它的这种发展去考察这一事物现在是怎样的。”[1] 本书所展现出来的历史考察与分析，不是对历史的重新展开，而是一种对历史的概括，其目的是通过历史考察和分析，来把握历史背后的价值和本质。因此，这种考察的重点不在于材料的收集和整理，而在于材料的概括和分析。如：通过对中国历史上的历次国家统一方式的考察和分析，我们可以得到启迪：

【1】《列宁全集》第37卷，人民出版社1986年版，第61页。

和平统一是众望所归，但决不能承诺放弃使用武力，武力通常是解决问题的最后保留手段。

（四）比较分析法

比较分析法是政治学研究的重要方法之一，它对于一国实际政治的研究大有裨益。著名比较史学专家马克·布洛克指出：历史除非能在“确立现象之间关系的解释方面取得成功”[1]，否则就无法理解。他还指出，只有通过比较才能发现不同社会所具有的独特性。但还要看到，比较研究是有严格条件限制的，是非常讲究方法的。从比较的前提上分析，只有是“共同规律起作用的事物”，渊源上相联系的事物，相互有影响的事物才能进行比较。为此，马克思、恩格斯在《德意志意识形态》一书中，还举了一个生动的例子，来说明比较前提的重要：“倍尔西阿尼所以是一位无比的歌唱家，正是因为她是一位歌唱家。而且人们把她同其他歌唱家相比较；人们根据他们的耳朵的正常组织和音乐修养作了评比，所以他们能够认识倍尔西阿尼的无比性。倍尔西阿尼的歌唱不能与青蛙叫相比，虽然在这里也可以有比较，但只是人与一般青蛙之间的比较，……只有在某一种情况下才谈得上个人与个人之间的比较，在第二种情况下，只是他们的种特性或类特性的比较。”[2]从比较的过程上分析，比较的事物应该是具体的。事物之间的异同，有现象的，也有本质的，科学的比较不要限于单纯地罗列一些表面的异同现象，而是要透过现象，分析原因。对于国家统一模式的研究，我们不可能进行预先实验，只有通过将之与历史上的或他国的统一模式进行比较研究，才能对这些模式设计进行理论验证。通过比较，可以提高人们对统一模式的政治认知和判断能力，扩大人们对统一模式进行选择的幅度，并使人们了解各种模式选择的根据和代价，以期在今后统一实践中借鉴并吸收有益的经验，避免不必要的挫折和失误。

【1】 转引自范达人著：《当代比较史学》，北京大学出版社1990年版，第127页。

【2】 《马克思恩格斯全集》第3卷，人民出版社1960年版，第518页。

（五）案例分析法

即围绕一个特殊的政治现象或政治行为而进行研究的方法。该研究不同于比较研究和抽样的调查研究，它注重一个单独的案例和事件，侧重对单一事件和活动作详尽分析，进而可以刺激人们思考重要的具有普遍意义的问题和可能的理论方案。本书第一次在国内外学术界将分裂国家进一步区分为完全分裂国家和不完全分裂国家，为了更清晰、更深入地说明问题，笔者运用了案例分析的方法。首先，在研究完全分裂国家形式时，选择统一前的东、西德和现今仍分裂的南、北韩为关键性典型案例，通过对两德和两韩分裂状况的分析，以点带面式地揭示出完全分裂国家的特征；其次，在研究不完全分裂国家形式时，选择中国台海两岸的分裂状况作为个案，通过对中国分裂状况的研究，揭示出不完全分裂国家的特征。本书所采用的案例分析法属于关键性案例分析法，即选择具有代表性的案例验证某一理论或某一法则的方法。

另外，除了以上基本方法以外，笔者在研究两岸统一模式时，不是单纯地局限于两岸统一模式的探讨，而是先放眼于历史，放眼于全球，通过对历史上和世界上其他国家统一问题及模式的研究，以从中抽象出对两岸统一的启示，最后落脚于两岸统一模式的探讨。这也是本书进行研究的一个重要思路或方法。

五、问题说明

（一）所研究的模式类型的说明

应该说，对国家统一模式的研究既包括对武力统一模式的研究，也包括对和平统一模式的研究。但由于笔者身份——不是军事研究者所限，本文对军事问题（特别是作战问题）不敢也不能妄加评论。故而本书将研究范围具体界定在：只对和平统一模式进行研究。当然，这并不意味着本文丝毫不涉及武力统一模式，为了结构上的完整，本书在最后部分还是以“结束语”的形式点到了武力模式，但对武力模式本身的研究并没有展开。简言之，本书只研究和平统一模式，不研究武力统一模式。

（二）所研究的模式范围的说明

目前国际社会存在着众多的统一模式，如前所述，单单关于两岸统一的模式主张就有一百多种。很显然，本书不可能对这众多模式中的每一个都逐一进行分解研究。倘若那样，既是不可能的，也是不科学的。为此，在国际社会的统一模式中，本书只选择“德国模式”和“韩国模式”作为典型范例来进行重点研究；在海峡两岸的统一模式主张中，本书只选择几个与政治学的国家结构形式理论直接或间接相关的模式来进行研究，其他的如：“奥运模式”、“亚行模式”、“亚太经济社区模式”等，均不在本书的研究范围之内。

（三）研究视角的说明

本书以政治学为分析问题的主要视角，同时也辅之以法学、历史学等学科视角。正因为这样，本书对国家统一模式的研究，侧重于运用基础理论对有关统一模式进行系统而深入的分析和透视，从而指出某个统一模式的利弊，以便为研究者和决策者提供分析参考，而不是从战略学或未来学的视角去预测中国未来会运用哪一种模式来实现两岸统一。笔者认为，关于前景的预测向来是很难准确把握的。诚如当年人们还在预言德国统一尚需二十多年时，德国却很快实现了统一。基于个人学术背景的考量，本书对未来两岸统一模式的研究，只作分析，不作预测。

第一章　国家统一的基础理论研究

从近现代民族国家的形成及发展过程可以看出，主权是国家构成的核心要素，国家的统一最终体现为主权的统一。所以，研究国家统一及其模式，必须从研究主权问题入手，也必须以主权问题为核心。

第一节　主权构成学说的提出及内容

一、提出背景

20世纪四五十年代以来，传统主权理论遇到了严重的挑战。面对许多复杂的主权现象，它已不能作出很有说服力的解释。就国际层面而言，传统的主权理论认为，主权是不可分割的，也是不可转让的。但是，二次大战以后，以法国和德国为核心的西欧国家却开创了部分让渡国家主权，以建立超国家主权的机构的世界先例。到今天，欧盟已经拥有经济、政治、军事和外交等方面的许多超国家主权的机构和权力。随着经济全球化进程的加快，类似欧盟成员国所进行的这种“主权让渡”现象在国际范围内也越来越多地出现。就国内层面而言，近些年来海峡两岸关系比较紧张。台湾当局企图分裂国家的领土主权，并提出了“主权分割论”[1]、“特殊两国论”之类的理论来为自己的分裂行径辩护。而台湾半个多世纪以来一直以“国家”的形态来运作的“主权”外观，也的确使一些人感到它似乎就是

【1】 该主张的基本内容是：一方面不再宣称“中华民国”的主权覆盖大陆，另一方面否认中华人民共和国政府对台湾的主权。例如，1993年10月“外长”钱复在接受美国《新闻周刊》记者采访时说，“我们已经放弃我们两年多前说我们代表整个中国的不实在论点”。1994年8月台“陆委会”咨询委员会议提出“主权阶段性分割”的主张。1995年台“陆委会”发出的新闻稿公开宣称“大陆主权不及于台湾，台湾主权不及于大陆”，今后应是“大陆代表大陆，台湾代表台湾。”

一个“主权国家”。

主权既然不可分割，不可转让，又何以解释国家间的“主权让渡”呢？就国内的台湾问题来说，怎样看待台湾当局的“主权外观”？针对诸如上述的主权现象，许多政治学家和国际法学家曾创制和引入了一些新的概念，如：主权权力[1]、治权[2]、主权权利等，来试图对此作合理的解释。例如，对于国家间的“主权让渡”，有人认为这是“主权权力”的让渡，也有人认为这是“主权权利”的让渡，还有人认为这是“治权”的让渡；同样，他们运用这几个概念来分析海峡两岸的主权状态，如：有人认为这是“主权权力分享”，也有人认为这是“治权分裂”，等等。客观地讲，这些概念的创制和引入，对于当今主权现象的解释均有其不同程度的合理性，这是首先应当肯定的。但是，我们也应当看到，这些概念均是从某一个侧面或角度反映了主权的属性和内容，因而运用它们所作的解释也就有其不同程度的局限性。具体表现在：

(1) 主权权力。一般而言，主权既含有权力的属性和内容，也含有权利的属性和内容。而主权权力这个概念仅能反映主权的权力的属性和内容，而不能反映主权的权利属性和内容，因而这个概念只能在一定程度上解释与国家统治权有关的某些国内主权现象，却不适宜用来解释与国家基本权利有关的国际主权现象。

(2) 治权。这个概念虽然能反映出主权在统治权层面上的某些属性和内容，但它的涵义比较模糊，无论是从语义上，还是从形式上都很难体现

【1】 美国学者斯蒂芬斯最早提出“主权权力”这一概念，他认为应当将主权权力和主权本身区分开来，并认为主权权力是可分的。虽然主权权力可分为委托的和保留的，但最后的主权在泉源处并未受到损害，并未被分割。参见吴大英等：《比较立法制度》，群众出版社 1992 年版，第 269 页。

【2】 “治权”是由孙中山最早提出的一个概念，是相对于“政权”而言的。在孙中山那里，“治权”已被十分确定地界定为政府的立法权、行政权、司法权、监察权和考试权的总称。但至于何人、何时最早又将其跟“主权”对应起来使用，笔者曾做过考证，但没有获得结果。

出它自身与主权的内在联系。严格说来，它是一个不规范的学术概念，因而学术界，特别是法学界都不主张过多地使用这个概念。从西方学界来看，他们一般也不使用这个概念。

(3) 主权权利。“权利”实质上就是一种资格，主权权利通常指某主权国让渡部分主权后，他主权国获得了享有该国被让渡出来的部分主权的资格，该国也获得了享有他主权国所让渡出来的部分主权的资格。这个概念同“主权权力”相反，它虽能反映主权的权利特性和内容，却不能反映主权的权力特性和内容。因而，这个概念适宜用来解释国际主权现象，而不适宜用来解释国内主权现象。

正是由于上述概念所作解释的局限性，人们总觉得这些解释不是那么完美，由于解释欠完美，又总是有人产生质疑，甚至有人提出了“主权过时论”[1]、“主权可分论”、“超国家主义”、“主权消亡论”等论调。

面对上述主权现象及有关理论对其解释的局限性和欠完美性，我们试图改变学者们以往从主权外部来进行主权研究的通常做法，尝试从主权的内部构成来解析主权，以对有关主权理论问题作进一步探讨，并对上述重大主权现象作进一步解释，从而拓宽主权研究的新思路，探求主权研究的新方法，这就是我们下面要对主权构成进行研究的外在背景和内在动因。

二、主要内容

（一）主权所有权与主权行使权的区分及其依据

通过对主权内部构成的解析，我们可以发现，主权在构成上包括两部

【1】 该观点的代表人物是美国学者亨金，他基于对西方传统自由主义人权概念的批评，认为主权是一个“坏字眼”，因为“在国内层面，主权被当作国家神话，成为统治者随心所欲的挡箭牌”，“而在国际层面上，主权是一个标语，它替代思考和明确定义，使主权国家的地位成为不可动摇的原则。”按照亨金的观点，人权高于主权，在人权遭到大规模侵犯的地方，“人道主义干涉”是合法的。台湾当局屡屡使用的“国家主权新概念”就是这一理论的翻版，他们提出的“台湾民主”、“公投自决”等等，都是从该理论中寻找理论支持的。

分：一部分存在于主权所有者的手中，另一部分存在于主权行使者的手中。其中，前者在君主制国家里，通常以国家权力的形式存在于君主个人手中；而在民主制国家里，通常以国家权力的形式存在于人民手中或以公民权利的形式表现出来。因这部分主权能够表征主权的归属状况，所以我们称之为主权所有权。而后者在君主制国家里，通常以统治权的形式存在于君主和以君主为核心的中央官僚机构之中；在民主制国家里，通常以职权的形式存在于人民所委托的国家机构之中。因这一部分主权能够表征主权的运作状况，所以我们称之为主权行使权。我们将主权从构成上区分为主权所有权和主权行使权，不是凭空的，而是依据主权本身包含着的所有与执行的二重权能以及主权内涵的历史发展。在国家发展的早期阶段，由于全部主权通常集中于君主一人手中，君主既是主权所有者，又是主权行使者，所以主权所有权与主权行使权的区分是不明显的，但后来随着社会的发展和历史条件的变化，主权行使者与主权所有者渐渐地发生了分离，主权行使权也日益从主权所有权之中分离了出来，这可以从下面的主权演进历程中清晰地反映出来：

最早赋予"主权"独立完整定义的是近代法国思想家让·布丹，他在其1576年出版的《国家论六卷》中首次提出"主权"这一概念，并将其定义为"不受法律约束的、对公民和臣民进行统治的最高权力"，还将主权的属性界定为永恒的、非授予的、不可转让且不受法律支配的。[1]在布丹的学说中，君主是主权者，他只受神法、自然法和万国公法的约束，国内法只不过是主权者的命令。从布丹的主权思想中，我们可以清楚地看到，他所说的主权就是国家权力的总称，既包括国家权力所有权，也包括国家权力行使权。作为主权者的君主，既是主权的所有者，又是主权的行使者，主权所有者与行使者在君主身上是合一的。因此，人们称他的主权学说为"君主主权论"。

当主权学说发展到洛克的时候，洛克从社会契约论出发，在继承布丹

【1】 Jean Bodin, On Sovereignty, Four Chapters from The Six Books of the Commonweacth, edited by Julian H · Frankin, 2003, pp.48-49.

等人的思想的基础上，提出了“议会主权论”，[1] 主张主权在议会而不在君主，议会以立法权体现主权，君主仅以行政权执行主权。洛克的“议会主权论”是主权理论发展的一个转折点，标志着主权已从一个人手中转移到少数人手中。与“君主主权论”相比，它的确是主权发展史上的一大进步。但洛克所谓的议会主权，其实质不过是资产阶级掌握国家主权，具有鲜明的阶级局限性。

卢梭继承了前人关于人民主权的思想，在历史上第一次比较完整的阐述了“人民主权论”，认为“主权的实质就是全体意志”，“人民作为整体来说就是主权者”[2]。他反对“议会主权论”，认为议会充其量只是主权的执行者，而不是所有者。卢梭的人民主权思想，动摇了传统的对主权归属的见解，使主权理论又上升到了一个新的历史高度。自法国大革命后，“主权在民”的思想和观念逐步成为风靡一时的国际思潮。这一时期人民主权思想集中和典型的表现是通过政治宣言或宪法表达的。1776年美国的《独立宣言》就明显地体现出了“人民主权”的思想。1793年法国宪法也宣称主权属于人民，主权是统一而不可分割的，是不可动摇的和不可让与的，“任何一部分人民都不得行使全体人民的权力”。这些思想和宣言表明，这时期主权的内涵和主体较之以前都发生了分解，已很明显地不同于布丹时代。但是，卢梭为了维护他的人民主权理论在逻辑上的严密性和完整性，却走向了另一个极端，他又提出了“主权不可代表说”，结果这反而造成了实践上的破绽和混乱。

马克思在早期受卢梭主权思想的影响很大，但他很快就发现了卢梭主权学说的局限性，认为主权可以被代表，人民可以通过层层选举的代表来实现自己的主权。马克思及其追随者在形式上继承了资产阶级革命时代的主权成果，主张主权在民，一切权力属于人民，并找到了实现主权在民的科学途径，形成了社会主义人民主权观。

从政治学的角度来考察，上述整个主权的演进史就是如何将主权从君主

【1】 参见[英]洛克著:《政府论》下篇，叶启芳等译，商务印书馆1997年版，第79－82页。

【2】 [法]卢梭著:《爱弥儿》下卷，李平沤译，商务印书馆1978年版，第709－711页。

手中转移到人民手中的过程。[1]随着主权形态由君主主权经议会主权到人民主权的变化，主权所有者也经历了君主——少数人——全体人民的变化，主权所有者的形态也表现为个体——部分——整体的变化。在这个变化的过程中，主权和主权所有者均日益由具体走向了抽象。由于抽象的东西难以得到充分的体现，于是主权所有者只能将主权所有权保留下来，将主权行使权委托给经由合法程序产生且能代表自己的政府，由政府代行主权。这样主权所有权与主权行使权就由君主制下的合一而逐步地走向了民主制下的分离。两者由合一走向分离是社会经济发展和政治发展的必然结果，是主权自身发展的必然逻辑，具有历史的必然性。一般说来，在奴隶制时代和封建制时代，生产力发展水平较低，与自然、半自然经济的封闭性适应的政体主要是专制君主制。这种政体是历史上集权程度最高的政体类型，其基本特征就是最高国家权力所有权与最高国家权力行使权，均由君主一人掌握和运用，各种最高国家权力之间没有也不需要划分界线。但是，随着生产力的发展，在商品经济的冲击下，作为专制主义基础的自然、半自然经济的封闭性逐步被打破，资本主义市场体系在一国之内以至在世界范围内逐步形成起来，专制君主制日益失去了其存在的基础。资本主义经济的发展要求政治上的民主制与

【1】 政治学与国际法对“主权”涵义的解释略有差异。在国际法上，国家被视为主权的拥有者，强调主权国家是国际法的主体，例如，联合国只有主权国家才能加入。国际法对于“主权”的另一个重要规范，就是所有主权国家间都是平等的，主权国家应相互尊重并互不侵犯。也就是说，从国际层面上来看，主权是最高权威并不意味着它是高于其他国家的法律权威，而是表示它不依附于任何世界上的其他权威。简言之，国际法是侧重于主权的对外属性进行研究的，强调的是国家主权。而政治学则是侧重于主权的对内属性进行研究的。按照近代以来的主权理论，人民是主权的所有者，是主权的本源主体，这与国际上所强调的“国家是国际法的主体”是有所区别的。也就是说，现代政治学更多强调的是人民主权以及如何实现人民主权的问题，即民主政治问题。由于国际法与政治学对于“主权”研究的侧重点有所不同，所以对主权的有关表述也就略有差异，为此，我们在理解有关“主权”论断时只有结合一定的学科背景，同时将国际法与政治学两个学科背景结合起来，才能准确而完整地把握主权理论的内涵。

之相适应。一般而言，在民主制度下，尽管一切权力属于人民，但人民由于人口众多，不可能直接地、经常地行使自己的主权（在实行直接民主的小邦共和国里除外），而只能将属于自己的主权分离开来，将其所有权留归自己，将其行使权委托给人民选举产生的政府，即实行间接民主的代议制。这种分离的最直接、最典型体现就是主权所有者（人民）与主权行使者（政府）之间存在着某种程度的分离。主权行使权与主权所有权的这种合法性分离，不仅不会损及主权的完整性，反过来还更有利于维护主权的完整性。[1]上述主权所有权与主权行使权从合一走向分离的历史和现实向我们昭示，主权行使权本存在于主权所有权之中，随着社会的发展，它从主权所有权中渐渐地分离了出来，这种分离是政治发展的必然结果。

以上我们讨论了将主权区分为主权所有权与主权行使权两大构成部分的基本依据。事实上，我国宪法已作了这种区分，只不过是没有直接使用“主权所有权”、“主权行使权”等这样的概念而已。例如，我国现行宪法第二条明确规定：“中华人民共和国的一切权力属于人民，人民行使国家权力的机关是全国人民代表大会和地方各级人民代表大会。”[2]其中，该条文的前半部分是就主权所有权而言的，后半部分是就主权行使权而言的。

（二）主权所有权与主权行使权的关系及其表现形态

1. 主权所有权与主权行使权的关系

主权既然可以区分为主权所有权与主权行使权两大构成部分，那么这

【1】 这里要注意“主权分离”与“主权分割”的区别。我们按照主权本身的双重权能和主权分离的现实，将主权分为两大构成部分，这并不意味着主权是可以分割的。正如本文下面要研究的，在主权所有权与主权行使权的分离形式中，非常态分离可引起主权分割，但分离本身并不是分割。另外，基于主权分离而将主权区分为两大构成部分，是出于主权研究的需要而进行的理论划分，这种区分如同将人体划分为头、颈、躯干、四肢来进行生理研究一样，划分并不意味着将一个完整的人体分割或分裂为四大部分。否则，人就被致残或死亡了。我们不能将主权分离、主权区分、主权分割等概念混为一谈。

【2】 《中华人民共和国宪法》，中国法制出版社2004年版，第4页。

两大构成部分之间就必定存在着某种程度的差异。具体说来，它们之间的差异可以概括为：

（1）权能表现不同。从权能上看，主权所有权的核心内容是支配权，主权所有者就是依靠支配权才使主权行使权的运作符合自己的意志和利益。支配权在现实中通常表现为选举、罢免、创制、复决四项权利。而主权行使权的核心内容就是具体的国家权力，即政府职权，包括立法、行政、司法、军事等有关事务的最高决定权。

（2）所处地位不同。主权所有权处于本体地位，具有最高权力的性质，它不受任何权力的支配和约束，也超乎于法律之上；而主权行使权则是从主权所有权中分离出来的一种权能，处于派生地位，具有从属于所有权的性质，它不能等于更不能超过主权所有权，也不能超越于法律。

（3）主体形式不同。主权所有权的主体具有唯一性，含有“两个物体在同一时间不能占据同一空间”的意蕴。如果主权所有权同时由两个或两个以上的主体所掌握和运用，那就表明主权所有权被分割了。既然主权所有权的主体必须只有一个，当全体人民作为主权所有者时，它也必须以一个整体的形态出现，全体人民中的任何个人或部分人都只是主权所有者的构成分子而不是主权者本身，因而不能单独拥有主权所有权。[1] 而主权行使权的主体却具有多元性，因为主权行使权是由主权所有者委托给国家机构行使的权力，而国家机构不可能只有一个，故主权行使权的主体也不可能只有一个。

（4）内在规定不同。主权所有权是决定主权完整的“质”的规定性，具有绝对性、不可分割性和排他性。故主权的性质和完整主要取决于主权所有权的性质和完整。而主权行使权则是决定主权完整的“量”的规定性，它具有执行性、相对性，是可以分立、分开的。一般情况下，只要主权在其本源处即主权所有权处未受到分割，单单是主权行使权在一定限度内的部分分割，不会破坏主权所有权的完整性；但当主权行使权的分割在量上

【1】 参见童之伟著：《国家结构形式论》，武汉大学出版社 1997 年版，第 132 页。

超过了一定“度”的时候，也会引起主权所有权的质变，从而破坏主权所有权的完整性。

主权所有权与主权行使权之间虽然存在着以上差异，但两者仍是相互依存、密切相关的，这主要表现在：

(1) 主权所有权是主权行使权的基础。主权所有权本身包含着对最高国家权力的掌握和运用权，而主权行使权仅仅意味着接受委托而享有对最高国家权力掌握和运用权。因而，民主社会中的主权所有权与主权行使权之间总是存在着直接或间接的授权与被授权、委托与被委托的关系。一般说来，人民在保留主权所有权的同时，将主权中的制宪权首先委托给自己的代表，由他们把主权所有者的利益和意志通过一定的方式和程序表达在宪法之中，再由公民按照宪法，选举代表建立国家机构以掌握和运用主权行使权。主权行使权既然是来自于主权所有者的授权与委托，它必然要对主权所有者负责。这就是说，它们之间不是那种互相制衡的关系，而是单向的所有者与执行者之间的支配关系。

(2) 主权行使权是主权所有权的权能体现和实现形式。如前所述，既然主权所有权是最高国家权力的抽象存在；而主权行使权是最高国家权力的具体存在，那么，国家主权在很大程度上是通过主权行使权体现出来的。从这一角度来看，它是主权的实现形式。在主权所有权或其体现形式公民权利中，作为整体的公民依法加以运用即可产生支配力的那些权能通常是处于“休眠”状态的。如处于代议机关换届选举阶段以外的选举权和被选举权。当这些权能处于“休眠”状态时，它们实际上等于零。因此，通常时期主权和主权行使权在数量上是相等的。主权所有权通常只是在公民选举或投票时才直接起作用。当这类活动结束后，主权所有权基本上又处于“休眠”状态，不再在此后的国家生活中直接发挥作用，直至下一次换届选举或者出现了其他法定的需要由全体公民来投票表决的情况。

(3) 主权所有权与主权行使权相互影响、相互作用。主权所有权与主权行使权是一个完整主权互不可缺的两大构成部分，只拥有主权所有权而不拥主权行使权，或者只拥有主权行使权而不拥有主权所有权，都不是完整意义上的主权。在主权的这两大构成部分中，前者的性质决定着后者的存在状态和运作方式，但后者也并非永远是消极被动的，它反过来影响着前者的实现程度，甚至会改变前者的归属。在现实政治中，都有过主权行使权反过来对主权所有权产生重大影响的实例。

2．主权构成学说与以往相关研究的关联与区别

主权构成学说并不是对以往主权研究的“全盘否定”，而是在前人研究的基础上，着重进行了主权内部的研究，这就使得我们的主权构成学说同以往的主权研究既存在着一定程度的关联，又存在着相当的区别，主要表现在：

（1）主权所有权与主权行使权的区分同孙中山关于“政权”与“治权”划分的区别。按主权所有权与行使权的区分依据和标准，孙中山的“政权”概念，包括我们这里所说的主权所有权和部分主权行使权。其中，自治县的人民直接行使的选举、罢免、创制、复决四权，属于主权所有权范畴，而国民大会所行使的选举、罢免、创制、复决四项则属于主权行使权范畴，可见，我们的“主权所有权”概念不完全等同于孙中山的“政权”概念。就孙中山的“治权”概念而言，也包括两部分，即中央政府的治权和地方政府的治权。[1]其中，中央政府的五院所行使的治权在内容上属于我们的主权行使权范畴，而地方政府所行使的治权则不属于我们所说的主权行使权范畴。所以，我们的“主权行使权”也不完全等同于孙中山的“治权”概念。

（2）主权行使权与通常所说的“治权”概念的区别。“治权”是一个涵义比较模糊的概念，它是泛指中央政府和地方政府的权力，还是专指地方政府的权力，这在目前的学术界还存在着很大的争议。不过，通常认为，治权可以分为两部分，一部分是最高治权，另一部分是一般治权。其中，最高治权在内容上就等同于我们这里所说的“主权行使权”。当然，最高治权在单一制和联邦制下的配置与划分是不一样的，在单一制下，它专指

【1】关于孙中山政权与治权相区分的思想，详见《孙中山全集》第九卷，中华书局2006年版，第351－352页。

中央政府享有的权力，即中央治权，也有人称之为“中央政权”；而在联邦制下，既包括中央治权，也包括联邦成员政府所享有的对有关事务的最高决定权，也有人将此称为“剩余主权”。简言之，主权行使权仅仅指治权的最高部分。

(3) 主权行使权与“主权权利”、“主权权力”的关系。在以往的研究中，一般认为，“主权权利”或“主权权力”都不是主权本身，因而，加拿大华裔学者郑海麟反复主张，将“主权权利”同“主权”概念区分开来使用。[1] 但是，由于主权本身在内容上就表现为权利或权力，所以从主权概念中抽象出来的“主权权利”或“主权权力”等概念，就变成了更加抽象的东西，不易让人理解和运用。通过对主权构成的解析，我们可以发现，“主权权利”和“主权权力”都与主权所有权没有直接关联。因为它们都不具有表征主权归属的性质。然而，它们却与主权行使权有着直接的关联。具体表现在，主权权利和主权权力分别从不同的侧面直接体现了主权行使权的性质和内容，当主权行使权表示一种支配力量的时候，它就表现为人们通常所说的“主权权力”；当主权行使权表示一种法律资格的时候，它就表现为人们通常所说的“主权权利”。可见，主权权利和主权权力是主权行使权的两种直接形式。

3．主权所有权与主权行使权的表现形态

任何一个国家的主权都包含着所有权与行使权两种属性，但由于主权所有权与主权行使权的权能、地位、主体和性质等的不同，决定了两者的各自表现形态也很不一样，具体说来如下：

(1) 主权所有权和主权行使权的共同表现形态。一是国家主权。“按照近代国家的概念，国家和主权是不可分的，主权是国家区别于其他社会集团的特殊属性”。[2] 国家如果没有主权，也就不成其为国家，因此，主权集中体现于国家主权，在某种程度上也可以说主权就是国家主权。国家

【1】 参见[加]郑海麟著：《海峡两岸关系的深层透视》，香港明报出版社2000年版，第108－111页。

【2】 《中国大百科全书》法学卷，中国大百科全书出版社1984年版，第814页。

既是主权的所有者，又是主权的行使者。换句话说，国家主权是主权所有权和主权行使权的共同表现形态。二是领土主权。领土主权是指国家对其领土本身及领土内的人和物所具有的最高权力。它是国家主权的最真实部分，也是国家主权的核心要素。领土是国家主权的实体，离开了领土，主权的所有将变为“虚有”，主权的行使将无所依附。因此，国家主权在领土归属和管辖方面就体现为领土主权。领土主权的所有权归这个国家的人民所有，领土主权的行使权归这个国家的政府所有。也就是说，国家通过其人民拥有领土主权，通过其经由合法途径产生的政府来行使领土主权。

(2) 主权所有权的单独表现形态。国家主权具有鲜明的阶级性，主权所有权的阶级归属不同，其表现形态也不同。如果主权所有权归君主个人，那么国家主权就体现为君主主权；如果主权所有权归全体人民，那么国家主权就体现为人民主权。主权演变史上的君主主权、议会主权、人民主权等主权形态就是从所有权（即主权归属）的角度来谈的。

(3) 主权行使权的单独表现形态。国家是一个抽象的存在，其主权行使权通常是由代表该国家的政府来掌握和运用的；换言之，主权行使权的主体是政府，所以主权行使权的表现形态是政府职权，也有人称此为“政府主权”。需要指出的是，单一制国家中的政府主权是由中央政府独享的，而联邦制国家中的政府主权是由联邦中央政府和联邦成员政府来分享的。

由上面的分析可知，在当今国际社会中，主权即国家主权，国家主权在其所有权方面体现为人民主权，在其行使权方面体现为政府职权，以上三种主权表现形态都以领土主权为依附和实现前提。正常情况下，国家主权、人民主权和政府职权的运作指向应该是一致的。但是，三者并非在任何情况都是统一的，有时候政府尽管能够代表国家，但不一定能够代表人民。例如：卖国中央政府的主权行为。我们还需关注的一个问题是，这三种不同主权形态的效力等级是不一样的。在现代民主国家里，人民是国家主权所有权的本源主体，是国家主权的终极所有者，所以，在世界上的许多民主制国家里，某些重大事项的决定，如签订国际条约、割让领土、决定战争状态等，中央政府不能独自做主，还得以“全民公投”的形式来听取人民的意见。这就是说，政府行使国家主权时必须服从并服务于人民主权。所以，如果我们按照从高到低的效力等级来给它排序的话，其顺序应该是：人民主权、国家主权、政府职权。

（三）主权所有权与主权行使权之间的分离模式

如上所述，由于主权行使权大都从主权所有权中分离了出来，所以研究两者的关系模式，主要就是研究两者的分离模式。如果依据分离是否是主权所有者自愿进行的这一标准，可以将两者的分离分为以下两种模式：

1. 两者分离的主动模式

即由于主权所有者主动地委托或让渡部分主权行使权，从而使主权行使权通过法定程序与主权所有权发生的分离。从主权行使权运作的目的指向来看，它与主权所有者的意志和利益取向是一致的，因而，这并不会造成主权所有权的损伤，也不会导致主权所有权的丧失。相反，这种分离的结果只能更好地有利于主权所有权的实现和完整，所以这种分离是一种形式上的分离，从实质上说，它与主权所有权仍是统一的，甚至从某种意义上说，这种分离是主权所有权的一种重要实现形式。在通常情况下，这种分离有国内与国际两种表现形式：

（1）国内分离形式。即两者在主权国家内部所进行的合法性分离。主要表现在主权所有者为了实现自己的主权所有权，必须将主权行使权按照一定的方式委托给经由合法程序产生的政府，由政府来代行主权行使权。这种委托与被委托、授权与被授权的关系，在大多数情况下只是一种形式，但它却不是可有可无的，因为这不仅是主权所有权的实现形式，而且还是主权行使权合法性、正当性的基础。也就是说，它反映的是一种权力的合法的必然的转移关系。这个关系的一端是主权所有者对主权行使者的授权，而另一端则是主权行使者对主权所有者的负责。这是一切民主政治的出发点，也是各类人民主权论的基本内容。[1] 现实中，这种分离往往出现于绝大多数实行民主制的主权国家之中。但是，在不同的民主制度下，两者分离的程度是不同的。在实行直接民主的小邦共和国里，由于人民将

【1】参见李景鹏著：《权力政治学》，黑龙江教育出版社 1995 年版，第 187 页。

大部分主权留归了自己，而没有委托出去，这样便使得主权行使权从主权所有权中分离出来的数量相对较少；但在实行间接民主的国家里，从所有权中分离出来的主权行使权的数量相对较大。

(2) 国际分离形式。即两者在主权国家与主权国家之间所进行的合法性分离。主要表现在主权行使者（政府）为了保障和实现主权所有者（人民或国家）的利益，在经由主权所有者同意的前提下，将部分主权行使权让渡给某国际组织来行使。从形式上看，这种主权行使权的部分让渡，确实造成了主权行使权的部分分割或受限，但在实质上，这种分割或受限不仅不会缩小或损伤主权行使权，反而还可以扩大或保障主权行使权，进而更好地保障和实现主权所有权的完整与统一。这也正是为什么主权国家愿意参与国际社会、签署条约彼此互助或约束的主要原因。需要指出的是，这种国际分离形式同前面国内分离形式的不同在于，国内分离形式在主权行使权的授与不授的问题上，没有不授的选择权，人民所能决定的只是授权给谁和授权多少的问题。而国际分离形式在这个问题上既有让渡的选择权，也有不让渡的选择权；另外，也能决定让渡给哪个国际组织和让渡多少的问题。

2．两者分离的被动模式

即指没有经由主权所有者自愿地、主动地权力委托或让渡，而是由于主权所有者意志外的原因所造成的主权行使权同主权所有权的分离。对于主权所有者来说，这种分离往往是由非正常因素引起而未经合法程序和途径进行的，具有被动性和消极性。这类分离通常会对一个国家的主权造成不同程度的损伤。这种被动式分离也具有国内和国际两种形式：

(1) 国内分离形式。根据这种分离对主权本身损伤的大小，可以将它们分为以下三类：第一，挑战地区主权行使权的分离形式。这种分离形式的特点是某一地区的统治权或管辖权同原中央政权发生了分离，如旧中国地方军阀同中央政府的分离，就属于这种情形。对于地方统治集团来说，它只是想掌握和控制该地区的最高统治权即该地区的部分主权行使权，而无意与中央政府去争夺中央政权即整个国家的主权行使权，也无意去改变该地区的主权所有权，它仍旧坚持该地区是该国家的一部分。简言之，它无意去争做中央政府来代表国家，也无意去分裂国土、另立新国。但是，由于它掌握和控制了该地区事实上的最高统治权，这使得中央政府的政令不能及于该地区，从而限制或排斥了中央政府在该地区的最高统治权，这在事实上损伤了国家主权。第二，挑战国家主权行使权的分离形式。即主权行使权同主权所有权发生分离后，分离双方所争夺的焦点是谁来代表国家行使主权，即中央政权之争。这种分离形式常常发生于依附外国势力支持的傀儡政治实体与中央政府之间，或发生于通过革命建立的新政府同原中央政府之间。前者如历史上的“汪伪”政府与蒋介石国民政府之争，后者如历史上的国共之争。由于这种分离形式直接挑战的是国家主权行使权，所以它在现实中常常会引发战争或革命。第三，挑战地区主权所有权的分离形式。这种分离形式多表现为企图脱离母国而另立新国家的政治实体与其所属国家的中央政府之间。如目前竭力推行“台独”路线的台湾当局同中华人民共和国政府之间所争夺的焦点已由过去的谁对整个中国拥有主权行使权演变为现在的谁对台湾地区拥有主权所有权，即已由过去的中央政权之争演变为现在的台湾领土主权之争。这种直接挑战主权所有权的分离形式，比前面两种分离形式更具危害性，处理不好，它可以直接导致主权所有权的分割，从而破坏国家主权的完整。

(2) 国际分离形式。这种分离形式表现为某主权国通过非正当方式获得了他主权国某地区的主权行使权，从而使该地区的主权行使权与原来的主权所有权在国与国之间发生了分离。历史上的租借、占领、管治等，均会引起这种分离形式的发生。例如，近代史上英国对中国新界的租借，就使得新界的主权行使权从中国转移到了英国，但新界的主权所有权仍归中国；另如，葡萄牙占领中国的澳门后，澳门的主权行使权归葡萄牙，但澳门的主权所有权一直归中国。再如，近代历史上美国曾对巴拿马运河拥有占有、使用和控制等主权行使权，但巴拿马运河的主权所有权仍然一如既往地归巴拿马。这种主权所有权与主权行使权在国际间的分离，也会造成对主权所有权不同程度的损伤，只是这种损伤未达到挑战或改变该地区主权所有权的程度而已。如果主权行使权与主权所有权在国际间的分离超过了一定的时间或空间限度，也能造成对原主权所有权的极大损伤，甚至改变。这种损伤在超时间限度上表现为，某主权国获得了他主权国某地区的主权行使权超一定时限后，在他主权国未抗议的前提下，根据国际法上的占领时效理论，[1] 国际社会就承认某主权国获得了该地区的主权所有权；这种损伤在超空间限度上表现为，当某主权国在空间范围上丧失了其绝大部分领土的主权行使权时，常会引起对原主权所有权的挑战或改变。

第二节　主权构成学说的价值与应用

一、理论价值

与以往的主权学说相比，主权构成学说能够更加深入、更加细化地揭示主权运作的某些规律，因而具有重要的理论价值，主要表现在：

（一）能够解决以往主权理论研究中的某些二元性争论

在以往的主权理论研究中，一直存在着绝对主权论与相对主权论的纷争，其核心内容表现为主权受限制与不受限制、主权可分与不可分、主权可转让与不可转让等问题的二元性争论，尤其是全球化时代的到来，使这种争论更加激烈。然而，通过主权构成学说，我们就可以发现，国家主权既是绝对主权，又是相对主权，是二者的统一体。从主权所有权的层面看，主权具有绝对性、不受限性、不可分性和不可转让性；而从主权行使权的

【1】在国际法上，时效是指“在足够长的一个时期内对于一块土地连续地和不受干扰地行使主权，以致在历史发展的影响下造成一种一般信念，认为现状是符合国际秩序的，因而取得该土地的主权。”国际法上的试销制度常常与默许、抗议等行为的法律效果紧密联系在一起，它的适用“最多地依赖于对特殊情形的事实的评估”，它不能单独适用。（参见詹宁斯、瓦茨修订：《奥本海国际法》第一卷（第一分册），王铁崖等译，中国大百科全书出版社 1995 年版，第 88－89 页）。但是，需要指出的是，实效制度自从被运用到国际法上以来，它在国际法学界所引起的争议至今仍未消除。对于这个制度，可以说是毁之誉之，见仁见智。反对这种制度的理由主要是：它将产生弱肉强食的效果。因而，国际法上一般不确认实效制度为合法的领土占有方式。

层面看，主权具有相对性、受限性、可分性和可转让性。在以往的主权研究中，由于绝对主权论者往往是从所有权的层面或视角来描述和反映主权的，而相对主权论者往往是从行使权的层面或视角来描述和反映主权的。所以，从外观上看，争论双方所争论的都是“主权”这个问题；但从双方所谈的主权内容和视角来看，双方所争论的问题却不是同一个层面上的问题，而是两个不同层面上的问题。准确地说，双方所争论的是同一个问题的两个不同层面或侧面。因而，双方争论不休也就在所难免。按照主权构成学说，传统主权理论中所说的“主权不可分割，不可转让”，[1] 其实是指主权所有权不可分割，不可转让，至于主权行使权则可以经由合法的途径进行分割或转让。目前我们所说的加入国际组织而进行的“主权让渡”，其实也不是主权所有权的让渡，而仅仅是主权行使权的让渡。就欧盟成员国而言，它们所让渡的主权仅仅是行使权含义上的主权而非所有权含义上的主权，如欧盟内部有关成员国货币发行权的转移，是政府职权即主权行使权的转移；欧盟内部有关成员国高度密切的合作，均是主权行使权层面上的合作。这不仅不会弱化国家主权，反而由于借助于集体的力量而强化了国家主权，从而更有利于增进国家的利益。战后一系列其他国际组织，如：联合国、东盟、欧佩克等的建立，都可以说是主权行使权让渡的结果。从某种意义上说，如果没有成员国主权行使权的让渡，就没有国际组织的建立。可见，将主权区分为主权所有权与主权行使权，对于我们研究和评判国际社会中的有关主权问题具有重要的现实意义。历史上许多政治思想家，由于受当时历史条件的限制，没有充分注意到主权所有权与主权行使权的区分，并将两者等同起来，以至于造成了理论上的混乱。历史上，政

【1】强调“主权不可分割”，意思是强调主权的神圣性和完整性，是说某个国家的主权一旦被分割、被损坏，那么这个国家就不再成其为正常的、完整意义上的主权国家了，但这并不是说主权在现实中不能被内部或外部的力量割裂或损坏。事实上，主权在现实中常常会受到某种程度的割裂、损坏。因此，我们不能对“主权不可分割”的论断作表面化理解，否则，就不能正确理解现实中诸多主权被分割的事实或现象。

治思想家卢梭对孟德斯鸠学说的批评，[1]就是由此产生的误解；法律主权论者克拉勃所主张的“主权必须分裂”[2]的观点也是基于这种误解。

（二）能够揭示主权与某些相关概念的科学联系

首先，以往的主权理论研究，似乎把主权与治权作了对立性的划分，认为两者是排斥性的关系，即主权之中没有治权，治权之中也没有主权，如下面的图1－1－(1)所示。这是由于以往的研究只注意到了两者的差异性而忽视了两者的共同性。通过主权构成学说，我们可以发现，主权与治权的真正关系是交叉性的关系，主权与治权在内容上既有相异的部分，又有相同的部分。主权中的行使权部分与治权中的最高部分（即最高治权）在内容上是重合的，即主权行使权实际上就是最高治权，如下面的图1－1－(2)所示。由此可以看出，主权行使权既是主权范畴的最底层次部分，又是治权范畴的最高层次部分。这样，通过主权构成学说，我们就可以揭示主权与治权的区别与联系。

图1－1　主权与治权关系示意图

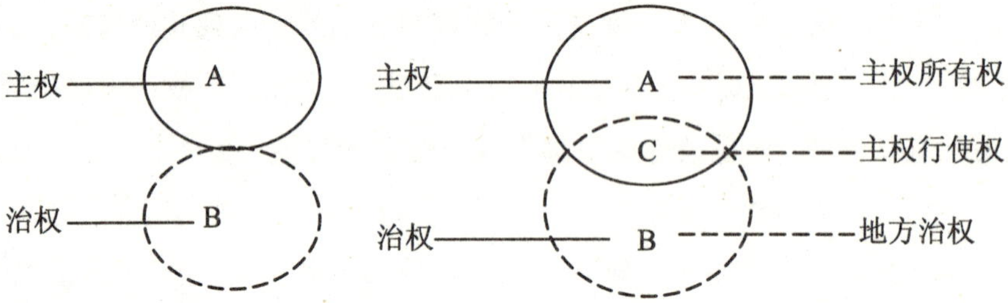

图1－1－(1)　　图1－1－(2)

（说明：图1－1－(2)中，A代表主权，B代表治权；A和B的重叠部分C为主权行使权，亦即中央治权；A—C=主权所有权，B—C=地方治权。）

其次，在以往的研究中，人们不能将主权权利和主权权力建立起一种

【1】参见[法]卢梭著：《社会契约论》，何兆武译，商务印书馆2001年版，第37页。

【2】参见[荷]克拉勃著：《近代国家观念》，王检译，商务印书馆1957年版，第16页。

“有机”的联系，来共同描述或反映主权的属性和内容。通常，这两个概念只能单独使用；又加之这两个概念均是从外部来描述或反映主权的。因而只能提示自身与主权的局部联系或外部联系。这样单独运用主权权利或主权权力对主权现象所作的解释，就欠缺说服力。通过主权构成学说，我们找到了主权权利和主权权力的联系所在，它们都是主权行使权的表现形式。这样通过主权行使权就将这两个概念联系了起来，因而它们一方面可以通过主权行使权去体现自身与主权的内在联系，另一方面又可以联合起来共同描述或反映主权，以增强对主权现象解释的说服力和完美性。其次，在以往的研究中，一直存在着众多的主权概念，如：主权、国家主权、人民主权、领土主权、政府主权等等。由于以前没有对这些概念的内涵进行理论上的挖掘和界定，常常导致使用上的混乱。通过提出主权构成学说，我们厘清了这些概念的内在涵义，明确了各个概念是针对主权构成中的哪一部分而言的，这有利于我们今后科学地使用这些概念。

（三）能够诠释某些主权概念的真实含义

英国剑桥大学著名国际法专家奥本海（Oppenheim）教授，为了准确地描述当时国际社会中确实存在着的附属地、被保护国、殖民地等国家的性质和主权状态，在其国际法著作中使用了“非完全主权国”、“部分主权国”和“半主权国”等概念。[1] 但长期以来，理论界一直认为这些称谓不符合主权本身的逻辑。[2] 理由是：这些称谓暗示着主权是可分的，因而他们认为这些称谓与主权概念本身有矛盾。然而，通过主权构成学说，我们就会发现，“非完全主权国”、“部分主权国”和“半主权国”等国家不仅在现实中是存在的，而且在理论上也是能说得通的，具体表现在：根据国际法上的国家四要素学说，“非完全主权国”、“部分主权国”和“半主权国”等之所以是国家，就是因为它们拥有主权所有权；之所以在这些国家前面冠以“非完全”、“部分”

【1】参见詹宁斯、瓦茨修订：《奥本海国际法》第一卷（第一分册），王铁崖等译，中国大百科全书出版社1995年版，第93页。

【2】参见王沪宁著：《国家主权》，人民出版社1987年版，第15页。

和“半”等修饰语，就是因为它们的主权行使权在实际运作时受到了限制而体现不出独立自主的外观。众所周知，这些国家在处理对内对外事务时，除了考虑本国的意志和利益外，还要考虑宗主国的意志和利益，因为宗主国在事实上影响着、甚至控制着这些国家的主权行使权。这样，这些国家的主权行使权就不能独立自主地运作。因此，我们说“非完全主权国”、“部分主权国”和“半主权国”等是针对主权行使权而言的，是主权行使权受到限制的结果和表现，这与主权概念本身并不矛盾。再例如，台湾学者王晓波等人曾提出“主权不完全继承”的理论，因其难以同“主权可分论”划清界限而遭中国大陆学界的质疑，而今按照本学说的分析框架，这一争议便可迎刃而解。王晓波等学者所主张的“不完全继承”其实是针对主权行使权而言的，它与同时承认主权所有权的完整性并不冲突。

主权构成学说可以向人们展示一种辩证的主权观。在全球化的今天，我们反对笼统地强调国家主权的不可分性和不可让渡性。我们认为，对于主权的可分与不可分、可让渡与不可让渡，要具体分析它是就哪一个层面意义上的主权而言的。如果是所有权层面上的主权，我们必须坚持主权的不可分性和不可让渡性，坚决反对“主权过时论”等弱化国家主权的观点，否则就会为强权国家干涉他国内政提供口实和理论依据。但是，如果是行使权层面上的主权，我们就坚持主权的可分性和可让渡性。要看到国际社会中早已存在着的主权行使权可以让渡和共享这一事实，要认识到在自主、平等、共享的前提下，适当地让渡部分国家主权行使权，是为了实现本国利益的最大化。否则，如果不去具体分析是哪一个层面上的主权，而一味地强调国家主权的不可分性和不可让渡性，其结果必然是束缚了自己的手脚，进而丧失本国在国际社会中全面发展的历史机遇。

二、现实应用

目前海峡两岸的关系问题，其实质和核心是“主权”问题，两岸所争执的问题均是围绕着“主权”而展开的。如何判断台湾地区的主权归属呢？让我们用主权构成学说的分析框架来加以分析：

首先，让我们看台湾地区的主权所有权之归属。海峡两岸的中人民共和国宪法和所谓的“中华民国宪法”都承认人民主权学说，都承认国家的一切权力属于人民。根据人民主权学说，人民作为一个整体拥有主权所有权，全体人民中的任何个人或任何部分都只是主权所有者的构成分子而不是主权所有者的本身，因而不能享有主权所有权。台湾作为中国领土的一部分，其主权应属于海峡两岸的全体中国人民。台湾地区的人民作为全体中国人民中的一部分，自然不能单独对台湾领土拥有主权所有权，台湾今后的去向自然也不能由台湾当地居民单方面作出决定。台湾某些人所提出的以“住民自决”[1]的方式来决定台湾“统”“独”去向的主张，在理论上是站不住脚的，在实践中是行不通的。退一步讲，即便要举行“公投”，也应由海峡两岸的全体人民来“公投”，而不能单由台湾当地居民来“公投”。如果单由台湾居民来“公投”，就等于剥夺了大陆人民对台湾领土的主权所有权，大陆人民必然会竭力（甚至不惜用武力）去捍卫和收复自己对台湾领土的主权所有权。

其次，让我们看台湾地区的主权行使权之归属。根据国际法上的政府继承理论，中华人民共和国政府继承了原中华民国政府的主权行使权。从法理上说，中华人民共和国政府拥有了台湾的主权行使权，而台湾当局不应再继续拥有台湾的主权行使权；从事实上说，现在世界上绝大多数国家承认中华人民共和国政府为代表中国的中央政府，这些国家同台湾签订航约要事先征得北京的同意，同台湾来往要向北京承诺是“非官方的、地区性的、民间性质”，极少数国家在对台军售、邀请台湾“元首”访问之类的事情上违背了它们对中国政府的承诺，但它们做了之后还要就这些问题同中国政府交涉并在不同程度上采取补救措施，……凡此种种，都是国际社会尊重中国政府对台湾行使主权的表现，从这个角度讲，台湾当局所宣传的“中共从未有一天对台湾行使过主权”的说法并不符合事实。

然而我们也必须指出，由于两岸的对峙状态，至今台湾当局仍然维持

【1】“住民自决”是台湾方面根据政治的需要而独创的一个概念，其目的在于为“台独”活动提供理论依据。但必须说明的是，它既不等同于政治学意义上的“人民自决”，也不等同于国际法意义上的“人民自决”或“民族自决”。从国际法上看，并不存在“住民自决”的概念。

着“主权国家”的外观，并且以“中国政府”的名义，对台湾内政范围内的事务（如举办选举、征税、征兵等等）实行“有效统治”。这种现象，在本书的研究分析框架中可界定为是出现了主权行使权同主权所有权的被动分离，如果借用“主权不完全继承”的概念来表述，则应当说是出现了主权行使权的“不完全继承”。换言之，由于主权行使权是可分的，中华人民共和国政府在事实上只继承了一部分但未完全继承，以致当前台湾地区的主权行使权事实上由中国政府和台湾当局分享，前者主要体现为限制台湾当局的对外交往能力，后者主要体现为对台湾地区内政的全权治理。

再次，以上我们承认台湾当局拥有部分的主权行使权，是因为这些权力不是简单地用“地方政权”或“地方治权”之类的概念就可以表述清楚的，诸如征兵、发行货币、司法终审之类的权力本来都是中央政府的职权，明显属于主权行使权的范畴，即便在实行高度地方自治的美国，这些权力也都是专属于联邦政府的。现在台湾当局在对内统治中运用这些权力，并没有得到主权所有者（全体中国人民）的同意，这种现象即上述所论述过的“被动分离”模式之一种表现。而“被动分离”必然伤害主权所有权，所以我们要尽快结束这种不正常的状况，用中央领导同志的话语来表达，就是“台湾问题不能久拖不决”。

但是台湾问题的复杂性在于，尽管台湾当局的权力基础缺乏主权所有者全体的认同而欠缺整体的合法性，但是它却得到了部分主权者（即2300万台湾人民，他们是中国人民的一部分）的多数认同，从这层意义上讲它又具有部分的合法性。[1]就两岸关系论，现在我最高法院已经批准承认台

【1】这是一个无法回避的法理问题，也是一个极为复杂的现实问题。一方面，尽管海峡两岸尚未统一，但台湾作为中国领土一部分的地位并没有改变，也不容改变。这是个最根本的原则问题，是丝毫不能动摇的。另一方面，台湾与大陆长期处于分离状态，又是客观事实。在这种分离状态下，台湾方面所谓的“总统”、“立法委”以及市县行政官员等又是通过民选的方式产生的。单从理论上看，不能简单地将其视为“非法统治”或“强行统治”。到底如何看待，这是个复杂的理论和现实问题，今后应予以关注或正视。

湾某些民事判决在大陆地区的司法效力，这可以视为是对台湾当局所行使的权力做部分的合法性承认；从国际角度讲，现在台湾当局以地方经济体的身份加入WTO、亚太经合组织等国际性组织，并在其中承担其国际义务，这也可以理解为国际社会也承认台湾当局有某种合法性，不过这种合法性是以“非主权国家资格”取得的，与完整意义上的国际法人仍有重大区别。正是考虑到台湾问题所牵扯的这些复杂因素，为了尊重台湾同胞的意愿，也为了减轻国际社会上的反弹、为中国的现代化建设争取一个良好的国际环境，中国政府把“一国两制”定为解决台湾问题的首选方案。

最后，透过主权构成的研究视角，我们可以对当前两岸关系的症结以及对“一国两制”构想的精髓提出一种新的理论解析，这可以从“反独”和“促统”两个方面来谈：

台湾虽然尚未与大陆统一，但中国的主权所有权并没有分裂，两岸同属于一个中国，台湾的主权所有权属于全体中国人民，这早已是铁的事实。因此“统一”并不是对主权所有权而言的，在1945年日本将台湾交还中国之后，这个主权所有权的问题就已经解决了，在这个问题上不需要再“促统”。但这样讲并不是说在这方面已经万事大吉了，因为还存在着“反独”的问题，而且“反独”斗争正日趋尖锐化甚至白热化。我们当前坚持一个中国的原则，就是要坚持主权所有权的绝对性、不可分性，确保台湾主权属于全体中国人民的事实不被改变，确保台湾作为中国神圣领土一部分的地位不被改变。

在“反独”的同时我们当然还要“促统”，这项工作是要解决半个多世纪来台湾的主权行使权同主权所有权“被动分离”的问题。按照“一国两制”的构想，在统一后，台湾当局某些“国家外观”的东西将被取消，但在实质上，台湾当局目前享有的部分主权行使权并不会减少，仍然可以发行货币、司法终审、甚至拥有自己的军队等。和平统一的过程，就是要通过两岸的政治谈判，找到一种双方都能接受的安排，对台湾当局而言，就是要接受和承认台湾主权所有权属于全体中国人民的事实，并使其目前未经主权所有者（全体中国人民）同意而掌握和运用的部分主权行使权得到主权所有者的同意而彻底、全面地合法化；对中国政府而言，则是要充分体量目前台湾当局得到部分主权所有者(作为中国人一部分的台湾2300万人民)中的多数支持,在不伤害主权所有权的前提下,尽量让统一后的台湾特别行政区政府享有更多的国家权力。为了营造两岸谈判的政治基础,当前一方面是要坚持一个中国的原则,即让台湾当局接受和承认台湾主权属于中国的事实,但另一方面,也应考虑接受和承认台湾当局目前掌握和运用着一部分主权行使权的事实。当年邓小平同志在会见英国撒切尔夫人讲的主权问题不可以谈判,[1]这实际是说主权所有权不可以谈,至于主权行使权则是可以谈的,事实上也早已列入了谈判的内容。

三、“统一”与“分裂”的涵义之解读

关于“国家统一”的含义,不同时代的人们在不同的场合,对其有不同的表述。有的强调政治(含军事)统一,即强调国家中央权力的有效控制和“通同为一”的状态;有的强调经济统一,即经济资源的交流利用无阻隔;有的强调文化统一,即要实现“统礼义,一制度”;有的强调思想统一,如墨家的“一同天下之义”;等等。尽管以往学术界对“统一”也没有下一个通用的定义,但通常认为,“统一”是指“国家之间或政权之间、一个国家或一个政权内部在政治上的一致、集中及结合为一个整体,而不是文化、民族、语言、风俗、经济、思想、宗教、血统甚至地理环境等等的一致性或整体性”。[2]所谓“分裂”是相对于统一而言的一个概念,“如果没有统一,也就谈不上分裂。已经统一了的政权变成几个,或原来属于该政权的一部分脱离了,独立了,可以称为分裂。但原来就存在的、不属于该政权的地区或政权就谈不上什么分裂”[3]。

笔者认为,学术界对国家统一和分裂内涵的上述界定,基本上揭示了

【1】《邓小平文选》第三卷,人民出版社1993年版,第12页。

【2】葛剑雄著:《统一与分裂:中国历史的启示》,台湾锦绣出版事业公司1995年版,第102页。

【3】葛剑雄著:《统一与分裂:中国历史的启示》,台湾锦绣出版事业公司1995年版,第115页。

国家统一与国家分裂的内在意义，但仍存在着不足，主要表现在：第一，它不能赋予国家统一和国家分裂以标志或指标；第二，它不能揭示国家统一或国家分裂在性质上和程度上的差别。

基于上述情况，笔者试图通过主权构成学说来对国家统一与分裂的内涵、标志、层次进行进一步探讨。

笔者认为，国家统一集中体现为主权统一，主权统一又集中体现为主权所有权统一。所谓主权所有权的统一，就是指主权所有权具有唯一性。按照主权构成学说，只要一个国家的主权所有权具有唯一性，那么，这个国家就是一个统一国家。但根据通常情况，统一国家又有两种情况：一种是在主权所有权统一的前提下，主权行使权也统一；另一种是在主权所有权统一的前提下，主权行使权却存在着某种程度的分裂，即存在着主权行使权同主权所有权被动分离的情形。前者我们称之为“完全统一国家”，如当今世界上存在的绝大部分主权国家；后者我们称之为“不完全统一国家”，如目前的中国。

与统一国家相对应，如果一个国家的主权所有权不具有唯一性，我们根据“两件实体不能在同一时间占有同一空间”的自然法则，就可以推定该国家必定是一个主权所有权分裂的国家；再根据主权所有权与主权行使权之间的互动关系原理，我们可以作如下推理：如果一个国家的主权所有权是分裂的，那么，基于主权所有权之上的主权行使权也一定是分裂的。世界上不存在主权所有权分裂而主权行使权却统一的国家。可用图表表示为：

表1－1　国家统一与分裂类型表

主权所有权 / 主权行使权	统一	分裂
统一	完全统一	不完全统一或不完全分裂
分裂	——	完全分裂

根据上述分类与分析，我们可对国家统一的有关内容作如下解读：

（一）判断国家统一或分裂的两个指标

根据主权构成学说，判断一个国家是否为统一国家，有两个核心指标：一是主权所有权是否统一。据此可判定某国家是统一国家还是分裂国家，二是主权行使权同主权所有权是否统一。据此可判定统一国家是完全统一国家还是不完全统一国家。第一个指标是根本指标，第二个指标是基于第一指标基础上的细则指标。任何一个完全意义上的统一国家，均需同时具备以上两个指标，缺一不可。

（二）国家统一的涵义

根据主权构成学说，国家统一是指结束国家主权所有权的分裂状态或结束国家主权行使权同主权所有权的被动分离状态，从而实现主权所有权和主权行使权的双重统一。对于完全分裂国家，即存在着主权所有权分裂的国家而言，国家统一的使命就是结束主权所有权的分裂状态，实现主权所有权的合而为一；对于不完全统一国家，即仅存在着主权行使权分裂的国家而言，国家统一的使命就是结束主权行使权同主权所有权的被动分离状态，实现两者的统一。前者如东、西德，南、北韩；后者如中国大陆与台湾。由于本书第三、四章专门研究这个问题，故在此不再赘述。

第二章　统一国家形式研究

我们研究国家统一及其模式，首先应该明确，作为一个统一的国家在制度形式上该是个什么样子。明确了统一国家的制度形式，等于确立了分裂国家复归统一的制度目标。通常说来，一个统一的国家必然体现为一定的形式，即国家形式。国家形式通常包括两个方面：一是国家管理形式，二是国家结构形式。前者是指国家统一后的政权组织形式，即政体；后者是指国家统一后整体与局部的制度安排。尽管前者是国家形式的一个重要方面，但由于前者在当今时代的关注重点是如何实现民主政治问题，与国家统一没有直接的关联，故本书不再将其列为研究范围。本书将重点研究能够直接体现国家统一的国家结构形式。

从理论上讲，有了国家，就有了国家结构形式问题。从国家产生和发展的历史来看，最初的国家结构形式是极其简单的。国家从氏族组织发展而来，受社会发展水平和社会管理水平所限，国家在其发展的最初阶段，所辖的地域是极其有限的。在面积比较狭小的独立国家里，人口较少，行政事务简单，设立一级政府足以进行有效的统治和管理，而没有不要设置地方政府。因而，最初的国家结构形式是一种纯一的形式，不存在整体与局部、中央与地方的关系。国家发展到一定阶段，形成了统一国家，也就意味着完整的国家利益的出现，中央政府是这种利益的实现者和维护者；与此同时，地方政府的出现，在表明国家的管辖范围将更为广泛的同时，也表明国家总体利益将不得不面临地方局部利益的挑战。因而，当国家发展到这一步时，国家内部的整体与局部、中央与地方的关系也就形成了，单纯的国家结构形式也就被由多重因素构成的有机的国家结构形式所代替。

按照政治学的国家结构理论，国家结构形式通常分为单一制和复合制；而复合制又有联邦制和邦联制两种形式，此外，复合制在历史上还出现过君合国、政合国等形式。

但是，按照主权构成学说，只有能体现出主权所有权具有唯一性的制度形式，才是统一国家的制度形式。依此标准，在上述国家结构形式中，只有单一制和联邦制能够直接体现出主权所有权的唯一性；换言之，只有单一制和联邦制可以被用作国家统一后的制度选择。严格说来，单一制和联邦制只是从制度上去体现主权所有权，但二者本身并不直接涉及主权所有权，因为无论是在单一制国家，还是在联邦制国家，从本源上来说，主权所有权都属于该国的人民，而在现实政治中，都属于国家。在这一点上，联邦国与单一国是相同的，它们的不同仅仅在于主权行使权的配置及其方式不同，从这个意义上讲，单一制和联邦制都是相对于主权行使权而言的。按照主权构成学说，单一制与联邦制的根本区别在于主权行使权是由全国性政府独享还是由其与区域性政府分享：由全国性政府独享主权行使权的是单一制，由全国性政府同区域性政府分享主权行使权的是联邦制。如果依此来给二者下定义，则可以表述为：单一制是指国家的主权行使权由全国性政府（中央政府）独享的国家结构形式；联邦制是指国家的主权行使权由全国性政府（联邦政府）与区域性政府（联邦成员政府）分享的国家结构形式。正是在上述意义上说，国家结构形式实质上是一国的主权行使权和权力由哪个层次的政府来行使的制度形式。[1]

第一节　统一国家形式之一：单一制

一、单一制：近现代统一国家的典型观念形态和制度形式

近现代国家的典型形式是与古典的城邦国家或封建的领主国家相对称的民族国家，它是随着近代资本主义的发展，为适应建立统一国内市场的需要而出现的。我们所说的单一制国家，并不是封建社会那种中央集权帝国，而是作为统一市场而成长起来的统一民族国家。从这个意义上，单一制的理论大致产生在欧洲封建社会末期，成熟于其后的资产阶级革命时

【1】 此处的分析，在思路上受到了我国法学家童之伟教授关于单一制与联邦制划分的启示。参见童之伟著：《国家结构形式论》，武汉大学出版社1997年版，第145－146页。

代。单一制理论渊源的形成过程可以划分为两个时期。第一个时期可称为单一制理论的萌芽期。在这个时期，单一制理论隐含和表现在建立以民族统一为基础的君主专制中央集权国家的思想主张之中。这一时期从时间上看大致在16世纪前后，理论上的主要代表是意大利的马基雅维利和法国的布丹，在某种程度上可以说还有英国的詹姆士·斯图亚特。

早在14、15世纪，地中海沿岸不少城市已经产生了资本主义生产关系的萌芽，封建制度开始趋于解体，资本主义发展对统一国内市场的需求促成了建立民族国家的历史要求。建立君主专制中央集权国家是与资本主义发展的初期阶段的政治需要相适应的，是原始的国家结构形式类型走向现代单一制过程中的重要一步。马基雅维利最早表达了建立以民族为基础的中央集权制统一国家的要求。他以资产阶级思想家的战略眼光看清了资产阶级革命必须分两步走：第一步是结束混乱与割据，把意大利从蛮族手中解放出来，建立一个统一而非教化的意大利。第二步是建立共和国，但要以建立绝对君主制为前提。因为当时的意大利混战纷争，市民德性颓废，只有依靠开明而果断的君主，建立中央集权制度才能对付教皇的挑拨，压制贵族的气焰，制止权势者过分的野心和腐化，对付那些庸俗的平民，使意大利克服分裂的状态，建立统一的国家。[1]

而在同时期的法国，君主专制中央集权制已经建立起来，法国王室推行有利于资本主义工商业发展的对外扩张政策。但由于教俗封建主仍享有许多特权，政治和经济方面的割据现象仍然严重，社会秩序经常陷入混乱状态，尤其是从16世纪60年代开始的旧天主教与胡格诺新教之间长达三十多年之久的宗教战争，打乱了法国正常的社会秩序，削弱了国家的力量，刚刚完成民族国家统一的法国再度面临着分裂的危机。加强王权、维护和巩固初步建立的以民族为基础的国家的统一，成了广大第三等级和王室的共同愿望。布丹的主权说恰恰就反映了当时的人们在上述方面的心理渴望。从国家结构形式的角度来看，布丹的主权理论可以看作主张建立单

【1】 参见[意]尼科洛·马基雅维利著：《君主论》，潘汉典译，商务印书馆1997年版，第121－125页。

一制国家的思想基础。他认为，政治社会的重要因素是共同主权者的存在，国家的存在要求公民服从一个共同主权者的统治，凡是秩序良好的国家，其中必然具有某种不可分割的权威根源，这个根源就是主权，它属于君主。[1]布丹的主权理论是为了加强王权并实行君主专制中央集权制的理论，其目的是通过维护法国君主的全权，以维护法兰西民族的统一。他认为，国家是拥有最高权力的由若干个家庭及其共同财产组成的合法政府，是各家各户的政府，其根本特征是拥有主权。真正唯一秩序良好的国家是一个主权完整的国家，因为它集主权于一人之身。这实际上已经勾勒出了单一制的主要外部特征，一旦具备了民主宪政这一内在特征，布丹主张的国家结构形式就成了近现代意义上的名符其实的中央集权单一制。

英国资产阶级革命前，英王詹姆士一世在《自由王国的真正法律》中论证了君权的神圣性，他宣称：君主代表着上帝；君主对国家福利负责，并保护国家免遭政治和宗教动乱危险之害；只有在国家唯一的首脑——君主指挥一切的情况下，才能达到最高度的统一；只有存在唯一权力的情况下，才能避免被视为国家最大灾难的分裂现象。[2]詹姆士一世的这些思想中隐含的国家结构形式主张同布丹大体上一样。

单一制理论逐渐发展成熟是在资产阶级革命时代及其之后的一段时期，其著名代表人物是霍布斯、洛克、卢梭和马志尼等人。他们的单一制思想也通常隐含和表现在他们的主权理论之中。

托马斯·霍布斯认为，主权是大于一切人的权力的公共权力，是国家的灵魂，是至高无上的。主权范围内的权力不可转让、不可分割，不论它是由一个人、许多人还是全体人掌握，都是一个不可分割的整体。[3]霍布斯认为主权是国家本质的体现，在含义上甚至可以说主权就是国家。主张

【1】 参见[美]萨拜因著：《政治学说史》下册，盛葵阳译，商务印书馆1986年版，第462－464页。

【2】 参见[意]萨尔沃·马斯泰罗内著：《欧洲政治思想史——从十五世纪到二十世纪》，黄光华译，社会科学文献出版社1998年版，第62页。

【3】 参见[英]霍布斯著：《利维坦》，黎思复等译，商务印书馆1997年版，第140－142页。

主权不可转让、不可分割，是一个完整统一的整体，就意味着主张国家的独立性和统一性。

约翰·洛克是用“最高权力”一词指代主权的，他关注的是最高权力由谁掌握的问题。在探讨这个问题的过程中，他也间接表述了关于国家结构形式的思想，这些思想对单一制思想的形成有重要影响。洛克认为，在“为了保护社会而行动的有组织的国家中，只能有一个最高权力，这个权力就是立法权，其余一切权力都是而且必须处于从属的地位，”[1] 这就认定了主权的最高性和唯一性。洛克还说，立法机关不能把制定法律的权力转让给任何他人，因为它只是得自于人民的一种委托权力。只有人民才能通过组成立法机关和指定由谁来行使立法权，选定国家的行使。[2] 法律要通过法律的执行成为社会的约束，使国家的各部分各得其所、各尽其能，否则就会陷入可悲的无政府状态。实际上就包含了国家的主权不可转让、不可分割和合理划分国家构成区域并处理好权限划分问题的意思。

卢梭有关单一制的思想主要反映在他的主权学说中。卢梭认为，主权是公意的表现和运用，是一个整体，因此，主权是不能转让、不能被代表、不可分割的。[3] 主权权力也是完全绝对、完全神圣、完全不可侵犯的，只是不能超出公众约定的界限。从国家结构形式角度看卢梭对主权属性的论述，可以认为就是对中央集权单一制下集中在中央手中的权力的特征的描述。卢梭的这些言论对法国资产阶级革命后单一制国家结构形式的建立的影响是十分明显的，这种影响可以从1789年宪法、1791年宪法及法国现行宪法关于主权和国家权力的规定中反映出来。

19世纪意大利资产阶级革命家朱塞佩·马志尼为使意大利摆脱异族的压迫，结束民族分裂状态，建立独立、民族、统一的共和国奋斗了一生。他的单一制思想也具有相当的代表性，他直截了当表达了资本主义发展对统一国家的需要。他对意大利民众说，在建立一个意大利国家之

【1】 [英]洛克著：《政府论》下篇，叶启芳等译，商务印书馆1997年版，第91页。

【2】 参见[英]洛克著：《政府论》下篇，叶启芳等译，商务印书馆1997年版，第88页。

【3】 参见[法]卢梭著：《社会契约论》，何兆武译，商务印书馆2001年版，第35－37页。

前，一些产业协会和互助会之类的组织在经济方面不会有什么成效，“经济问题首先要增加资本和产品；当你们的国家被弄得支离破碎，被关税壁垒和各种人为的困难隔开时，你们只能享有一些范围狭窄的市场，不能指望增加资本和产量。……不要让那些在目前条件下只能是幻想的关于物质进步的希望把你们引入歧途。只有你们的国家，即从阿尔卑斯山一直延伸到西西里岛尽头的辽阔而富饶的意大利，才能实现这些希望”。[1] 针对联邦制的提法，他坚决主张单一制，认为作为意大利人的“那些责任和权利，除了你们选出的单一权威可以代表外，其他谁也无法代表。因为一个国家必须有个单一的政府。那些自称为联邦主义者并且要把意大利变成由若干邦组成的友好联盟的政客是要肢解这个国家，而根本不懂得统一的意义”。[2]

作为一种制度形式，单一制首先出现在欧洲，它始于14世纪，到17、18世纪初步成形。14至17世纪是欧洲封建主义生产关系逐渐解体，资本主义生产关系初步形成的时期。西欧资本主义生产方式在中世纪中期就有了一定程度的发展。在英国，13世纪农业中就产生了纯粹的商品生产，中小地主在自己的土地上用资本主义方法经营农业。在法国，11世纪末和12世纪，城市工商业就有很大的发展，马赛的造船业、皮革业、纺织业、染料业，蒙彼利埃的呢绒织造业、亚麻织造业都较发达，有些地方还成了西欧各国贸易的重镇。起初，这些行业还属于封建性质的工场手工业，后来逐渐产生了资本主义的雇佣劳动关系。西欧其他国家的情形也与此相差不多。此后美洲的发现，新航路的开辟，给新兴的资产阶级开辟了新天地，东印度和中国的市场、美洲的殖民化、对殖民地的贸易、交换手段和一般商品的增加，使商业，航海业和工业空前高涨，因而使正在崩溃的封建社会内部的革命因素迅速发展。资本主义工商业的发展要求商品和劳务能够自由流动，资产者要求无阻碍地进行自由贸易和自由竞争，而封建割据状

【1】 [意]马志尼著:《论人的责任》，吕志士译，商务印书馆1995年版，第86－87页。

【2】 [意]马志尼著:《论人的责任》，吕志士译，商务印书馆1995年版，第88－89页。

态妨碍这些强有力的经济因素发展所需要的国内统一市场的形成。打破形形色色的障碍，组成以民族为基础的统一国家，成了历史的必然。[1]

王权逐步加强，使统一的国家采取了以民族为基础的专制君主制形式。这是符合历史发展趋势的。正如恩格斯曾经指出的："在这种普遍的混乱中，王权是进步的因素，这一点是十分清楚的。王权在混乱中代表着秩序，代表着正在形成的民族（Nation）而与分裂成叛乱的各附庸国的状态对抗。在封建主义表层下形成的一切革命因素都倾向王权，正像王权倾向它们一样。"[2] 王权的加强是经过长期斗争的结果。加强王权的第一大障碍是以罗马教皇为首的基督教教会。在当时，教会是欧洲各种最反动的势力的代表，它使各国政治分裂、政局动荡、人民受苦受难。加强王权的第二大障碍是封建割据势力，主要是大领主、大贵族，他们为了维护自己的经济政治特权，反对国家的统一，抵抗王权。

王权在与封建割据势力的斗争中主要也是依靠市民及后来的新兴资产阶级的支持。新兴资产阶级要求自由竞争、自由贸易，要求人身安全、财产保障，要求扩大市场，必然反对封建割据，主张国家统一。这与国王制服大贵族，扩大自己权力的需要正好不谋而合，因而形成了一种扫除封建割据、推动君主专制中央集权制的合力。这时王权就成了民族和民族利益的代表，君主专制中央集权的形成也标志着民族国家的初步形成。它为资产阶级通过革命性变革将其转变为成熟的民族国家进而形成近现代的单一制国家在若干重要方面准备了条件。君主专制中央集权制是封建国家的最高的和最后的形式，也是封建国家的一般和典型的统治方法。这一点对于我们理解单一制的产生、形成及前景有很重要的意义。

英国、法国是历史上最早向现代单一制转变的国家。在英国，1688年"光荣革命"之后，资产阶级通过对1215年的《自由大宪章》之类的历史文件作出符合自身利益的解释，率先形成了现代意义的单一制。这是一种

【1】参见童之伟著：《国家结构形式论》，武汉大学出版社1997年版，第204－205页。

【2】《马克思恩格斯全集》第21卷，人民出版社1965年版，第453页。

比较特殊的情况。一般的做法是在资产阶级革命胜利以后，通过一部宪法，将单一制规定在宪法中。这方面法国的情况比较典型，1789年革命后通过的第一部成文宪法第二篇第一条规定："王国是统一而不可分的；其领土划分为八十三个郡，郡再分为县，县再分为区。"该宪法第三篇第一条还规定："主权是统一的，不可分的，不可剥夺的和不可动移的，主权属于国民，任何一部分人民或任何个人皆不得擅自行使之。"对于法国从君主专制中央集权制向现代单一制的转变，托克维尔给予了适当的评价："法兰西民族早于所有其他民族并比它们更加彻底地抛弃了中世纪的分裂与封建个性；革命终于将国家的不同部分统一起来，形成一个单一整体。在法国，中央政权已比世界上任何国家更严密地控制地方行政。大革命使中央政权更加灵活，更加强大，更加有所行为。法国人比其他人更早、更清晰地构想出自由的民主思想；革命给与国民本身即使还不是主权的全部实际，至少也是主权的全部外表。"[1]

以上分析表明，单一制作为一种比较普遍的国家结构形式，它无论是作为一种理论观念，还是作为一种制度形式，它在人类历史上之所以形成的最主要原因是：意欲通过这种制度来结束分裂、战争、落后的状态，从而建立统一、强大的民族国家。

二、单一制的制度特征与实践形式

尽管学术界对单一制的制度特征作了不同的概括和描述，但一般认为，单一制国家结构形式具有如下特点：第一，具有单一的宪法和国籍，具有一个最高立法机关、一个中央政府、一套完整的司法系统。第二，国家主权高度统一，只能由代表国家整体的法定机关充任国际法主体，对外行使国家主权的只能是中央政府。第三，从中央与地方的权力划分来看，实行中央统一集权，地方政府接受中央政府的统一领导，地方政府对外不具有独立性。即使个别地区享有一定的自治权，但这种自治权也被限制在统一国家主权所允许的范围内。也就是说，单一制国家是由不具有独立性

【1】 [法]托克维尔著：《旧制度与大革命》，冯棠译，商务印书馆1996年版，第311页。

的行政区域组成的国家，国家整体与组成部分之间是一种行政隶属关系。

从目前世界上的情况看，绝大多数国家都实行单一制。其中，英国、法国、意大利、日本、伊朗以及中国等，算是比较典型的单一制国家。

单一制的上述制度特征仅仅是从一般理论意义上讲的，在具体的实践中，由于各国历史、社会和文化的不同以及社会制度的差异，单一制又会表现为不同的具体形式。实践中出现的单一制形式主要有三种：一是中央集权型单一制；二是地方自治型单一制；三是民主集中型单一制。

（一）中央集权型单一制

在这种类型的单一制中，地方的自治权（或自主权）很小，或者宪法虽笼统地规定了广泛的自治权，但若无中央政府的允许，地方实际上无法真正行使这些权力。在这种体制下，地方政治实体是国家的附属物，没有独立的法律地位，一切权力集中于中央政府。地方政治实体的政府是中央政府的下级机关，彼此间存在着上下隶属的领导与被领导的行政关系。地方政府或由中央任命，或由地方自行选举产生，但都必须严格执行中央的政策和指令。中央行政机关往往直接控制地方行政机关并监督地方代议机关，地方行政首长不对本级代议机关负责，而对上级行政机关负责。在这种体制下，地方政府实际上是中央政府的派出机构，地方政府的权力是中央政府下放给地方的。因此，地方政府（包括地方议会）的组成、职权、活动范围及方式，一般均由中央政府通过的法律、法规来规定。1982年权力下放改革以前的法国是比较典型的中央集权单一制国家。直到第二次世界大战，法国各省的省长都是由中央委派任命的。托克维尔在谈及这一现象时，形象地描绘到："在我们法国，是中央政府把它的官员借给了村镇；而在美国，则是乡镇把它的官员借给了州政府。"[1] 所以，人们有时又把这种单一制称为"法国式"。这种形式下中央与地方权力关系的主要特点是：第一，地方最高行政首长由中央政府直接任免。虽然有些国家的这种任免以中央政府提名、地方选举产生的形式出现，但这个形式与程序

【1】［法］托克维尔著：《论美国的民主》上卷，董果良译，商务印书馆1996年版，第73页。

并没有改变中央政府在这方面所具有的权力，只是使这种权力的行使更具合法化。有些国家，中央政府虽然没有直接任命权，但却有很强的罢免权。第二，中央政府在权力分配上占绝对的主导地位，对地方权力的收放有高度的自主权。这样，地方权力的大小只能依据中央政府的权力发放量而定。[1] 在发达国家，这种单一制类型已很少见，但在发展中国家仍很流行。

（二）地方自治型单一制

虽然单一制国家强调中央集权，但也存在许多地方自治实体。这些地方自治实体大都有独立的法律地位，具有公法人的身份。在宪法和法律规定的范围内，地方自治实体享有广泛的自主权。地方自治实体虽不享有主权行使权，并需要接受中央政府的监督，但在处理本地方事务时不受上级行政机关的指挥、命令，而直接对法律负责。这种单一制是基于“分割性”地方分权而形成的。这种分权方式是权力的一种确定性转移，其形式是以中央授权立法的形式赋予地方一定的权力，实行地方自治，并在法律上规定中央政府不得随意干涉地方政府权力范围内的事务。地方政府在某些事项上享有某种程度的自由裁量权，很多单一制国家在近些年来的地方制度改革中均加大了“地方自治”的程度，使地方政府在中央的统一领导下享有一定的自由度和主动性。在由这种分权所形成的单一制中，中央政府是在承认地方政府（包括地方议会）的相对独立的前提下，对地方政府实施控制。英国是典型的地方自治型单一制国家，素有“地方自治之家”的称号。[2] 所以，这种形式又称“英国式”。但在英国，地方政府机关和国家政府机关是相互独立的。从总体上讲，这种形式下中央与地方权力关系的主要特点是：第一，地方议会和地方行政机构，都由选举产生，除个别外，地方行政官员不是由中央政府任命；而由地方选举产生的地方行政官员也不需要经过中央政府有关部门的批准。第二，中央与地方政府之间的权力

【1】参见林尚立著：《国内政府间关系》，浙江人民出版社1998年版，第44页。

【2】参见吴大英主编：《西方国家政治制度剖析》，经济管理出版社1996年版，第307页。

分配主要通过议会，以法律规定的形式划定。这样，中央政府虽然能够削减或取消地方政府的各种权限，但它不能像中央集权型单一制下的中央政府那样，可以直接通过行政手段得以实现，而必须通过立法的手段，也就是说必须通过议会并征得议会同意才能实现。第三，虽然地方有较大的独立性的自主权，但地方政府在原则上还必须归附中央政府，接受中央政府各方面的监督、控制和指导。一般来说，中央政府对地方政府的传统权限及其实施方式，持尊重的态度，维护地方的自治权。[1] 第四，实行地方自治的政府，在它们相互之间以及同中央政府之间，不存在上下领导和指挥的行政隶属关系，彼此法律地位平等，相互间是协调与合作的关系，但中央与上级政府承担法律监督职责。地方自治实体的自治事务范围和权限，由中央政府以宪法和法律的形式授予，变更自治范围和权限的权力属于中央。除英国外，日本、意大利、西班牙、葡萄牙等国也大体属于这种类型。地方自治是现代单一制在地方分权趋势下的一个发展方向，也是大多数中央集权型单一制国家未来发展的一个制度选项。

（三）民主集中型单一制

这是社会主义单一制国家通常采用的类型，实行此制的典型国家是中国。在这种体制下，政治权力相对分散，行政权力相对集中。这一体制下的地方政治实体既非国家的附属物，也不具有独立的法人身份。从我国的宪法条文看，该单一制的特点是：第一，各级人民代表机关即各级国家权力机关要么直接由选民选举产生，受选民监督；要么由下级人民代表机关选举产生，其组成人员受选民和原选单位监督。各级其他国家机关都由同级人民代表机关产生，对其负责，受其监督。这一点不同于法国式的中央集权型单一制。第二，地方政府在宪法和法律规定的范围内，有权自主地处理地方事务。全国最高人民代表机关、最高国家审判机关分别监督下级人民代表机关和下级国家审判机关的活动。各级行政机关、检察机关除了向本级人民代表大会负责以外，还要对上一级国家行政机关或检察机关负

【1】 参见林尚立著：《国内政府间关系》，浙江人民出版社1998年版，第45页。

责并报告工作，实行下级服从上级、各级服从中央的领导体制。这一点不同于英国式的地方自治型单一制。一般而言，这种国家结构形式类型在国家权力行使权的纵向配置方面，宪法的规定往往比较原则，如我国宪法第3条规定："中央与地方的国家机构职权的划分，遵循在中央的统一领导下，充分发挥地方的主动性、积极性的原则。"[1] 可以看出，民主集中型单一制特别强调中央领导，它中央集权程度较高，但它在中央与地方各自管辖事项方面的规定，较为原则，较为笼统。这种纵向划分职权的方式有其灵活性的优点，但也有其事权划分不明晰的缺点。我国实行的单一制就属于民主集中型单一制。世界上实行这种单一制结构形式的国家还有古巴和越南。

总之，单一制国家的中央与地方不存在权力分立的问题，地方没有像联邦制国家中州那样具有固有的权力并能在某些方面对抗中央，它的权力来自于中央的授权。尽管单一制国家中的地方也对某些事项享有一定的自由裁量权，但从总体上它必须接受中央对其进行的种种监控。[2]

三、单一制下的主权配置结构及其功能

如前所述，主权所有权在本源上属于人民，但在现实政治中属于国家，这无论是在单一国，还是在联邦国，均是如此。从这一角度来说，主权所有权只与人民和国家有关。所以，我们所说的统一国家内的主权配置问题，具体地说，是指主权行使权的配置问题。

（一）配置结构：中央政府对主权行使权的独享

单一制国家的生成原理和联邦制国家不同。单一制国家本身就是统一不可分割的整体，国家权力在理论上是基于人民而获得的存在。国家权力起始于完整状态，全体人民组成单一国家。所以单一国直接体现了主权所有权的统一性，中央政府独享主权行使权，可直接对人民行使权力。为了

【1】《中华人民共和国宪法》，中国法制出版社2004年版，第5页。

【2】参见吴大英主编：《西方国家政治制度剖析》，经济管理出版社1996年版，第302页。

便于管理，将国家领土人为地划分为若干行政区域，并在此基础上形成地方政府，在中央授权范围内管理地方事务。因此，各地方的权力不是本身所固有的，而是来自于中央的授予。单一制国家的立法机关虽然也分两院，但不是为了体现地方独立和人民主权，而是为了平衡利益和立法的稳妥。单一制国家中央政府是集权的，但为了更好地体现、反映民意，更好地处理不具有整体性质的局部事务，各个国家的地方政府不同程度地在中央授权的范围内行使广泛的自治权。在中央政府之外，由国家所确认的特定区域内的公民组成自治单位，成立自治政府。自治政府具有双重属性：就其组成过程和形式来看，地方政府的渊源是人民，具有自治的性质；就自治政府和中央政府的关系来看，自治政府仅在宪法授权的范围内行使有关权力，在这一意义上，前者只在后者授权的范围内行使管辖权，并成为中央政府在地方上的代表。

（二）基本功能

结构与功能密切联系，不可分离。特定的结构总会产生特定的功能。一项单独的功能可能通过许多结构的联合而得以实现。相反，任何一个既定的结构也可能履行许多不同性质的功能，用上述原理来分析单一制可以发现，单一制的功能是单一制结构自身所具有的。概括起来，单一制的功能主要有以下两项：

1．整合功能

单一制下的国家权力结构为宝塔型等级权力结构。该结构的特点在于向上的权力阶梯越高，其规模越小，其能量越大，它体现了政治生活中某种集中化的倾向和要求，是政治意志的最直接体现形式，因此具有极高的效能，能够发挥其他权力结构所不能发挥的作用和功能。权力集中于中央，重大问题由中央决策，易于形成中央政府强大的权威和效能；权力集中于中央，易于培养公民的认同意识和对国家法律的忠诚感；权力集中于中央，有利于形成中央对地方的强有力控制。同时，单一制还能够将各种同质的、异质的政治资源、利益和要求整合起来，吸收并同化于一个共同的目标中，从而缓解社会冲突，减少社会不稳定因素，培养全社会各阶层与现代文明相一致的价值理念及民族共同感和政治认同感。同时单一制的强大整合功能，有利于中央政府有效地开发、掌握、利用各种政治资源，吸纳了各类群体的利益及其要求，并以此强化政治社会，进而动员和整合一切积极力量自上而下形成了政治社会稳定的保障机制。

2．稳定功能

在单一制下宝塔型的等级权力结构中，位于塔尖的主权行使权，由中央政府所独享，该结构中的权力运行以支配——服从的方式进行。在现代社会，从长期来看，单一制权力结构的稳定性是十分脆弱的，它要么具有绝对的稳定性，要么处于绝对的不稳定状态。单一制结构的自稳功能与其内部结构密切相关。单一制下的等级权力结构产生了政治行为的高度一致性和政治组织的高度单一化，上层政治角色的意图决定着下层角色的行为，下层的行为满足上层需要，从而形成“压力——稳定”型机制。单一制稳定性的前提是政治权力，特别是政治权力的上层角色必须具有权威性，否则权力结构就难以稳定。同时我们也应看到，“压力——稳定”型机制也具有使单一制下的社会分化和政治矛盾积累起来的负面效应。

由于单一制结构具有整合功能和稳定功能，所以，从国家统一的角度来看，单一制有利于维护国家统一，因而它通常被作为国家统一后的制度安排。但是由于单一制包纳异质性存在的容量比较小，且缺乏应有的制度弹性，所以它不适宜用来实现国家统一。历史上将单一制作为国家统一后制度安排的，大都是经过革命后建立起来的国家。概而言之，单一制通常适宜用来维护国家统一，但不适宜用来实现国家统一。

四、单一制下的权力配置模式

单一制国家中央与地方的权力配置模式不同于联邦制国家。在单一制国家，中央与地方的权力配置，是在保证中央政府对地方政府有效控制和统一指挥的前提下进行的。因而，在权力配置中，中央处于绝对的主导地位，并且对权力配置的实际效果起决定作用。很显然，这种权力配置的最后结果都是中央集权。只是在不同的国家，集权的程度和方式不同而已。美国学者比尔德通过比较英国和美国，形象地描绘了两种性质不同的权力配置方式下中央与地方的关系。"在英国，中央政府为了治理的目的，有权将全部地理再分区予以建立、合并、划分和撤消，有权授予地方政府职权和取消职权，有权规定遴选全部地方当局的精确方式。中央政府除了对地方享有十足的立法权外，还严密监督地方官员的表现，监督地方法律的实施以及地方政策的决定。而在美国，任何联邦官员，哪怕总统，都有不得规定一州的州长或一市的市长应以何种方式履行所在州的宪法和法律合法地赋予他的地方职权。国会也不能随意增减州议会和市议会的权力。"[1]

英国和法国同为典型的单一制国家，它们具有单一制国家的共同特点。按照政治学者安德雷 · 拉焦尔（Lajoie）分析各国中央与地方关系的三种模式，即"政治式分权"、"行政式分权"和"行政权转让"，[2] 英国和法国属于同一种模式。它们的共同特点是：从地方政府的权限看，地方政府的权限来自于中央；从地方与中央的关系看，地方在总体上从属于中央，是中央的创造物,但地方在个别事项上拥有某种程度的自治；从财政的角度看，地方有部分自主，但需要接受中央的大量补助。然而，上述共性并不排斥英、法两国单一制的个性。也就是说，尽管单一制国家中央与地方权力划分的原则相似，但由于地方政府权力形成的指导思想、历史背景和基本国情等均不相同，所以其权力配置的具体模式在不同的国家里也就有所不同。学术界通常认为，单一制国家中央与地方之间的权力配置模式可以分为两种类型：即法律化配置模式和行政化配置模式。

（一）法律化配置模式

其指导思想为：地方政府与中央政府是相互独立的，但地方政府必须受中央政府的监督和调控。在这种指导思想下，地方政府的权力不是由中央政府直接授予，而是由国会以立法的形式授予的。如英国，国会可通过

【1】[美]查尔斯 · A. 比尔德著：《美国政府与政治》，朱曾汶译，商务印书馆1988年版，第12页。

【2】转引自[日]松村岐夫著：《地方自治》，孙新译，经济日报出版社1989年版，第3页。

各种法律形式（如：通用法律、私法律、部门命令、特别命令等等）授予地方政府某些权力或某项权力，同时国会也有权否定地方政府关于扩大某些权力或某项的请求。在英国，宪法和法律不仅构成了中央与地方职权划分的基础，而且是调整中央与地方权力关系的“杠杆”。虽然中央对地方的权力调整必须通过国会和法律，但中央政府依据宪法规定，在必要时候有权直接停止地方政府所行使的权力。

（二）行政化配置模式

虽然单一制国家的中央与地方权限划分也大都有其宪法和法律基础，但是单一制国家宪法和法律对中央与地方的权力配置所具有的实际意义与联邦制国家不同。由于联邦制国家的成员政府在联邦内享有独立主权，所以，联邦宪法在划定成员政府权力范围的同时，也表明了成员政府可能拥有的权力。但在单一制国家，地方政府能在什么程度行使宪法和法律所赋予的权力，还需中央政府实际的权力授予。这种权力授予有时不是通过法律化的权力配置渠道进行的，而是直接通过行政渠道实现的，如在日本、法国等。[1]

第二节　统一国家形式之二：联邦制

世界上现存的联邦制国家总数虽只有二十多个，占主权国家总数的十分之一左右，但却包括了绝大多数大国、全世界近二分之一的土地和三分之一左右的人口，[2]并且分布于世界各个大洲——欧洲的联邦制国家有：瑞士、俄罗斯联邦、奥地利、德意志联邦共和国、比利时和波黑穆克联邦；美洲的联邦制国家有：美国、阿根廷、委内瑞拉、加拿大、墨西哥、巴西

【1】参见林尚立著：《国内政府间关系》，浙江人民出版社 1998 年版，第 80 页。

【2】参见[英]戴维·米勒、韦农·波格丹诺编：《布莱克维尔政治学百科全书》，邓正来等译，中国政法大学出版社 1992 年版，第 524 页。

及圣基茨和尼维斯联邦；亚洲的联邦制国家有：巴基斯坦、缅甸、印度、马来西亚、阿拉伯联合酋长国、也门；非洲的联邦制国家有：尼日利亚、坦桑尼亚、科摩罗和苏丹；大洋洲的联邦制国家有：澳大利亚、北马里亚纳群岛自由联邦和密克罗尼西亚联邦。可见，联邦制也是非常重要的国家结构形式。

一、联邦制：近现代统一国家的另一观念形态和制度形式

在欧洲，联邦制是由古代的一些城邦或国家经过长期联合演变而来。古代希腊的城邦联盟，是各分立的小邦为了共同的防御目的而结合的。中世纪在意大利也出现过城邦联盟。18世纪，在美洲和欧洲出现邦联，以后即在邦联的基础上产生了联邦。所以，早期人们讨论的联邦制，往往还带有许多古典联盟制的特点。联邦制作为一种理念，最早可向前追溯到阿图修斯的社会学说，他指出国家或帝国乃是一层级式的生命共同体，社会秩序及其与国家的关系是由下而上所决定的。但最早较系统地对联邦制的特征和优点加以论述的应是法国的政治思想家孟德斯鸠。他特别关注国与国（邦与邦）之间的相互关系，并主张军事上较弱的邦国联合在一起，以确保存续。他认为，“一个共和国，如果小的话，则亡于外力；如果大的话，则亡于内部的邪恶。这两种难处，就是民主国家和贵族国家也不能避免，不论这些国家是好是坏。……要是人类没有创造出一种政制，既具有共和政治的内在优点，又具有君主政体的对外力量的话，则很可能，人类早已被迫永远生活在单人统治的政体之下了。我说的这种政制就是联邦共和国。”[1] 他还认为，联邦制是一种协约，“依据这种协约，几个小邦联合起来，建立一个更大的国家，并同意做这个国家的成员。所以联邦共和国是几个社会联合而产生的一个新的社会，这个新社会还可以因其他新成员的加入而扩大。”[2] 孟德斯鸠进而认为，联邦制国家“能够抗拒外力，保持它的威势，而国内也不致腐化：这种社会的形式，能够防止一切弊害”，“如

【1】 [法]孟德斯鸠著：《论法的精神》上册，张雁深译，商务印书馆1997年版，第130页。

【2】 [法]孟德斯鸠著：《论法的精神》上册，张雁深译，商务印书馆1997年版，第130页。

果联邦的一个成员国发生叛乱，其他成员国可以一起平乱。如果某个地方有些弊端产生，其他健全的地方则予以纠正。这种国家可以这一部分灭亡，而另一部分生存；联邦可以被解散，而其成员国仍旧保留它们的主权”。[1]孟德斯鸠对于联邦制国家在选举、立法和政权组织方面的事务，也提出过一些看法。需要说明的是，尽管孟德斯鸠认为联邦制使历史上的许多国家，如：罗马、希腊、荷兰等受益不少，并将吕西亚共和国作为历史上联邦制的典型。但事实上，在他之前，历史上并没有现代意义上的联邦制，他所说的联邦制其实是古代的联盟制，十分接近于邦联。这种联邦制是典型的欧洲传统联邦制，它与现代意义上的联邦制有着很大的差异。

现代意义上联邦制最早产生于美国并首先在北美洲得到了普遍推行。1787年的美国宪法确立了联邦制度的精神与组织架构，其特色是，美国人民分属不同的州，既有各州在各自州政府的体制下，虽结合成了一个更大的联邦，但仍保留相当的自主性，同时也将外交与国防的主权行使权转移到了联邦政府。在这个过程中，美国政治思想家汉密尔顿和麦迪逊等人对联邦制的形成和发展做出了杰出的理论贡献。

美国的联邦制形成以前，北美十三州依据1781年生效的《邦联条例》建立起来了美国邦联。根据《邦联条例》，“各州保留自己的主权、自由和独立以及其他各项管辖权和权力”，只是“为了共同防卫、自由保障和共同的福祉，约定组成的一个牢固的友谊同盟”。可见，各州仍保留了自己的国家形态，拥有独立的主权，邦联没有最高最后的决策权，只是一个协调机构或者提供一个论坛供各州来开会，拥有一些“劝告”各州的权力，因此被称为“友谊同盟”或者“友谊俱乐部”。可见，美国邦联不是一个真正的国家，它实际上是在各州之间建立起来的一个松散而脆弱的联盟。这个联盟一无军队，二无法院，三无财权，“邦联行政部统治各州的唯一权力，只是劝告的权力。它虽可向各州请款，但不能强制各州输款；它虽可请各州派兵，但不能强令各州出兵；它虽可缔结条约；但必须委托各州

【1】[法]孟德斯鸠著：《论法的精神》上册，张雁深译，商务印书馆1997年版，第131页。

履行；它虽可借债，但必须依靠各州供还，它的特权虽然很多，但实权却没有。”[1] 因而，麦迪逊把这个邦联比喻成“一个头脑听从四肢指挥的怪物”。[2] 华盛顿把邦联比成“沙子扭成的绳子”，“一半死不活的，一瘸一拐的政府”。[3]

虽然邦联为独立战争的胜利和各州的联合行动起过积极而重要的作用，但战争胜利后，随着资本主义的发展这种联合形式又不适应时代的要求了。以华盛顿为代表的许多政治活动家和思想家都深深感到：“如果不对政府动一次大手术，各州的联合就难以持久”，[4] 邦联的各个组成部分就不可避免地分崩离析，成为当地独裁者或外国野心家的牺牲品。

在这种形势下，汉密尔顿和麦迪逊在马里兰州的安那波利斯会议上提议召集各州代表前往费城举行会议，修改《邦联条例》。后来，由于大多数代表认为《邦联条例》“如此错误百出和不健全，以致不能加以修改，而必须完全改变它的主要特征和性质”，[5] 因而，会议经过三个多月紧张而激烈的斗争，废除了条例，重新起草了一部新宪法。宪法规定将邦联政府改为联邦政府，每个州都成为整个联邦中的组成部分，从而消除了过去那种各州分立和纷乱的现象，使北美十三州成为一个真正的国家。但要使这部宪法获得通过，要使统一的中央集权的联邦政府建立起来，就必须消除当时十分严重的州权思想和驳斥各种反对意见。否则，制宪会议的一切努力都将前功尽弃。为此，以汉密尔顿为首的联邦党人以《组

【1】 曹绍濂著：《美国政治制度史》，甘肃人民出版社 1982 年版，第 12 页。

【2】 [美]汉密尔顿等著：《联邦党人文集》，程逢如等译，商务印书馆 1997 年版，第 234 页。

【3】 转引自华东师范大学政教系中外政治思想教研室编：《西方政治思想史参考资料选编》（内部资料），1988 年 11 月，第 121 页。

【4】 [美]莫里森等著：《美利坚共和国的成长》，南开大学历史系译，天津人民出版社 1980 年，第 310 页。

【5】 [美]汉密尔顿等著：《联邦党人文集》，程逢如等译，商务印书馆 1997 年版，第 113 页。

约邮报》、《独立日报》等报刊为阵地，掀起了一场拥护宪法的宣传运动。在这场宣传运动中，汉密尔顿以大量的事实驳斥了反对派对新宪法的种种责难，有力地阐述了建立统一的中央集权的联邦政府的重要性和必要性。他首先提出："目前的邦联不足以维持联邦"，[1] 因此，为了"联邦的生存、联邦各组成部分的安全与福利，以及一个在许多方面可以说是世界上最引人注意的帝国命运"，必须建立一个统一的中央集权的联邦政府。虽然汉密尔顿把当时的形势估计得过分严重，但只要了解和分析一下当时的具体情况，就会发现，这种估计并非是危言耸听，而是有一定的根据的。当时，由于邦联没有全国性的法院和最高法官，各州之间、各派别之间的纷争和冲突找不到一个最高的仲裁者，只好任其自然。由于邦联没有财权，不仅使它无法做许多必要的工作，而且在国际上毫无信用。由于邦联没有军队，因而不能有效地防御外国的侵犯和平息国内的暴乱，如谢司起义时，邦联中央自身竟无能为力，只好靠马萨诸塞州的民团和神学院的学生在私人资助下镇压这次造反；由于没有实权，在外交上常常处于不利的地位。特别严重的是，由于当时的邦联缺乏必要的权威，各州也没有必要的服从。他们各自为政，互不交往，互相嫉妒，互相竞争。为了某州某派的利益，他们不惜牺牲国家的利益、民族的利益，而与外国签订条约，缔结同盟。加之社会的动乱，各州之间的商业竞争，以及英、法和西班牙等国的敌视，所有这些均使汉密尔顿等人深感邦联的软弱无能，并为国家的前途和命运而担忧。他期望"十三州结成一个牢不可破的联邦，同心协力建立起伟大的美国制度"。[2] 他指出：只有建立一个统一的中央集权的联邦政府，才能防御外国的侵犯和保障人民的安全，只有建立一个统一的中央集权政府，才能防止内部的分裂和镇压国内的叛乱。因为，一个统一的全国政府，能把全国的资源和力量用于

【1】 [美]汉密尔顿等著：《联邦党人文集》，程逢如等译，商务印书馆 1997 年版，第 70 页。

【2】 [美]汉密尔顿等著：《联邦党人文集》，程逢如等译，商务印书馆 1997 年版，第 58 页。

任何部分的防御，这要比州政府或分散的邦联政府能够做得更容易、更迅速，……它能使民兵得到统一训练，并由于把民兵军官放在从属于总统的适当的位置，它好像会使他们统一成了一个军队，这要比分为几个各自独立的军队更有效力；因为一个统一的中央集权的联邦政府是分裂和叛乱的障碍。总之，“没有任何东西比我们内部的团结、强大和有效的政府更能保护我们免遭威胁了。”[1] 与此相反，“各州如果不联合，或者联合是在一般性的废墟上偶然形成的，它们将受到战争与和平，相互友好与相互仇视交替发生的情况的支配，这些都是一切未联合在一个政权下面的友邻国家命中注定的东西。”

汉密尔顿之所以极力主张建立一个统一的中央集权的联邦政府除了出于政治的需要外，还在于消除各州的商业竞争，加强国际和州际贸易，为资本主义发展开辟更加广阔的道路。另外，如果建立起统一的中央集权的联邦政府就能有力地“挫败欧洲各国妒忌而联合起来阻止我们发展的图谋”。[2]

毫无疑问，汉密尔顿主张用统一的中央集权的联邦政府能够代替过去那个松散软弱的邦联，必定有利于美国政治上的统一，国内的安定；有利于一个全国性的市场的形成，有助于资本主义的迅速发展；有利于维护足够的军队，以对付英国和西班牙的侵犯。因而，汉密尔顿的联邦制主张在当时是符合历史潮流的，进步的，可行的。从美国的历史看，联邦制来到世界上，其根本的和首要的使命是将在通常情况下不可能组成一个国家的差异较大的各个政治区域单位联合为一个国家。与这种使命相适应，最初的联邦制国家在组成方式和权力分配方式上，总是表现为各个成员单位通过制定宪法将自己的固有权力让渡一部分给联邦，由联邦组织中央国家机构来行使这些权力，联邦本身没有自己固有权力。

【1】 [美]汉密尔顿等著：《联邦党人文集》，程逢如等译，商务印书馆1997年版，第20页。

【2】 [美]汉密尔顿等著：《联邦党人文集》，程逢如等译，商务印书馆1997年版，第54页。

继美国之后，墨西哥也建立了联邦制。但建立联邦制历史最久远且成功不逊色于美国的国家当推瑞士。瑞士最早在1219年就建立了联邦，法国革命时期曾在拿破仑的压力下建立过“统一的不可分割的海尔维第共和国”，但不符合国情。只有联邦才是把瑞士各州联合在一起的最合适的纽带，到1848年，瑞士通过了其历史上第一部联邦宪法，1874年又对这部宪法进行了全面修改，进一步提高了联邦中央政府集权的程度，以适应社会经济生活的新要求，但联邦成员单位的地位并未受到威胁，它们仍然还是该国宪法第一条所说的“主权州”。从后来联邦制在德意志、加拿大、俄罗斯和前苏联、前捷克斯洛伐克等国的实践来看，可以说，直到第二次世界大战前，联邦制最突出的历史作用始终是将在一般情况下不可能组成一个统一国家的一些地区统一到一个国家之内。

总之，上述联邦制形成与发展的动态过程表明，联邦制国家的形成是一个由分散走向集中的过程，统一是联邦制国家的根本目标。在联邦制国家形成之前，建立统一的国家是联邦制的目的；在统一的联邦制国家形成之后，维护国家统一便成为联邦制的新任务。“在历史上和技术上，联邦制意味着联合的意愿，将先前相互区别的成分结合起来的愿望以及为战胜分离势力而相互合作的需要”。[1] 至此，让我们来澄清人们对联邦制的一种误解，那就是将联邦制与分权（权力的非集中化）简单地联系甚至对等起来，并在此基础上将联邦制与单一制对立起来，使联邦制与分权相对应，又使单一制与集权相对应。通过对早期联邦制产生的原因和实践的历史考察，可以发现：联邦制既是一种观念，又是一种制度。作为一种观念，它主张建立统一国家，强调一定程度的权力集中，实际上是一种特殊形态的民族主义，建立统一的民族国家是其根本目的。在这一点上，它与单一制没有什么区别。作为一种制度，它主张将主权行使权在全国性政府与成员单位政府之间进行划分，从而使联邦制表现出分权的特征。但从发生学的角度看，即从联邦制的产生（单一制国家向联邦制国家转变也是由于各

【1】 Preston King, Federalism and Federation, London: Croom Helm Ltd., 1982, p.38.

种原因为维护国家统一所作的制度安排）来看，联邦制下的分权只是通过保持多样性来实现国家统一的一种手段，它实际上是在非集中形式下的一种权力集中。从这个意义上讲，联邦制是在复杂条件下实现国家统一的一种精妙的制度设计和安排。将联邦制与分权对应起来，其原因是没有认识到联邦制的本质内核。仅仅为扩大分权（权力的分散）而实行联邦制，实际上是手段和目的的颠倒，是对联邦制产生误解的重要根源。[1] 在现实中，单一制的集权程度（如英国）并不必然地高于联邦制，联邦制的分权程度（如前苏联）也并不必然地高于单一制。

二、联邦制的制度特征与实践形式

联邦制国家可以由联合而成，也可以由单一制分化而成。前者主要在民族国家构建时体现出来，后者主要在维护国家统一避免国家分裂时体现出来；前者如上面所述的美国联邦制和瑞士联邦制，后者如比利时为解决国内民族问题于1993年改行联邦制。不管以哪种形式组成联邦，也不管联邦制国家的成员单位有多少个，但只有联邦制国家这一整体是国际法主体。美国学者加纳指出："联邦是一个中央政府和地方政府联合在同一个主权下的体系"[2]这一点是联邦制与后面要分析的邦联制的根本区别之所在，它同时也决定了联邦制形式的基本特征。

任何联邦制国家，其联邦政府体系均由中央政府与各成员政府这两套政府所组成。所以，"联邦政府，并不像人们经常随便说的那样，就仅指中央政府，它是一个由中央政府和地方政府联合而成的体系。虽然地方政府和中央政府一样都是这体系的一部分，但地方政府不是中央政府的创造物，也不从属于中央政府"。[3] 加纳所指的地方政府，就是各成员政府。

【1】 参见王丽萍著：《联邦制与世界秩序》，北京大学出版社2000年版，第1－4页。

【2】 转引自 N. N. Agarwal, Principles of Political Science, Ran Chand and Co., New Dechi, 1984, p.82.

【3】 转引自 N. N. Agarwal, Principles of Political Science, Ran Chand and Co., New Dechi, 1984, p.82.

这样的结构模式，在具体制度中就体现为：联邦内除设有联邦的最高立法机关和联邦政府外，联邦成员都有自己的立法机关和中央政府，有自己的宪法和法律。联邦政府行使国家的立法、外交、军事和财政等主要国家权力；各成员国在其管辖的区域内行使职权，领导地方各级政府。成员国的公民同是联邦公民。[1] 美国史学家莫里森曾精辟地揭示了美国联邦制特征，他说，中央政府"是其自身范围内至高无上的政府，但那个范围是规定的和有限度的。……各州在其规定范围内相互平等，同属至高无上；他们在法律意义上绝非从属的法人"。[2] 这深刻地说明了联邦制下，不仅各邦、州之间平等，而且各邦政府与联邦政府也是平等的，他们只是分别在做法律规定由自己做的事，并无从属关系。人们在单一制下通常所说的"中央政府"的观念在联邦制下并不存在。美国的地方政府一般也是指州政府下面的地方郡（县）市、镇政府，而不是相对于联邦政府来指州政府的。

综合各联邦制国家的制度设计与政治实践，我们可以发现，联邦制形式具有如下基本特征：第一，存在着两套政府，一套是联邦中央政府，一套是联邦各成员政府；[3] 第二，联邦与其构成单位之间的关系不是中央与地方的关系，而且权限范围不同的中央与中央的关系；第三，国家整体与其组成部分的权限范围由联邦宪法规定，它们各自在规定的权限范围内享有最高权力，相互间不得进行任何干涉；第四，除有联邦宪法和联邦法律体系外，联邦各成员单位也有自己的宪法和法律体系；第五，联邦国是单

【1】 参见林尚立著：《国内政府间关系》，浙江人民出版社 1998 年版，第 48 页。

【2】 [美]莫里森等著：《美利坚共和国的成长》，南开大学历史系译，天津人民出版社 1980 版，第 87 – 88 页。

【3】 严格说来，"中央政府"是单一制国家中的一个概念。在联邦制国家的宪法中，不存在"中央政府"的提法，只存在"联邦政府"的提法。但为了学术研究的方便，为了与单一制国家的"中央政府"相对应，政治学界又通常将"联邦政府"称为"联邦中央政府"。笔者赞同这种概念演绎方法，故本书中使用的"联邦中央政府"概念在含义上等同于联邦制国家宪法中使用的"联邦政府"概念，特此说明。

一的国际法主体，联邦中央政府拥有外交权，在特殊情况下，联邦成员单位也可以成为国际法主体。以美国为例，美国是典型的联邦制国家，它除了联邦政府有自己的宪法、中央政府、国会和联邦法律外，五十个成员国（州）也都有自己的宪法、中央政府、议会和法律。联邦政府无权干预各国政府的日常行政管理。所以在全美国一共有五十一部宪法、五十一个中央政府、五十一套法律。这是典型的联邦制。尽管联邦制下“国中有国”，但是对外则由联邦政府统一行使国家主权，在国际舞台上只有一个声音。联邦政府实际上是各成员邦政府共同的外交部和国防部。

上述这些特点所反映的是一般意义上的联邦制形式。在各联邦制国家的政治实践中，由于在最关键的中央政府和各成员政府间权力关系问题上存在着具体的宪法规定和操作上的差异，所以，理论上的联邦制形式在各国的现实反映是不尽相同的。通常来讲，可分两种形式，一种是均衡型联邦制，另一种是非均衡型联邦制。[1]

（一）均衡型联邦制

这种联邦制的分权是按照权力分立和制约平衡的原则进行的，其主要特点是：第一，联邦中央政府与各成员政府间的权力配置，尤其是主权行使权的配置比较均衡，既不易因联邦中央政府过度集权而走向中央集权制，也不太可能因成员单位的独立性太强而使联邦解体，且双方都很难单方面改变法定的权力分配格局。以美国为例，美国宪法规定州政府与联邦中央政府实行分权原则。联邦中央政府和州政府都只能在规定的权力范围内活动并发生关系。第二，联邦中央政府无权直接干预成员政府以下的各级地方政府；各成员政府对各地方政府，只能行使监督权，不能像单一制形式那样行使直接管辖权。德国基本法规定，联邦和州都无权直接对地方政府实施领导，地方政府在州政府和州议会的监督下工作。美国宪法也有

【1】 依照联邦制国家中央与地方的关系的不同，也有学者将联邦制划分为合作联邦制和二元联邦制。参见吴大英主编：《西方国家政治制度剖析》，经济管理出版社1996年版，第296－297页。

类似的规定。第三，在公共行政关系上，成员政府起主要作用。美国宪法把组织和管理社会公共生活的权力划给州政府和地方政府。德国基本法则直接规定德国的行政权主要在州政府。这是一种实行时间最长的、已相当成熟的联邦制类型，目前世界上实行这种联邦制的国家除了美国、德国外，还有瑞士、加拿大、澳大利亚、奥地利等。

（二）非均衡型联邦制

一般又可分为两种情况：第一，中央集权联邦制。这种联邦制的主要特点是：联邦中央政府集权的程度比较高，导致联邦中央政府和成员政府间的权力与职能划分不均衡，纵向权力关系“头重脚轻”。其表现是，联邦成员单位分享的主权行使权比在均衡型联邦制下所占的比例小，而且在全国性政府与成员单位政府的权限发生争议时，前者居于绝对优势的地位。如，印度宪法所附的《联邦职权表》规定国会单独享有的立法权多达九十七项，而《各邦职权表》所列的属于各邦的立法权仅有六十六项；从这两份表所列职权内容来看，联邦中央政府几乎把国家所有重大事务都掌握在自己手中。此外，宪法还规定，对于职权表中未列举的任何其他事项，联邦中央政府享有单独的立法权。这类联邦制国家除了有印度外，还有马来西亚、巴基斯坦、墨西哥等国。第二，自治民主联邦制。这是前南斯拉夫社会主义联邦共和国独有的国家结构形式类型。其基本特点是：国家权力尤其是主权行使权的配置重心在联邦成员单位，联邦中央政府分享的主权行使权较少，财政能力较低，联邦成员单位自主权很大；联邦范围内的重大事务包括修宪在内，往往需要成员单位一致同意，才能采取行动；联邦成员单位政府比联邦中央政府显得更为强大和活跃；联邦中央政府组织体制较弱，致使在维护联邦领土完整和主权统一的过程中，不能发挥有效作用。这种联邦制原本是为了克服中央集权的弊端而发展起来的，本是富有积极意义的尝试，但矫枉过正，结果事与愿违，以致造成了联盟解体。[1]

【1】 参见童之伟著：《国家结构形式论》，武汉大学出版社1997年版，第225页。

三、联邦制下的主权配置结构及其功能

近代联邦主义的原理及其合法化基础，主要来自于西方历史发展中的经验与范例，如前所述，美国、瑞士和德国是最具代表性的联邦制国家。从其权力的配置意图而言，主要是用来对抗中央集权型政治体制的存在及其发展趋势；此外，如何维护地方与区域性社会文化及组织制度的多样性、差异性，也是联邦思想的重点。

（一）配置结构：联邦政府与成员政府对主权行使权的分享

任何一个正常的联邦制国家，其主权所有权只能属于该联邦国，而不可能属于联邦或联邦成员单位。在联邦和成员单位之间分配的所谓最高权力，只不过是主权行使权而已。一个联邦制国家的区域构成单位在某项重大事务中或多或少地拥有部分主权行使权，是该国家之所以被称为联邦制国家的原因所在，也是其与单一制国家的根本不同之处。换言之，联邦制国家的主权行使权是由联邦中央政府与联邦成员政府分享的。也许正是如此，美国研究联邦制的权威学者威廉·H. 利克尔才将联邦制定义为："将政府活动分成地区和中央两大部分，彼此各有某些专司，并负责其最后决定的政治组织体。"[1] 这里需要特别注意的是，我们应区分联邦、联邦成员单位和联邦国三个不同概念。在这方面，美籍奥地利法学家、规范法学派创始人凯尔森针对传统学说错误地将联邦与联邦国混同起来使用的情况，他从纯粹法学的角度对这几个概念作个区分，他指出："中央规范组成一个用以构成一个部分法律共同体的中央法律秩序，它包括了凡居住在联邦全部领土内的人。这一由中央法律秩序构成的部分共同体就是'联邦'。它是整个联邦的部分，正如中央法律秩序是联邦的整个法律程序的一部分一样。只对全部领土中一部分有效力的地方规范，则组成借以构成部分法律共同体的地方法律秩序。每一个部分法律共同体包括了居住在每

【1】 转引自[美]佛雷德·格林斯坦主编：《政府制度与程序》，台湾幼狮文化事业公司1983年版，第138页。

个部分领土内的人。这些部分法律共同体就是‘组成国’。每一个人因而就同时属于一个组成国和联邦。联邦、整个法律共同体，因而就是由联邦、一个中央法律共同体和各组成员国、若干地方法律共同体所构成。”[1] 简而言之，联邦国是由联邦和各成员单位构成的整体，联邦只是联邦国的一部分，是联邦国的中央，各州或邦是联邦国的地方。

（二）基本功能

Reissert 认为，联邦制的功能主要包括下列四项：（1）依权力分立与权力平衡原则划分国家权力；（2）依领域独立性保护少数；（3）整合异质性社会，特别是在维护社会文化自主性原则下，整合经济、政治和军事领域的政策面；（4）国家行政职权依功能性分化，但同时又必须相互配合与联结。[2] 笔者认为，Reissert 关于联邦制功能的分析非常精辟的。但是，他的分析是侧重于其制度意义而言的。如果从其权力配置结构的角度来看，可以将联邦制的结构功能概括为：

1．平衡功能

联邦制的真谛在于平衡，即在全国整体利益和各成员单位利益之间取得一个平衡，避免任何一方“座大”。在权力配置方面，联邦制结构表现为主权行使权分享的平等型权力结构（参见图2－1），在这种结构下，权力运行通常以双向互控的博弈方式进行。联邦制结构常常处于相对稳定和相对不稳定之间的平衡状态。联邦制的内部结构中的平等型政治关系决定了权力角色行为的异质性，这是该体制相对不稳定性的原因所在。但由于联邦制下的联邦中央政府与其成员政府之间平等的政治关系，即政治角色之间具有形式上相等的影响力以及平等的法律地位，政治权力又处于相应平衡的状态。平衡意味着稳定，联邦制内在“平衡—稳定”机制决定了它

【1】［奥］凯尔森著：《法与国家的一般理论》，沈宗灵译，中国大百科全书出版社 1996 年版，第 349－350 页。

【2】B. Reissert, Foderalismus. D. Nohle and R. O. Schultze, eds., Politihvissenschaft, Theorien, Begriffe, Munche, 1992, pp.238 － 244.

的政治稳定是法理型政治稳定。所以，联邦制结构既有利于解决区域利益和整体利益的冲突，又不致于使分散的力量超出一定的范围，影响国家和社会的稳定。以美国为例，从美国国会两院组成来看，联邦参议院组成里，每州不论大小都有两个名额，其主要功能是代表各州的地方利益。众议院议员按照人口多少在各州分配，全国共有四百三十五个众议院议员选区，众议员由各选区分别直接选举产生，其主要功能是代表全国利益。因此，美国国会是协调全国利益和地方利益的地方，是各种势力公开合法较量、进行“大比拼”的地方，是一个“政治自由市场”。联邦国会的一个重要职责就是在保证各州利益的同时，保护国家的统一和整体利益，以期达到全国利益和地方利益在宪法层面上的平衡。作为美国解决联邦和州权限纠纷的最高机构——最高法院九名大法官中总是有些大法官倾向更多保护全国的利益，另外一些大法官则倾向保护州和地方的利益，双方尽管有时意见尖锐对立，但是必须一起工作，达成一定的妥协，妥协的结果就是各方面的利益都得到了一定的满足，但都不是全部满足，这就是一种动态平衡。双方无论争论多么激烈，也不至于动武，国家也不会陷于分裂。

图2－1 联邦制结构示意图

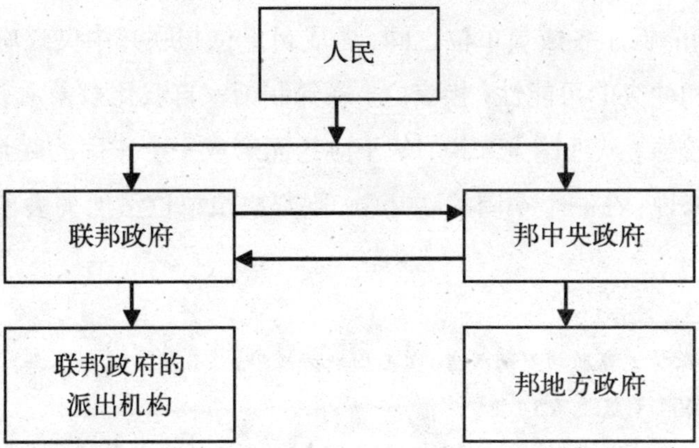

2．协调功能

联邦制作为一种制度安排，它是联邦主义（federalism）理念的具体体现。那么，何为联邦主义？“当总体原则和自治原则同时起作用的时候，这些原则就是所谓的联邦主义”。[1] 联邦主义的“最为简单而可能的定义是自治加上共享治理”。[2] 这意味着联邦主义着眼于两个方面：一方面，国家治理的一体性、统一性和国家治理的分享性、多元性。因此，一方面，联邦主义决不容忍国家分离、分散的局面，它主张通过建立全国性政府和完整的政府体系以实现国家的统一；另一方面，联邦主义反对单一中心的治理结构，它要求共享治理和自治。[3] 简言之，联邦主义原理在政治上的设计与精神，就是“结合共治与自治”（combination of shared and self-rule）[4]。联邦制这种一体性与多样性并存的特点，有助于多民族国家的利益协调，从而实现民族国家的统一。在多民族国家（或多种族、多宗教信仰国家），不同的民族，都有自己的经济、社会和文化生产方式，因而也就有不同的利益和要求。要将这些不同民族集中在一个政治共同体下而不发生激烈的冲突，首要的问题就是要很好地维护不同民族的利益和要求。事实证明，联邦制是解决这一问题的较好选择。即使在早期主张单一制的原苏联共产党，在十月革命后，面对当时的社会结构和形势，为了组成一个多民族的大国，也不得不从当时的现实出发，选择了联邦制。在协调民族关系方面，联邦制的优越之处在于它赋予了各联邦成员相对的独立性和自主性，从而也就保证了联邦各成员之间实现自我利益的合法性与独立性，从而降低了各成员单位之间、各成员单位与联邦中央政府之间产生紧张关系和冲突的可能性，换言之，联邦制国家自我化解矛盾、消除危机的能力比较强。从理论上来说，基于协约而形成一个牢固的联邦，对于各成员单位来说，在一个牢固的联邦中，联邦成员单位虽然失去了部分自主

【1】 [美]文森特·奥斯特罗姆等著：《美国地方政府》，井敏、陈幽泓译，北京大学出版社2004年版，第14页。

【2】 [美]丹尼尔·J·伊拉扎著：《联邦主义探索》，上海三联书店2004年版，第15页。

【3】 参见肖滨、郭忠华主编：《中大政治学评论》，中山大学出版社2005年版，第353－354页。

【4】 D. J. Elazar, Federal Systems of the World: A Handbook of federal, Confederal and Autonomy Arrangement, 1994, p.187.

性和独立性，但却获得了更加可靠的安全和利益保障；与此同时，它借助于联邦整体的力量，也可以获得更大的发展动力和发展空间。另外，联邦中央政府与地方成员单位之间的关系，体现了政治主体的平等性，相互之间能进行有序化的互相监督、互相帮助，这也是借助于联邦制协调矛盾、解决冲突的功能。从这个意义上讲，联邦制在一定程度上也有助于维护多民族国家的统一。

3．包容功能

与单一制相比，虽然联邦制在宪法的修改、联邦中央与成员单位的权力分配等方面表现出了比较僵硬的刚性的机构特征，但其在从多样性中创造统一性的过程中所表现出来的开放性、包容性功能特征，却使它有利于容纳多种形式的社会矛盾，组成一个强大的国家，因而它通常成为一些国家解决国内民族问题、地区问题以维护国家统一的理想制度选择。正因为如此，一些国家面对不同地区间较强的异质性或某一地区的分离、分裂要求时，常常作出国家结构形式的调整，由单一制改行联邦制。譬如，20世纪80至90年代，比利时为了解决国内民族矛盾而由单一制改行联邦制。在单一制下，比利时长期以来一直受到北部的佛兰芒人同南部的瓦隆人之间民族纠纷的困扰，并时常引起政治局势的动荡。为了缓和民族矛盾，比利时于1970年成立了法、德、荷三个文化区，并且把全国划分为弗兰德、瓦隆和布鲁塞尔三个行政自治区，1980年又建立了自治区政府和议会，从而在单一制框架下纳入了区域自治；1988年和1989年比利时议会先后批准了联邦化计划的第一阶段和第二阶段的实施办法，国家体制的联邦化发展取得了实质性进展；1992年比利时开始贯彻贯彻落实联邦化计划的第三阶段实施办法；1993年2月，比利时议会通过决议，决定修正宪法，确立联邦制的国家结构形式。至此，比利时经过联邦化的三个阶段，完成了从单一制向联邦制的转变。[1]比利时国家结构形式的改变在很大程度上缓和了长期存在的民族矛盾，抑制了国内的不安定因素，从而使国家的统一和

【1】参见肖滨、郭忠华主编：《中大政治学评论》，中山大学出版社2005年版，第360页。

完整获得了更加坚实的基础。这表明，联邦制具有单一制也无法比拟的包容功能。另外，正因为联邦制通常能将难以通过单一制形式统一起来的多种复杂因素整合在一个统一的制度框架内，所以，人们在面对如何实现国家统一的问题时，也经常作出与之相关的假设和联想。[1]

四、联邦制下的权力配置模式

在国家权力分配方面，联邦制的一个突出特点就是允许全国有不同的独立的权力中心，国家权力分散在全国不同层次的政府，根据事项性质决定该项权力由哪一个层次的政府行使较好。正如一个美国学者所言，“联邦制基本的政治现实就是它创设了若干可以分立的、自我维持的权力中心、威望中心和利益中心”。[2]联邦成为一个国家的过程，就是各成员单位在自身所拥有的权力基础上重新划分与配置的过程。由于联邦制国家形成以前，各成员单位本身拥有固有权力，联邦的权力来源于各成员单位的让与，被让与的这部分权力的总和构成了联邦政府的权力。在联邦制国家中，联邦中央政府与成员政府在法律意义上互不从属，不存在隶属关系，在各自的权限范围内各自直接对人民负责。在某些事务上，联邦中央政府独立于联邦成员政府；而在另一些事务上，联邦成员政府又独立于联邦中央政府，在所辖的区域内，其权限具有最高权威，即拥有本地的相对主权。“联邦制体现了在保留一定程度地方自治的同时，努力实现全国统一。它既要建立全国政府体制，又要为地区多样性提供某种保证。”[3]因此，联邦政府与成员政府通常要通过宪法来划分彼此的权限，变更这种权限则必须修改宪法，而宪法的修改则需经各成员政府同意。关于联邦中央政府与联邦成员政府之间的权力配置方式，在各国宪

【1】参见王丽萍著：《联邦制与世界秩序》，北京大学出版社2000年版，第281页。

【2】Truman D B. Federalism and the Party System. In MacMahon Arthur, ed., Federalism: Mature and Emergent, Garden City: New York Doubleday, 1955, p.123.

【3】[美]杰罗姆·巴伦等著：《美国宪法概论》，刘瑞祥等译，中国社会科学出版社1995年版，第4页。

法上有不同的规定。但主要有以下三种：第一，只列举联邦中央政府的权力，不列举联邦成员政府的权力。凡未明确授予联邦中央政府的权力即剩余权力归各成员单位保留。如美国，其宪法第十条修正案规定："宪法未授予合众国、也未禁止各州行使的权力，由各州各自保留，或由人民保留。"[1]第二，只列举联邦成员单位的权力，不列举联邦中央政府的权力。凡未明确成员政府保留的权力，联邦中央政府都可行使。如加拿大宪法规定："凡未明文规定授予州的权力，概为联邦保留。"第三，同时列举双方的权力，遇有宪法未明确列举的权力时，大都以有利于联邦中央政府的方式解决。如印度宪法既具体规定联邦的权力，又具体规定各邦的权力，但它既不像美国那样把"剩余权力"交给各成员州，也不像加拿大那样把权力交给联邦，而是规定联邦和成员州的权力有矛盾时，作有利于联邦的解释。上述三种权力配置方式基本上代表了目前世界上联邦制国家内的权力配置类型，学术界通常将这三种方式分别称之为美国式、加拿大式和印度式。

另外，在联邦制国家，联邦中央政府的权力虽然从表面上看，是由各成员单位让与的，但从本源上来看则是由人民让与的，所以联邦宪法既规定联邦中央政府与各成员政府的关系，又要规定联邦中央政府与人民的关系。为了从制度上体现这一点，联邦制国家一般实行两院制，参议院由各成员单位选派相等的代表人数，以间接选举方式产生，体现各成员单位的独立原则。而下议院则根据人口的比例，规定议员人数，以直接选举方式产生，体现国家主权或人民主权原则。凡规定赋予联邦行使和禁止成员单位行使的权力，均可由联邦直接及于人民；而各成员单位行使的权力，则不能由联邦直接及于人民。所以，在联邦制国家，主权行使权是由联邦中央政府和联邦成员政府共同分享的，宪法其实就是各成员单位合意的表达。美国宪法的制定过程充

【1】 参见王希著：《原则与妥协：美国宪法的精神与实践》，北京大学出版社2005年版，第497页。

分说明了这一点。正因为如此，有的学者认为，美国宪法史是一部“有原则的妥协史”。[1]各成员单位之间、各成员单位和联邦政府之间讨价还价，配置彼此的权利与义务，最后形成联邦政府和各州在宪法上的权利、义务分配格局。

需要指出的是，长期以来，我国学术界对联邦制下国家权力的划分与配置一直存有一个误解，即认为在联邦制下，与联邦政府相比，成员政府的权力上是原始的、主导性的、第一位的。因为联邦政府的权力是由各成员政府授予的，所以联邦政府的权力是派生的、次要的、第二位的，其合法存在取决于成员政府的自愿让与，也就是说，联邦政府是成员政府的创造物。然而，实际情况并非如此。在联邦制下，联邦政府和各成员政府都是由人民直接创设的，并不是由各成员单位的人民首先创造了各成员政府，然后再由各成员政府创设联邦政府，并由各成员政府授予联邦政府一定的权力。联邦政府并不是人民的“孙子”，而也是人民的“儿子”，它和各成员政府只有年龄的差距，并没有辈分的区别，即它是人民的“小儿子”，而各成员政府可以说是人民的“大儿子”，先出生一会儿。[2]

第三节　我国单一制形式与国家统一

一、单一制：近现代中国追求国家统一的必然选择

关于国家结构形式，马克思主义原则上主张社会主义国家应实行单一制，而反对实行联邦制，认为联邦制是封建割据的残余，不利于社会经济、文化的发展，更妨碍工人阶级在斗争中的团结和统一。恩格斯在谈到德国

【1】王希著：《原则与妥协：美国宪法的精神与实践》（2005年版前言），北京大学出版社2005年版，第2页。

【2】参见王振民著：《中央与特别行政区关系：一种法治结构的解析》，清华大学出版社2002年版，第24－25页。

未来的国家制度时，针对当时德国小邦分立的实际状况指出："无产阶级只能采取单一而不可分的共和国形式。"[1] 列宁在"二月革命"前，也主张单一制而反对联邦制，认为"鼓吹联邦制和民族自治并不是无产阶级应做的事情，提出这类必然导致要求成立自治的阶级国家的要求，也不是无产阶级应做的事情。无产阶级应做的事情就是要把所有民族中尽可能广泛的工人群众更紧密地团结起来，以便在尽可能广阔的舞台上为建立民主共和国和社会主义而斗争。"[2]"二月革命"后，俄国许多民族实际上已处于完全分裂和彼此隔绝的状态，并在边疆地区成立了许多小国。鉴于这种情况，为把各民族联合起来，列宁和斯大林都改变了原来的观点，从反对联邦制转而赞成实行联邦制，主张"建立在自由民族的自由联盟基础上的各苏维埃民族共和国联邦"。[3] 从苏联的情况来看，俄国"二月革命"后，国内各民族已经出现了分裂状态，实行联邦制可以使各民族的劳动者从分离走向联合。"十月革命"后，民族问题变得非常复杂，采取联邦制能够更好地解决民族问题，使苏维埃政权得以巩固和发展。

近代中国面临着国家严重分裂的危机，这种现实决定了对于近代中国社会发展来说，在强有力的国家领导力量下实现国家统一，是比建立现代民主制度更优先的选项，因为，国家统一是民主政治发展的基本前提，同时也是中国这个有着深厚统一思想的国家的本质需求。这是近现代中国政治发展在特定历史条件下所具有的一个目标。由于中国在近现代遭受许多帝国主义国家的侵略，它们实行分裂剥削的政策，划分势力范围，扶植傀儡政权，造成了中国长期不统一的状态。面对现实的要求，在1800年至1949年这长达一个半世纪的历史岁月中，中国现代化是围绕着"建立一个独立统一的现代国家"这一基本主题展开其历史演变逻辑的。[4]

中国共产党无疑是实现近代中国统一的强有力的领导力量。这种强有

【1】《马克思恩格斯全集》第22卷，人民出版社1965年版，第235页。

【2】《列宁全集》第7卷，人民出版社1986年版，第89页。

【3】《列宁全集》第33卷，人民出版社1985年版，第224页。

【4】参见许纪霖、陈达凯主编：《中国近代史》，上海三联书店出版社1995年版，第9页。

力的领导力量所领导的统一具有强烈的国家建设和发展的内在要求。近代中国所追求的国家统一，就必须通过一种全新的国家形式来实现。在国家统一后的政治组织形式上，中国共产党从中国革命的历史性质和历史使命出发，提出了民主共和制；在国家统一后的局部与整体的制度安排上，中国共产党选择了在中国具有深厚传统的、以中央集权为基本特征的单一制国家结构形式。当然，新中国的单一制国家结构形式，不论在性质上，还是在具体的制度设计上，与传统的国家结构形式相比都有了本质区别。因而我们说，中国社会对国家统一的强烈渴望以及强烈的现代化发展冲动，决定了中国共产党在联邦制和单一制的取舍问题上最终选择了单一制。

从国家全面建设角度来看，中国共产党选择统一国家的国家结构形式，除现代化的强烈冲动对中国统一的内在要求外，还遇到两个基本的现实：一是近代中国是以民主共和为发展取向，二是中国是一个多民族国家。这两个现实决定了中国共产党选择国家结构形式必须考虑两个问题：一是民主政治的内在要求及其发展的需要；二是民族自决权的维护和发展。中国共产党对中国国家结构形式的设计和选择，就是从这些现实问题出发的，但是，从方案的最初设计到最终选择却经历了一个较长时间的认识和实践发展过程。

早在20世纪20年代初，国内因军阀混战而出现了“联省自治”运动。1922年6月中国共产党在发表的对于时局的主张中，明确反对“联省自治”，认为中国即使真要搞“联省自治”，也必须是以消灭军阀为前提的民主主义的联省自治，这是因为，如果封建式军阀不消灭，“行中央集权制，便造成袁世凯式的皇帝总统；行地方分权制，便造成一班武人割据的诸侯”。[1] 这是中国共产党对中国国家结构形式发表的第一个看法。

1922年7月，中国共产党在第二次全国代表大会的大会宣言中，第一次提出了对未来中国国家结构形式的设想。这个设想是：第一，统一中国本部（东三省在内）为真正民主共和国；第二，蒙古、西藏、回疆三部实

【1】《中共中央文件选集》(1)，中共中央党校出版社1989年版，第39－40页。

行自治，成为民主自治邦；第三，用自由联邦制，统一中国本部、蒙古、西藏、回疆，建立中华联邦共和国。[1]中国共产党之所以把联邦制作为未来中国的国家结构形式，一个重要的原因是年轻的中国共产党是共产国际的一个支部，共产国际的联邦制思想对中共产生了重要影响，又加之对中国少数民族问题的认识缺乏经验。需要说明的是，中国共产党所要建立的不是完全的联邦，而是部分的联邦，即统一的中国本部，与蒙古、西藏和回疆这三个自治邦建立联邦。至于统一后的中国本部，中国共产党不主张实行联邦制。但是，中国共产党认为，在军阀混战、割据的条件下，如果将与中国本部经济生活不同的三个少数民族地区强行统一于中国本部，其结果只能带来军阀地盘的扩大而同时又严重损害这些地区民族自决自治的进步，这对中国本部的人民没有丝毫的利益。所以，中国共产党认为，我们既要反对割据式的联省自治，也要反对大一统的武力统一。基于这个原则，中国共产党所提出的关于国家结构形式的设想，完全是从民族自决权出发的，其目的是为了充分照顾和保障这些民族的利益。

从以上分析，我们可以发现，中国共产党主张搞联邦制与20世纪20年代"联省自治"运动中有人主张搞联邦制有本质不同，前者是为国家的统一和民族的团结而主张联邦制，后者是为分裂割据而主张联邦制，更具体地讲，中国共产党完全是保障中国少数民族的民族自决、自治权利而提出联邦制，因而在中国共产党那里建立联邦制不是目的，而是手段，中国共产党要用联邦制达到的目的是国家的统一和民族的团结。既然是一种手段，所以，当中国共产党从中国国情出发找到另一种既能实现和保证国家统一，又能实现和保证民族自决权有效实现的新的政治形式——单一制时，中国共产党就把联邦制放弃了。[2]

这里需要注意的是，中国共产党对单一制的选择是以搞民族区域自治为前提的。如前所述，中国共产党很早就提出了民族自治的主张，但是，

【1】《中共中央文件选集》(1)，中共中央党校出版社1989年版，第99－117页。

【2】参见林尚立著：《当代中国政治形态研究》，天津人民出版社2000年版，第28页。

这种自治是在联邦内建立自由邦的自治。但是，抗日战争爆发后，随着形势的变化，中国共产党发现搞联邦制很容易被敌对势力利用来分裂中国。在这方面，当时伪“满洲国”的建立无疑给联邦制主张敲响了警钟。为了粉碎帝国主义和民族分裂主义试图分裂中国的阴谋，中国共产党关于民族自治的提法有所改变，转向主要强调建立民族自治区。然而，中国共产党最终放弃以保证民族自决权利为核心目的的联邦制主张，是在1945年10月明确提出在内蒙古实行区域自治以后。从这时起，中国共产党就从主张民族自决和建立联邦制国家转变到主张建立单一制国家，采取民族区域自治制度。[1] 1946年至1949年建国时，中国共产党在承认各少数民族具有平等自治权利的基础上，明确地把实行民族区域自治作为解决国内民族问题的基本政策。这为建国后实行单一制国家结构形式奠定了重要制度基础。当然，这里应该提出注意的是，中国共产党此前尽管主张联邦制，但从来没有反对单一制，相反，认为中国的本部应实行单一制。而且，这种单一制的国家结构形式在制度精神上与中国共产党传统的组织和制度精神，即民主集中制，是相一致的。

中国共产党自其成立后一直关注着中国统一后的国家结构形式问题，经过这样一个探索、实践和再探索的历史反复过程，终于在新中国诞生之前有了明确的模式，即实行以民族区域自治为基础的单一制。但从现有的历史资料来看，新中国成立前夕，毛泽东对中国国家结构最终采取什么形式，还曾犹豫过，对在中国这样统一的多民族国家内究竟实行联邦制还是民族区域自治这个问题进行了反复权衡。当时，毛泽东征求了李维汉同志的意见。李维汉经过大量调查研究，分析了我国具体情况和苏联不同，主张不能照搬苏联的做法实行联邦制，而应在少数民族聚居区，实行民族区域自治的政策和制度。毛泽东采纳了这个建议。于是1949年9月中国共产党同各民主党派共同制定的《共同纲领》，最终选择了建立统一的中华

【1】参见张尔驹主编：《中国民族区域自治的理论和实践》，中国社会科学出版社1988年版，第60页。

人民共和国并在民族区域实行自治制度的新型国家结构形式。1952年，中央人民政府公布《中华人民共和国民族区域自治实施纲要》，同时政务院也公布了《关于地方民族民主联合政府实施办法的决定》。1954年第一届全国人民代表大会通过的第一部《中华人民共和国宪法》又肯定了这一结构形式，明确规定："中华人民共和国是统一的多民族国家"，同时作为"中华人民共和国不可分离的部分"的"各少数民族聚居的地方实行区域自治"。

促使中国共产党在民族自治问题上改变思想、在国家结构形式上问题上最终选择单一制的因素很多，但最重要的因素是国内外敌对势力对国家统一和民族团结所构成的威胁。中国共产党在民族自治问题上改变策略也主要源于这个因素，对国家结构形式的最终确定也主要源于这个因素。对此，周恩来有非常精辟的解释："任何民族都是有自决权的，这是毫无疑问的事。但是今天帝国主义者又想分裂我们的西藏、台湾甚至新疆，在这种情况下，我们希望各民族不要听帝国主义者的挑拨。为了这一点，我们国家的名称，叫中华人民共和国，而不叫联邦。"[1] 北京大学朱苏力教授对此分析道：当时中国建立单一制国家"是由中国社会当时所面临的主要问题所决定的"。他分析道："究其原因，主要有两个。首先是因为中国是一个各地政治经济发展不平衡的国家，它没有一个统一的市场，甚至在中国经济中占主导地位的仍然是农业经济，工商业基本集中在东部沿海地区的一些大中城市。在广大农村，自给自足的农业经济使得农村可以相对独立于城市。没有经济联系作为纽带，各地之间的联系就相当松弱，如果没有高度的政治上、文化上的统一，就容易发生分裂或割据。其次，近代中国又是一个受到帝国主义国家间接控制的国家，各帝国主义国家对中国的各地有不同程度的影响。"正是由于这些制约条件，使得近代中国的中央政府的政治控制力大大弱化。事实上，中国共产党领导的中国革命之所以能够取得成功，正是利用了中国不是一个统一的民族国家这一社会历史条

【1】　《周恩来统一战线文选》，人民出版社1984年版，第139－140页。

件，利用了半殖民地半封建社会的特点，利用了军阀之间的利益冲突，利用了城市对农村无法有效控制而造成的乡村（对于城市）的相对独立性。但在共产党夺取了全国政权之后，其历史使命从夺取政权转向建设社会主义、实现现代化时，当时的分散割据的社会历史条件就转变成了新中国建设的不利条件。此外，民族国家的统一还一直被认为是一个国家实现现代化的一个基本条件，特别是对于后发型的落后国家来说，如果没有统一的政治构架和统一的法律，打破传统经济的封闭性，就不可能实现现代化的经济变革，就无法发展现代工业和商业，就无法建立统一的军队和官僚制度。因此，对于1949年建立的新中国来说，首先的问题不是分权，而是如何集权。[1]

由以上分析，我们可以得出这样的结论：中国单一制国家结构形式的选择，从根本意义上讲，是从实现和保证国家统一出发的。因此，单一制对中国所具有的最基本意义，就是保证国家的统一。[2]

二、维护国家统一与我国现行单一制的特色

虽然我国宪法中没有出现“单一制”或“单一制国家”这样的词汇。但不容置疑，我国是单一制国家。宪法第3条第4款规定：“中央和地方的国家机构职权的划分，遵循在中央的统一领导下，充分发挥地方的主动性、积极性的原则。”[3] 宪法中关于中央与地方权力的规定，实际上是按照单一制的国家结构模式来建构的。[4]

【1】 参见苏力：《当代中国的中央与地方分权》，载《中国社会科学》2004年第2期。

【2】 参见林尚立著：《当代中国政治形态研究》，天津人民出版社2000年版，第80页。

【3】 《中华人民共和国宪法》，中国法制出版社2004年版，第5页。

【4】 中国宪法学界和政治学界长期以来引用宪法序言中“中华人民共和国是全国各族人民共同缔造的统一的多民族国家”这句话来作为中国实行单一制的宪法依据。其实这句话并不足以说明中国国家结构形式的类型，只是表明了中国的民族状况。中国是单一制国家的依据是现行宪法中关于中央国家机构和地方国家机构之间职权的具体划分状况。参见王振民著：《中央与特别行政区关系：一种法治结构的解析》，清华大学出版社2002年版，第398－399页。

（一）制度特色：三种模式并存

从中央与地方关系的角度来看，我国的单一制具有鲜明的自身特色，这主要体现在它包括以下三种实践模式：

1．中央与普通行政区的关系模式

该模式是我国在国家结构形式中直接贯彻民主集中制原则的结果，其应用范围覆盖了二十三个省、四个直辖市，从中央与普通行政区域即省和直辖市的关系的模式来看，我国的单一制与纯粹的单一制略有不同，主要表现在：在纯粹单一制下，地方行政首长是由中央任命的，代表中央来治理地方。而在我国单一制下普通行政区域的地方行政首长却由同级地方人大选举产生。中央与省和直辖市的关系构成我国民主集中型单一制的基本内容。作为国家权力行使权纵向配置的模式，它是受我国自秦汉以来两千余年统一中央集权传统的影响，顺应公民普遍的政治文化心理倾向之要求，由中国社会经济政治状况健康发展的当前需要所决定的现实类型。这种类型的单一制下，中央与各省直辖市的关系绝对不是“专制下的集中、服从”关系。“权”在中央与地方间的分配如有不适当之处，应当在现有的基本框架内进行局部调整。[1] 中央集权程度从某些方面看虽然比较高，但却是完全必要的，因为中央只有拥有足够的权威，才能维护国家的统一和人民的团结。为此，我们应正确地看待和分析我国中央政府的必要集权。正如恩格斯在评述法国中央集权时所指出的那样，“但愿我们不会不公平！集权所具有的矛盾是无可争辩的，但是，我们也承认集权有其存在的历史的和合理的权利！集权是国家的本质、国家的生命基础，而集权之不无道理正在于此。……没有一个国家可以不要集权：联邦制国家需要集权，丝毫也不亚于已经发达的集权国家。只要存在着国家，每个国家就会有自己的中央，每个公民只是因为有集权才履行自己的公民职责。……此外，中央集权的实质并不意味着某个孤家寡人就是国家的中心，就像在专制君主政体下那样，而只意味着有一个人位于中心，就像共和国中的总

【1】 参见童之伟：《国家形式结构论》，武汉大学出版社1997年版，第395页。

统那样。就是说，别忘记这里主要的不是身居中央的个人，而是中央本身。”[1] 意大利思想家帕累托认为，只有中央集权，社会才能摆脱无政府状态和混乱状态，保证民族和国家的统一与稳定。[2] 为此，他积极主张采行中央集权制度。

2．中央与民族自治区的关系模式

在单一制下采用民族区域自治制度解决民族问题，“不仅使聚居的民族能够享受到自治权利，而且使杂居的民族也能够享受到自治权利。这样的制度是史无前例的创造。”[3] 中国的民族问题有中国自身的特点，解决办法应根据具体情况来选择，绝不能教条化地照搬别国实行联邦制的作法。

联邦制对于多民族国家解决民族问题是否有作用，首先取决于各民族的居住状况。如果各民族聚居程度高，人口比例悬殊不大，居住地域界线又比较分明，联邦制往往可以成为有关国家解决民族问题的一个有用因素，这可以从前苏联、前捷克斯洛伐克和前南斯拉夫实行联邦制的实践中求得说明。但无论如何，对于一个各民族高度杂居的多民族国家来说，运用联邦制解决民族问题往往就无能为力了。例如，被称为“民族熔炉”的美国，尽管民族众多，但杂居程度极高，所以，联邦制对于解决美国的民族问题是没有多少意义的，而且该国当初选择联邦制原本也不是为了解决民族问题。我国是一个多民族的国家，全国共有五十六个少数民族，各民族之间的人口数量极不平衡，其中汉族人口最多，约占全国总人口的91.96%，其他五十五个少数民族在总人口中占比例很小，仅有九千一百二十万人口，约占全国人口总量的8.04%（1990年人口普查统计数字）。[4] 在五十五个少数民族中，人口数量也极不平衡，其

【1】《马克思恩格斯全集》第41卷，人民出版社1982年版，第396－397页。

【2】参见[意]萨尔沃·马斯泰罗内著：《欧洲民主史——从十五世纪到二十世纪》，黄华光译，社会科学文献出版社1990年版，第346页。

【3】《周恩来选集》下卷，人民出版社1984年版，第258页。

【4】转引自熊文钊著：《大国地方——中国中央与地方关系宪政研究》，北京大学出版社2005年版，第67页。

中有的少数民族人口在一千万以上，有的少数民族只有几千人，我国各民族的分布不是整齐划一、界限分明的，而是交错杂居的，不仅汉族和各少数民族交错杂居，而且各少数民族之间也交错杂居，即使是在少数民族相对聚居的地方，也杂居着其他各民族。这样，各民族就形成了大杂居小聚居的基本格局。这种各民族人口之间的极端不平衡和各民族之间交错杂居的情况，决定了中国只能适用单一制下的民族区域自治，而不宜采用联邦制。而且，即使在少数民族聚居的地区，其集中程度一般也不高。在自治区一级，全国除西藏外，实行区域自治的民族的人口在本自治区总人口中所占比例均不足二分之一，有的甚至不足七分之一，在次一级或更次一级的民族自治地方，民族构成状况也基本上如此。这种情况是各族人民在长期的共同生活中历史地形成的，不可能也不应该人为地改变。在这种情况下，如果简单地在这些区域贯彻民主原则（即多数人统治或少数服从多数原则），现在实行区域自治的民族实际上很难享受到他们根据现行宪法和民族区域自治法享有的这些权利。“试想，如果实行联邦制，现有的各自治区都成为有某些主权权力的邦或州，谁能保证在邦宪法或州宪法中当今实行区域自治的民族现在受到特殊保障和照顾的权利还能够存在呢？世界上有哪一个联邦制国家成员单位中的少数民族的权利能受到像中国民族区域自治制度下这样的特殊照顾和保障呢？从来没有！”[1] 如果现有民族自治区真的变成“相对独立主权的自治区域”，该区域中处于少数地位的民族的法律地位势必普遍下降，因为很难想象处于人口多数地位的民族的公民在新的法律状态下会愿意给予处于少数地位的民族以现在这么多的受到特殊保障和照顾的权利，尤其在担任公职方面。所以，从维护和巩固国家统一的角度来分析，在中国实行联邦制不仅无益于解决我国的民族问题，相反还会引发民族冲突，加深民族矛盾。相反，坚持单一制下的民族区域自治，既有利于维护民族平等，促进民族团结，又有利于正确处理中央与少数民族地区的关系，

【1】童之伟著：《国家结构形式论》，武汉大学出版社 1997 年版，第 396 － 397 页。

使中央的大政方针与少数民族的具体情况结合起来，从而调动少数民族的积极性，促进地区经济和文化的发展。

3．中央与特别行政区的关系模式

在单一制的框架下，按照“一国两制”的基本方针建立特别行政区，用中央与特别行政区关系模式已解决了香港问题、澳门问题，并继续用之解决台湾问题。根据该关系模式的设计，特别行政区享有高度的自治权，这种自治程度已非分权程度较高的单一制国家的成员单位所能比拟，甚至超过了美国、加拿大、瑞士、德国等分权程度较高的联邦制国家的成员单位的自治程度，正如有的学者所指出：“以联邦制的美国为例，各州都没有像香港特别行政区那样享有自行决定和实行独立的经贸和税收政策、发行货币、财政独立、海关独立以及管理出入境等权力，更谈不上司法方面的终审权和许多涉外事务的处理权。”[1]中央与特别行政区的关系模式不同于我国单一制结构所确立起来的一般的中央与地方关系，而与联邦制下的中央政府与各成员政府之间的关系相似，但又与联邦制下中央政府与各成员政府之间的关系有着性质上的差别，因为“一国两制”下，特别行政区所享有的立法权、财政独立权、货币发行权和司法终审权等，从根本上讲，都是中央政府授予的，因而它再怎么特别，也都只是单一制国家下的一个地方行政区域，它所享有的高度自治权，在性质上仅属于地方自治权。从现实意义上讲，特别自治模式是作为单一制国家结构形式的一种必要补充而存在的。但在另一方面，特别自治模式的出现，虽然没有在本质上改变我国单一制国家结构形式的性质，但在形式上却丰富和发展了单一制下中央与地方之间的关系模式，使我国单一制的具体形式趋向了多样化。

（二）价值取向：巩固和维护国家统一

近半个多世纪以来，这种民主集中型的单一制在我国特定历史条件下形成了有别于实行或曾经实行此制的其他国家的显著特色。从中央与省、

【1】杨奇著：《香港概论》（续编），中国社会科学出版社1993年版，第545页。

直辖市的关系看，它具有中央集权型单一制的典型特点；从中央与民族自治区的关系看，它具有地方自治型单一制的特点；从中央与特别行政区的关系看，它又带有了地方高度自治型单一制的某些特点。[1]在以上三种关系模式中，中央与普通行政区的关系模式是有中国特色民主集中型单一制的基础，相对于其他两种关系模式，它居于主导地位，其他两种关系则是它的改进和补充。这三种关系模式运作的方式尽管不同，但是，它们的运作指向，即根本目的却是相同的，都是为了实现祖国的统一、维护各民族的团结和促进整个中华民族的繁荣富强。

这种具有中国特色的民主集中型单一制的根本优点，就在于它符合我国的具体国情，在国家结构形式建设方面体现了具体问题具体分析、实事求是的科学精神。这种单一制结构形式既有利于保障我国的领土完整和主权统一，又分别针对三种不同地域构成单位的实际情况分别提供了在中央与地方间纵向配置国家权力行使权并规范其运行程序的三套具体制度。而且，在这三套制度中，还有着可照顾各自适用地区微观差异的选择余地和灵活性。[2]所以，我国实行的这种国家结构形式类型尽管还有这样那样的不足，但其基本优势是巨大而明显的，它的制度功能绝非联邦制所能取代，甚至也不是单一制的其他类型能够取代的。中国现行的国家结构形式，符合中国的基本国情，有利于国家统一，民族团结，政治稳定，地区协调发展。

第四节 国家统一与国家结构形式的选择

以上关于单一制、联邦制和联邦制国家结构形式特征、结构、功能的描述只是学理上的抽象概括。在实践中，每一个联邦制国家、每一个单一制国家的情形都是各不相同的，同一个联邦制国家、同一个单一制国家在

【1】 参见肖蔚云主编：《香港基本法的成功实践》，北京大学出版社2000年版，第223页。
【2】 参见童之伟著：《国家结构形式论》，武汉大学出版社1997年版，第394页。

不同历史时期的情形也都有很大差别。例如，美国、德国、瑞士、俄罗斯同属联邦制国家，其联邦和联邦组成单位（州、邦、加盟共和国等）的关系即有着重大差别；中国、日本、法国、英国同属单一制国家，其中央政府与地方政府的关系亦有着重大差别。美国在华盛顿时期、林肯时期和现在的布什时期都实行的是联邦制，但美国在这三个时期联邦和州的关系即有着重大的差别，总的趋势是联邦的职权越来越广泛，州的职权越来越有限。法国在拿破仑时期、戴高乐时期和希拉克时期都实行的是单一制，但法国在这三个时期中央政府和地方政府的关系即有着重大的差别，总的趋势是中央政府的权限越来越向地方政府转移。所以，我国青年学者王丽萍女士认为，联邦制和单一制在民族国家的形成和发展的总的方向上是一致的，对联邦制的研究和考察越深入，就会越多地发现二者的相同和相通之处，二者的区别就会变得越来越模糊。她进一步分析道，二者之所以存在着一致性和相似性，在于二者共有的民族主义底蕴。二者都以维护国家统一，反对分裂，有效履行政府职能，促进社会、政治、经济、文化全面协调发展为其根本目标。[1]

由此可见，国家结构形式的界分不是绝对的，在学理上虽有单一制和联邦制的划分，但没有绝对的单一制，也没有绝对的联邦制，在这两种基本形式之间有很多中间形式可以选择，而且采用联邦制的同时可使之具有单一制的某些特征，采用单一制可同时使之具有联邦制的某些特征。两者相互渗透，相互借鉴是一个趋势。根据这种分析，我们在设计未来大陆与台湾和平统一后的国家结构形式问题上即可有很大的灵活性：要立足于单一制，同时吸收和借鉴联邦主义的一些优点，来创造性地建构未来海峡两岸的统一模式。在"一国两制"、"高度自治"的原则下，什么问题都可以谈，什么方案都可以设计（如台湾当局的政治地位、台湾地区保留自己的军队、台湾地区在国际上与其地位相适应的活动空间等），而不拘泥于单

【1】 参见王丽萍著：《联邦制与世界秩序》，北京大学出版社2000年版，第25页。

一制和联邦制的某些具体特征或要件。[1]

以上研究还进一步表明，单一制和联邦制都是国家发展到一定历史阶段所必然产生的结构形式类型。但单一制一直是国家结构的更普遍形式。那么，是否可以表明单一制优于联邦制呢？我国法学家童之伟教授认为，第一，脱离有关国家的具体情况抽象地判断单一制、联邦制或它们的各种具体类型孰优孰劣是没有意义的，一切都得以国家的具体情况为转移。第二，衡量单一制、联邦制或它们的各种具体类型是先进还是落后可以适用统一的标准，这个标准就是它们各自所体现的国家权力分解程度离国家权力最终归属的距离远近。第三，评价单一制、联邦制或它们的某种类型的法治实践的效果好坏与评价它是否先进不是一回事。一国应当采取哪种国家结构形式类型，只能根据该国的现实情况来决定，与这种类型是否先进没有直接关系。据此，童教授得出结论：单一制、联邦制无优劣之分；联邦制也是正常的、有良好发展前景的国家结构形式类型。[2] 所以，在未来两岸统一模式的设计和建构时，尽管不可采行联邦制（该问题将在本书第六章第四节详论，此不赘述），但却完全可以借鉴联邦制的某些原则和精神，来弥补单一制的某些不足。

【1】国务院台湾事务办公室2000年发布的《一个中国的原则与台湾问题》白皮书即曾指出，只要在一个中国框架内，什么问题都可以谈，包括台湾方面关系的问题。中国政府相信，台湾在国际上与其身份相适应的经济的、文化的、社会的对外活动空间，台湾当局的政治地位等等，都可以在这个框架内，通过政治谈判，最终在和平统一的过程中得到解决。

【2】参见童之伟著：《国家结构形式论》，武汉大学出版社1997年版，第359－360页。

第三章　分裂国家形式研究

在明确了统一国家的形式后，接下来我们再研究分裂国家的形式。所谓分裂国家形式是指分裂国家在分裂性质、程度、状态等方面所表现出来的类型特征和外在形式。如果说第二章所研究的统一国家的制度形式为分裂国家走向统一确立了一个目标性的制度“靶子”，那么，本章所研究的分裂国家形式可以说是走向“靶子”的起点。

第一节　“分裂国家理论”及其局限

在研究分裂国家形式以前，我们先对以往学术界对该问题的研究作一简要回顾。以往关于该问题研究成果，集中体现于“分裂国家理论”，该理论的核心概念是“分裂国家”（Divided Nation）。“分裂国家”这个概念最早是由德国学者韩德逊（Henderson）、李鲍（Richard Ned Lebow）和史多辛（John G.Stoessinger）等人创制的。当时，三位德国学者基于二战后出现的东、西德，南、北韩，南、北越，中国大陆与台湾等处于分裂状态的国家之情形，于1974年共同编著了《分裂世界中的分裂国家》（Divided Nation in a Divided World）一书，其中提出所谓的“分裂国家理论”。按照该理论，分裂国家复归统一的路径大致为：分裂双方从初期分裂阶段的高度敌意互不承认，动辄武力相向与敌意颠覆对方；到中期阶段的默认或正式接受共存，降低意识形态对抗抑制军事冲突，开始进行人员交流；进而到积极和平共存的和解阶段，双方经贸交流合作密切，政府间加强联系及共同援外合作；最终达到松散政治整合（如邦联）象征性统一的阶段。[1]事实上，南韩学者洪承勉教授早在1973年就发表过《分断国问题的再发

【1】 Gregory Henderson, Richard Ned Lebow and John G., Stoessinger eds, Divided Nations in a Divided World New York: David Mckay Company, Inc, 1974, pp.438 － 442.

现》一文，该文曾将两德问题与两韩问题放在一起进行研究，提出了类似的观点。台湾学者魏镛教授也提出了类似的“多体制国家”概念和理论，尝试解决分裂双方所面临的主权争议与管辖权的行使问题。综合以上学者关于“分裂国家”的论述，一般认为，“分裂国家系指一国之内产生两个法律或政治实体，各自有效控制并管辖一部分人口领土，互相争取正统之国家代表权。至于一方或另一方能否获得第三国承认其为正统之国家代表，则视国际政治与现实条件而定。例如二次战后的东西德、南北韩、南北越、中华民国与中华人民共和国均属分裂国家”。[1] 台湾学者赵国材先生根据该理论，将“分裂国家”的特征概括为：“第一，因为内战或国际权力安排导致一国分成两个或更多的国家；第二，一国内出现的两个或多个法律与政治实体，各自声称其为唯一合法的政府，并在法理上涵盖其实际上未能有效控制的另一个法律与政治实体所管理的领域；第三，属于长期对立，分裂各方各自在领域内，实行有效管辖，各方均甚难突破现状；第四，分裂各方均以重新统一为目标。”[2] 另一位台湾学者张五岳先生也认为，中国与德国、韩国、越南是二次大战后国际上四个最为典型的“分裂国家”案例。他从这四个“分裂国家”与众多因种族、宗教、殖民而分裂的国家相区别的视角，将“分裂国家”的特征概括为：“第一，分裂双方原系一个拥有共同语言、历史、文化与长期统一经验的国家社会单位，亦即在分裂前，其国民意识与国家权力结构，都是一个完整的单位；第二，国家的分裂不管是国际安排或内战所致，皆未经双方人民的同意而产生；第三，分裂双方（或至少一方）皆不断明白宣示，以结束国土分裂，追求国家再统一为其策；第四，分裂双方各自信奉不同意识形态，采行互异的政治、经济、社会体制，使得双方各项发展呈现异质化的现象；第五，分裂双方皆由于国际强权的介入，使得双方的互动与统一均涉及列强的权力平衡；第六，分裂双方所衍生的各项重大问题，如：主权、领土、继承

【1】 张亚中著：《两岸主权论》，台湾生智文化事业有限公司1998年版，第54－55页。

【2】 赵国材：《从国际法观点论分裂国家承认》，载《中国国际法与国际事务年报》第3卷，台湾商务印书馆1988年版，第28－29页。

等，不仅在传统国际政治上所未见，亦为传统国际法所无由加以规范。”[1]

应该说，“分裂国家理论”在一定程度上揭示出了以上几个国家在分裂状态方面相类似的一面，但该理论有一个致命的缺陷，那就是它淡化或掩盖了中国大陆与台湾的分裂在性质、程度和原因等方面同前三者存在着的本质区别，继而将它们划归为同等类型的分裂国家。按照该理论，中国现在是如同德、韩一样的分裂国家，分裂状态中的每一部分应同时获得国际社会的承认，同为国际法人，每个部分之间的关系是平等的。这一理论的内涵及其主张正好迎合了台湾方面某些“分离人士”的政治诉求，这些人士用“分裂国家”理论来定位和处理两岸关系，即将两岸关系等同于东、西德或南、北韩之间的关系，来为其“分裂分治”寻求依据。同时以东、西德与南、北韩为例证来企图证明：“分裂国家在统一前，彼此平等共同参与国际社会，并不会妨碍统一的推展，反而可以缓和彼此间的紧张关系，为和平统一创造有利条件。”[2] 这种旨在制造“两个中国”的定位和企图，显然是大陆方面不能接受的。于是大陆方面拒绝承认“分裂国家理论”，不承认中国是“分裂国家”。这样一来，又常常遭到来自台湾方面的理论上的攻击：既然中国不是“分裂国家”，那你们大陆方面还统一什么？这常常使得大陆方面在面对“分裂国家理论”时进退维谷。承认它，自然进了圈套；不承认它，又无法解释两岸的分裂状态。

面对理论上的困境，笔者认为，主权构成学说可为解决这一问题提供一种新的分析思路，依据该分析思路，我们既能将两岸的分裂同东、西德或南、北韩的分裂从性质、程度等方面区分开来，又能给两岸关系做出合理的定位。这就是我们下面要进行的对分裂国家形式的分类研究。如前所述，依据主权构成学说赋予“分裂”的指标，可将分裂国家的形式分为两种类型，即完全分裂国家和不完全分裂国家。

【1】 张五岳著：《分裂国家互动模式与统一政策之比较研究》，台湾业强出版社1992年版，第2－3页。

【2】 达理：《台湾当局图谋“参与联合国”就是制造“两个中国”》，载《人民日报》1995年9月21日版。

第二节 完全分裂国家形式

一、完全分裂国家的构成要件

完全分裂国家是指主权所有权已经发生分裂，但分裂双方仍以追求主权所有权的再统一为目标的国家。如二战后的东、西德，南、北韩。在这类国家中，由于主权所有权是分裂的，根据主权所有权与主权行使权关系的原理，可以得知：其主权行使权也一定是分裂的。由完全分裂国家的内涵可以看出，我们这里所说的“完全分裂国家”所具有的特征，实际上就是以往国际上通常所说的“分裂国家”所具有的特征。因而我们说，以往国际上所说的“分裂国家”只相当于我们主权构成学说视野中的完全分裂国家。

完全分裂国家有两个构成要件：一是事实构成要件，即原主权国在法律上分裂成为互不隶属的两个或两个以上的国际法人。国家分裂后，国际社会对分裂各方不仅给予事实上的国家承认，而且给予法律上的国家承认。分裂各方均具有国际法主体所应有的权利能力和行为能力。分裂前的单一国际法主体在分裂后变为两个或两个以上的国际法主体。二是精神构成要件，即分裂各方原属于一个统一的国家，目前虽分裂，但分裂各方或至少有一方从未放弃国家再统一的愿望和主张。这一要件内蕴着这样的含义：它是安排国家统一的观念力量；它是一种相对稳定的、为追求国家的再统一而持有的崇高理念；它对国家的再统一具有支配、评价等作用。由此可以看出，统一的追求不同于统一的原则，也不同于统一的行为，更不同于统一的内容。它的实质是在国家再统一问题上分裂双方或一方所选择的价值标准和持有的稳定心态。以上这两个构成要件互相联系，缺一不可。如果缺少第一个要件，那就不能算是完全分裂国家，而只能算是不完全统一国家或不完全分裂国家。如国共内战时期的中国。如果缺少第二要件，那也不能算是完全分裂国家，因为分裂各方均已放弃了再统一的目标，如苏联分裂后的十五个国家，由于彼此没有再统一的政治诉求，从没有国家认为由苏联所分裂出来的十五个国家是完全分裂国家。再如：南斯拉夫一分为五，捷克斯洛伐克一分为二等，也体现不出完全分裂国家的特征。

二、东西德与南北韩：完全分裂国家的典型范例

（一）分裂双方均获得国际法上的“国家承认”

1. 国际社会对分裂双方存在着法律上的国家承认

从国家构成的四要素分析，德国与韩国分裂以后，分裂双方均具备国家的四个要素，即定居的居民、确定的领土、有效统治的政府和主权，因而均是不受任何权力管辖和支配的独立主权国家，具有独立自主地进行国际交往的权利，具有完整的国际人格。一个新国家成立以后，其能够参与国际社会交往的程度，实际上主要决定于它与其他国家的双边关系的程度，而这一点反过来又首先取决于其他国家对它的承认，即国家承认。所谓国家承认是指既有国家确立某一政治实体作为国际法意义上的国家而存在，并表示愿意将其视为国家而与其交往的行为。[1]“只有被其他国家所承认，一个新国家才被一个现有国家完全接纳进它的国际法框架内的双边关系范围里去……一个国家给予承认是一种主要影响双边关系的单方行为，这既没有构成也没有宣示被承认的国家成为整个国际社会的成员。只有一个国家承认一个新国家，只在与承认国的关系的限定范围内使新国家成为一个国际人格者；但是现实地说，这种有限的人格不能一般地认为是国际社会的成员资格。这种资格是很多现有国家承

【1】 国家承认通常发生在产生新国家的场合。实践中，新国家产生的原因十分复杂，但主要有以下四种情形：独立，特反指包括殖民地在内的非自治区领土、托管领土及其他附属领土实现独立，建立新的国家；合并，指两个或两个以上既有国家联合组成一个新的国家；分离，指某一国家的一部分或几部分领土脱离母国，建立一个或几个新的国家；解体，指某国家完全分裂为两个或两个以上新的国家。（见梁淑英：《国际法》，中国政法大学出版社 1993 年版，第 54 页）

认的结果，例如有足够的多数使其获准加入一些主要多边组织。当新国家在事实上有效存在时，通常有这种程度的承认，否则是不会有的。”[1]

对于东、西德和南、北韩，世界上绝大多数国家都给予分裂双方以国际法上的“国家承认”，并同其建立外交关系。（1）对东、西德的国家承认。尽管受当时意识形态的影响，对两个德国的承认方式具有一定的独特性，但这些承认最终还是法律意义上的国家承认。1955年法、英、美三国承认西德具有“一个主权国家对其内外事务的全部权力”，而不是承认其为主权国家；而且西德的权力是受西方三国对整个德国和对柏林的保留权利和责任的限制的。1973年2月，英国政府在通知议会承认东德时使用同样的措词。西德在1949年以后很快获得大多数国家的承认。东德最初只有苏联和其他共产党国家承认它，后来其他一些国家也承认了它，但是，直到1972年东德和西德之间基础条约签订后，东德才获得普遍的承认。1973年，两国都成为联合国的会员国。截止到1990年两德统一前，同西德建交国家有一百六十一个，同东德建交的国家有一百三十二个。

（2）对南、北韩的国家承认。在这个问题上，尽管一开始也受到了意识形态的影响，但对它们的承认最终也具有了普遍性意义。第二次世界大战结束时，美国军队占领了朝鲜半岛的南部，苏联军队占领了朝鲜半岛的北部，追求一个独立和统一的朝鲜半岛成为联合国公开宣布的目标。1951年，在美日旧金山和约中，日本放弃了对韩国的主权。在此之前的1948年，大韩民国（亦称韩国）在南部建立，朝鲜民主主义共和国（亦称朝鲜）在北部建立之后，大韩民国被大多数国家所承认，并成为许多国际组织的成员。朝鲜民主主义人民共和国被大多数共产党国家和其他一些国家所承认，它成为一些专门机构的成员。截止到1990年，同朝鲜建立外交关系的国家有一百零二个，同南韩建立外交关系的国家有一百四十二个。两个朝鲜国家在1991年分别成为联合国的会员国。

以上分析表明，东、西德与南、北韩都被国际社会认为是具有主权地

【1】［英］詹宁斯、瓦茨修订：《奥本海国际法》第一卷（第一分册），王铁崖等译，中国大百科全书出版社1995年版，第97页。

位的独立国家。不管分裂双方如何定位彼此之间的关系，但从国际法的角度来看，分裂双方的关系是主权国家与主权国家之间关系，这样关系必须接受国际法的调整。

2．分裂双方之间存在着事实上的国家承认

在研究分裂双方之间的国家承认时，我们不能不对国家承认的方式作些探讨。根据国际法，国家承认通常有两种形式，即事实承认和法律承认两种方式。这两种方式的不同主要表现在：第一，法律承认是正式承认，即承认一个国家具有国际法的完整人格，它是最完全的一种承认。而事实承认是非正式承认，是在临时基础上考虑目前实际情况后给予的程度较小的承认，[1] 表示对这个国家能否取得国际法的法人资格持保留态度。第二，两者所产生的法律效果是不同的。法律承认的法律效果之一是建立外交关系，一般情况下，现有国家宣布承认新国家后，即与之建立外交关系；但承认只是建交的条件，并非建交的结果。而事实承认不必非要建立外交关系。按照国际惯例，一个国家的建立，必须依宪法经全民大选所产生，才能取得国际法上的法律承认，但各国为决定对其进行法律承认之前，基于经济合作或人民往来方面的原因，不妨先给予事实承认。法律承认与事实承认都是法律行为，只是两者承认的程度不同而已。[2]

依据学术界对国家承认方式的上述界分及其理论，东、西德之间，南、北韩之间虽然不存在法律上的国家承认，却存在着事实上的国家承认。这可以从以下事实中反映出来：

首先，从东、西德之间的承认来看，自20世纪60年代末双方关系缓和后，彼此均放弃了“哈尔斯坦主义”，承认彼此立于对等地位，宣称任何一方不得在国际上代表对方。虽然东、西德之间不承认彼此之间的关系是国际法上的外国与外国之间的关系，而认为是德国内部之间的特殊关

【1】 参见[英]詹宁斯、瓦茨修订：《奥本海国际法》第一卷（第一分册），王铁崖等译，中国大百科全书出版社1995年版，第109页。

【2】 参见江伟钰著：《现代国际法原理解析》，中国人民公安大学出版社2002年版，第100页。

系，但是，双方彼此承认对方在国际上的独立存在，承认“双重外交”，并同时加入联合国。这表明，东、西德之间虽然不存在法律上的国家承认，但却存在事实上的国家承认。这里需要说明的是，东德后来奉行“两个德国”的分离主义政策后，东德对西德的国家承认不仅是事实承认，而且还是法律承认。但西德对东德的国家承认始终是事实承认而非法律承认。

其次，从南、北韩之间的承认来看，双方发表《七·四共同声明》以后，双方虽然一致主张“一个韩国”的基本立场，并主张朝鲜半岛的再统一，但彼此接受外交上的“双重承认”，不再声称自己是代表朝鲜半岛的唯一合法政府，明确宣称其自身主权只限于各自有效管辖的范围内，“相互承认彼此的存在”，互不干涉对方内政，彼此尊重对方的国际活动。南、北双方于1991年同时加入联合国。这表明，南、北双方之间虽然不存在法律上的国家承认，但却存在着事实上的国家承认。

（二）分裂双方或至少有一方不放弃国家再统一的目标

分裂国家的双方尽管已是两个独立的主权国家，但分裂双方或至少有一方仍以追求国家的再统一为最高目标，认为分裂是一种暂时的政治现象。这可从双方对国家再统一的立场与宣称中体现出来。

1．东、西德对国家再统一的立场与宣称

(1) 从西德方面来看，它始终坚持再统一的目标，坚持不给予东德国际法上的国家承认。可从以下三个方面加以考察：第一，西德基本法。从西德基本法的相关规定可知，虽然西德行使的有效管辖权仅仅及于基本法效力所及的领土范围，但西德并未放弃宣称对其未能行使有效管辖权的东德领土拥有主权，以追求德国的再统一。从基本法的序言及第146条所强调的过渡性质，[1] 或第23条所强调的“德国其他部分加入联邦时应适用

【1】 西德在其基本法序言中宣称，“……各邦之德意志人民……。决心维护其民族与国家统一，兹本其制宪权力，制定此德意志联邦共和国基本法，俾过渡时间之政治生活有一新秩序”、“我上述各邦之德意志人民于此，并为其他未能参加之德意志人民制定此基本法”、“务望我全体德意志人民依其自由自决，完成德国之统一与自由”。

之”，以及第116条所规定的只有一个统一德意志国籍的立场，均可反映出西德并未放弃对东德地区拥有和行使主权的诉求。第二，国际条约与协议。1970年代西德先后与苏联、波兰、捷克、东德等国，签订有关领土疆界方面的条约。西德在与苏联谈判时，苏联要求西德承认欧洲各国疆界的不可变更，以及给予东德法律上的承认，但西德则坚持以“尊重”代替“承认”，以“不可侵犯”代替苏联所主张的“不可变更”，坚持不给予东德国际法上的承认，并通过发出“德国统一信函”的方式，进一步重申西德政府与人民对国家再统一的责任与愿望。同样，西德在与波兰进行谈判时，对于波兰所一贯坚持的西德必须无条件地以奥得河——奈塞河界线作为波兰西德两国疆界的主张，西德仍只愿意给予“尊重”，并重申彼此疆界的不可侵犯性。从上述条约和协议中可以看出，西德虽然在国际政治现实的考量下与他们签订了条约，但在条约相关内容的表述上却小心审慎，极力避免给德国人民自身或外界造成它有放弃国家再统一的印象。第三，两德基础条约。西德也依照《德苏条约》曾使用过的方式，即另外附带一封“德国统一信函”，在信函中重申了要使德意志人民“通过自由的自决重新获得其统一”。虽然东、西德各自均为独立的主权国家，但西德却依据《基础条约》第9条之规定，[1] 认定德意志帝国并不因该条约而消亡，德意志帝国仍然具有权利能力，《基础条约》并不是一个分裂条约。台湾张亚中教授认为，倘若没有第9条规定，《基础条约》就是一个国际条约，唯有依赖第9条的规定，《基础条约》才是个德国内部条约。[2] 此外，西德不承认德意志民主共和国国籍，坚持将两德关系予以“特殊化”，坚持对两德之间互派的使节不称“大使”，使东、西德之间的关系只是德国内部的特殊关系，而非国际法上的外国关系。虽然东德在国际法上是否为主权完整的国家，并非在完全依赖于西德的承认，但西德在形式上却从未作过此

【1】《基础条约》第9条的规定是：德意志联邦共和国与德意志民主共和国同意，本条约不能触及双方已签订或与其有关之双边或多边之国际条约与协定。参见朱武献：《东西德法制关系之研究》，载台湾《宪政时代》第十五卷，第一期，第31页。

【2】参见张亚中：《中国问题之法律定位》，“1991年分裂国家之统一研讨会”论文。

种承认。

(2) 从东德方面来看，自从1949年东德成立至1990年德国统一，它的主权立场与宣称，前后有着截然不同的态度，经历了一个由主张统一到反对统一的过程。在其前期，也坚持不给予西德国际法上的国家承认，其态度与做法跟西德的态度与做法基本相似，但后来该行了分离主义政策。这可从东德1949年宪法与1974年宪法中反映出来：在1949年宪法中，东德特意强调其“制宪人代会为德国民族唯一合法代表”，它是整体德意志的唯一合法继承，其主权之宣称包括其实际未能行使统治权的西德领土。除了宪法规定外，东德总理格罗特尔在首度的施政报告中，更称其所属政府是“德意志政府”，而不称“东德政府”，坚称“德意志民族终将走向统一、民主与和平之路”。此外，东德还提出“全德政府方案”作为解决德国分裂问题的方案。它认为东德与德国法律关系具有同一性。但后来，随着东德政局的不稳，为了巩固自身政权，东德调整了与西德的关系；强调其与西德是国际法上的两个主权国家之间的关系，并不时要求西德予以国际法上的承认，但其并未彻底放弃统一的长程目标。只是到了1967年以后，东德政府才更弦易辙，改行“两个德国”的分离主义政策，将凡是有关全德事务名称与范围的机构一律更改名称，并通过《德意志民主共和国国籍法》。自1971年5月后，东德进一步放弃了以往德意志民族社会主义国家的称号，明确放弃了以往所坚持的“德意志民族”情结，采取了实质与形式合一的“划界政策”，以强化两德的分离，以彻底割裂东德与德意志民族的关联性，于是1974年再次修宪。新宪法与1968年宪法的最大差别在于：1968年宪法中任何有关“全体德意志民族”或“再统一”之类的词句或用字全遭删除；除了制定新宪法外，东德也对德意志民族的历史进行重新的定位与诠释，为其“划界政策”作合理化的理论基础与依据。东德认为它是一个主权独立的国家，视西德为外国，主权不但不及于西德，也与德意志素不相关。

2．南、北韩对国家再统一的立场与宣称

(1) 从南韩方面来看，它从1948年建立迄今，先后经历了李承晚、张勉、朴正熙、全斗焕、卢泰愚、金泳三、金大中、卢武铉等人执政。在南韩宣告成立之际，李承晚政府明确宣称，大韩民国政府依据宪法规定系朝鲜半岛唯一合法政府，南韩政府首要的任务在于完成国家统一。1950年的韩战打破了南韩武力统一的美梦，但南韩始终并未放弃其主权及于朝鲜半岛并致力于国家统一的诉求。1972年的《七·四联合声明》指出，双方同意统一应当不依赖外部势力和没有外来势力干涉的情况下，自主地加以实现；统一不应使用武力，而以和平方式加以实现；并应超越思想、理念及制度的差异，追求单一民族大团结。[1] 1973年6月，朴正熙发表《和平统一外交政策宣言》，明确宣称，和平统一为民族最高课题，努力以和平方式实现南北统一；虽然不反对与北韩同时参与国际组织并进入联合国，但其仍未放弃其领土主权及于整个朝鲜半岛的主张。[2] 1973年6月26日，南韩总理金钟泌在答复国会议员质询，指出与德国模式区别时表示："德国是一个民族、两个国家、两个政府"；而我们可以"一个民族、一个国家、两个政府"来表示。南韩政府成立至今，虽先后经历了"六个共和"、"九次修宪"、"两次军事政变"和"十二次戒严法"，但它始终并未放弃其领土主权涵盖北韩领土与国家统一的主张。

（2）从北韩方面来看，它自1948年成立至今，曾经修订过两部宪法，可从其宪法条文及统一政策中来考察其在国家再统一问题上的立场与宣称。1948年9月10日，金日成在朝鲜"最高人民会议"第一次会议中宣称，朝鲜政府是朝鲜半岛唯一合法的中央政府。北韩除了在其宪法中明确宣称其领土主权及于朝鲜半岛外，还在1948年的宪法中，将北韩的首都定为汉城。1950年北韩发动韩战，意图以武力实现统一，在韩战结束后，除了不放弃武力外，也积极展开各项和平攻势，同时不放弃主权之宣称，如1954年提出将南北韩国会代表合组为"全韩委员会"，草拟选举办法，在朝鲜半岛实施普选以建立统一政府。1955年提出"五点计划"；1960年

【1】参见[朝]金汉吉著：《朝鲜现代史》，朝鲜外文出版社1980年版，第540－541页。

【2】参见[韩]民族统一研究院：《统一论议的变迁过程（1945－1993）》，1993年12月，第100页。转引自孟庆义等著：《朝鲜半岛：问题与出路》，人民出版社2006年版，第120页。

提出以“联邦制”作为韩国统一方案，[1] 自此，“高丽民主联邦共和国”方案乃成为北韩的统一政策。北韩在对主权的宣称与统一政策的主张上，较南韩更为强烈，例如，其在1972年公布的宪法中强调，“朝鲜是代表全体朝鲜人民利益之自主性社会主义国家”（第1条）；“朝鲜藉北半部达成社会主义的完全势力，同时排除全国范围内的外国势力，在民主主义的基础上，为达成祖国的和平统一与民族的完全独立而奋斗”（第5条）；等等。北韩虽然也与南韩一样，一贯坚持“一个民族、一个国家、两个政府”的立场，但其在1980年以前，却坚持反对南、北韩以两个席位加入联合国的主张，以防朝鲜半岛的永久分裂。

经过以上分析，我们可以将东、西德与南、北韩所共同具有的完全分裂国家特征概括为以下几个方面：

（1）各方或至少一方坚持“一个国家”的原则。完全分裂国家的各方，原本属于一个统一的民族国家，后来由于各种原因导致国家分裂。目前双方虽处于主权所有权的分裂状态，但各方仍坚持国家再统一的原则和主张。

（2）在“一个国家”的原则下，分裂各方相互承认对方为其统治下的地区和人民的合法政府，拥有事实上的国家主权；外交上放弃“排他性承认”，接受“双重承认”，尊重其他国家对分裂各方的国家承认与外交选择。

（3）各方承认国家分裂是一种暂时的政治现象，分裂各方主张经过彼此的良性互动，相互竞赛，使各方最终走向一致，从而使国家最终实现统一，排除一个国家在国际法下被长久和固定地分裂为两个或更多合法实体的可能性，进而达到排除武力兼并与永久分裂之目的。

三、完全分裂国家形式的二次界定

通过以上对东、西德与南、北韩的事例分析，我们可以进一步看清完全分裂国家的两个构成要件是缺一不可的。我们判断某国家是否是完全分裂国家必须从这两个构成要件出发，否则容易被某些形式上的东西所迷惑。

【1】参见[朝]金汉吉著：《朝鲜现代史》，朝鲜外文出版社1980年版，第534－535页。

如有的学者借着东、西德和南、北韩与台海两岸都存在过“互不承认对方”、“声称自己是唯一合法政府”的立场与宣称，而将它们归为同一类型的分裂国家，事实上，“互不承认对方”与“声称自己是唯一合法政府”只是问题的表层，其背后隐藏着的深层次含义是不放弃对国家统一的追求。

现实政治中，下列两种情况的国家不属于完全分裂国家：

第一种情形，如果一个主权国家因战争、国际条约或各方协定，分解为两个或两个以上的主权国家，原有国家的国际人格消失。但是，如果分裂出来而形成的新的独立国家之间不再追求再统一，这也不是完全分裂国家。这样例子除了前所说的苏联一分为十五、南斯拉夫一分为五、捷克斯洛伐克一分为二之外，历史上还有，如第一次世界大战后奥匈帝国瓦解，分解为奥地利、匈牙利和捷克斯洛伐克等完全独立的主权国家；再如1985年成立的阿拉伯联邦共和国于1960年分解为埃及和叙利亚两个主权国家。由于上述这些国家之间没有再统一的诉求，所以，我们不能将这些国家划入完全分裂国家行列。

第二种情形，如果一个主权国家的某一区域被分离出来，且该区域后来取得了国际法人的地位，而不影响到被分离国家的国际人格，但原来国家的主权行使权却被限制在了新有的疆界，出现或存在这种情形的国家也不属于完全分裂国家，如1839年比利时从荷兰王国分离出去，1912年外蒙古从中国分离出去，1917年东巴基斯坦从巴基斯坦分离出来而成立孟加拉国，等等。上述事例中的荷兰、中国、巴基斯坦等国就不能称之为完全分裂国家，因为分裂后的双方或一方均没有再统一的诉求。

第三节　不完全分裂国家形式

不完全分裂国家是指在主权所有权统一的前提下，存在着主权行使权分裂情形，即存在着主权行使权同主权所有权被动分离情形的国家。可以说，中国是不完全分裂国家的典型。不完全分裂国家有三个特征：一是主权所有权统一，二是主权行使权尚未统一，三是双方或至少有一方不放弃国家的再统一。主权所有权的统一表明了该国家在整体上是唯一的拥有主权的国际法人，并获得了国际法意义上的国家承认，从而表明了该国家仍是一个统一国家；主权行使权的尚未统一表明在该统一国家之中还存在着分裂，但这种分裂又不再是完全意义上的分裂，而是主权所有权统一之下的行使权分裂。对于这种性质的分裂，奥本海国际法也注意到了，并作了自己的看法："政府当局可能暂时分裂或者领土受到限制，如在内战或交战团体占领期间。国家的领土可能增加或减少。不过，尽管有这样的变动，一个国家仍然是同一国际人格者。"[1]

一、不完全分裂国家的类型

（一）国内割据型

在中西方都曾出现过国家内部邦国林立、地方割据的历史时期。处于这种时期的国家，以今天国际法上标准来衡量，它仍是一个主权完整的独立国家，而从国家内部来审视，其存在着政令不通、割据称雄的局面，中央政府的对内主权行使权，或者徒有其名，或者处于分裂状态。如世界近代历史上1871年统一前的德国，1925年国民革命军北伐前的中国等，均属于这种类型的不完全分裂国家。中国古代历史上的三国、南北朝也属于这种分裂情形。[2] 产生这种分裂形式的原因主要有：

(1) 内战。内战是指一个国家或者民族内部爆发的战争。内战有两个标准：第一，战斗必须在国家领土内部进行，冲突基本上是领土内的人们的相互作战；第二，冲突的目标是履行或者获得整个国家的领导权。在内战过程中，由于交战双方力量对比不明显，使得交战双方产生了对峙格局，并且任何一方在短期内还很难改变这种格局。但也有时，尽管交战一方的力量比较弱小，但它获得了外来国际力量的支持，在此情况下，处于强势一方也很难

【1】[英]詹宁斯、瓦茨修订：《奥本海国际法》第一卷（第一分册），王铁崖等译，中国大百科全书出版社1995年版，第133页。

【2】当然，三国、南北朝时期的中国不是现代意义上的民族国家，无所谓主权可言，这里只不过是用主权构成研究的观点去分析当时的分裂性质而已。

一时改变这种现状，这也很容易导致形成国内割据型的分裂状态。

(2) 中央政权弱化。由于腐败或国力的衰弱，中央政权控制社会的能力大大弱化，中央权威也大大流失，在这种情况下，地方势力群起“独立”，“独立”各方既不谋求独立建国，也不谋求国际法人地位，只是“划地为王”，摆脱中央的控制。另外，如果一个国家内部存在着与中央政府相抗衡或相对立的政治实体，如：“叛乱团体”、“交战团体”等，也应视其为不完全分裂国家。因为这种政治实体不是一般意义上的隶属于中央政府的地方政府，而是在一个国家内的部分地区实行“割据分治”的、与中央政府互不隶属的独立政权，并且国际法及国际社会还赋予其在一定限度内参与国际关系的权能，[1]但前提是这种独立的政治实体所控制的地区仍为所属国家领土的组成部分，而且其也不具有完整的国际法主体资格。

(二) 国际分离型

由于主权者意志外的原因使其主权国家内某一区域的主权行使权同其主权所有权在国与国之间发生了被动分离而产生的分裂形式。发生此类被动分离后，原主权国家仍然是独立的国际法人，但其内部的主权行使权已受到了严重伤害。导致这种分裂形式产生的情况有：

(1) 强制性租借。是指一国根据条约被迫将其部分领土出租给另一国，在租借期内，承租国将租借地用于条约规定的目的并行使相应的管辖权，出租国保留对租借地的主权所有权，租借期满后予以收回。在近代历史上，租借大多是根据不平等条约产生的，是帝国主义国家对弱小国家领土主权的非法限制，违反国家主权平等原则。1898年，中国清朝政府在列强的联合压力下，被迫签订了一系列不平等条约，先后将胶州湾租借给德国（租期99年），旅顺、大连租借给俄国（租期二十五年），威海卫租借给英国（租

【1】 虽然一个叛乱团体通常不具有国际上的权利或义务，但是在某些情况下它可以享受某种程度的国际人格。例如，叛乱政权可能在国家领土的某一部分已经完全巩固，虽然它没有完全推翻既定的政府，对于它行使有效控制的那一部分领土，它有权得到事实上的政府承认。参见［英］詹宁斯、瓦茨修订：《奥本海国际法》第一卷（第一分册），王铁崖等译，中国大百科全书出版社1995年版，第112页。

期二十五年)，广州湾租借给法国（租期为九十九年)，九龙半岛租借给英国（租期九十九年)。这些国家实际上把租借地作为其殖民地进行统治，严重地损害了中国的领土主权。第二次世界大战以后，中国收回了除九龙半岛以外的全部租借地。中国政府并于1997年7月1日起恢复对包括九龙在内的香港地区的主权行使权。当然，国家之间在平等自愿的基础上，通过租借条约进行的领土租借，则是符合现代国际法的，如1962年，芬兰与前苏联缔结一项条约，苏联将塞马运河属于苏联的部分和运河的两岸平均宽三十米的地带以及一段公路租借给芬兰用于货物运输，同时，将小维索茨克岛租借给芬兰储存货物，租期五十年；芬兰按规定数目每年向苏联支付租金。诸如这种情形不会导致分裂形式出现。

(2) 强制性割让。是指某国被迫将本国的部分领土转移给他国。在强制性割让的情况下，领土的转移是无代价的，它往往是战争的结果，是战胜国迫使战败国签订和约，将战败国的部分领土据为己有。例如，1895年中国在早午战争中战败后，日本强迫清朝政府签订《马关条约》，将辽东半岛、台湾和澎湖列岛割让给日本；1842年第一次鸦片战后，英国迫使清政府签订《南京条约》，割让了香港岛；等等。由于强制性割让是基于不平等条约而产生的领土变更方式，它在现代国际法上不具有合法性。[1]所以，在强制性条件下，被割让领土的主权所有权和主权行使权尽管在形式已归割让国，但由于强制性割让行为不具有法律效力，所以被割让领土的主权所有权在法律上仍然归属于被割让国。但是，非强制性割让不会产生

【1】 强制性割让领土在历史上曾一度被视为合法方式，正如法国国际法学家福希叶说，“在以往的法律（1789年以前）中，根据罗马法（盖尤斯）所承认的规则，一国看到征服是取得财产的最佳方法: 它满足了占领另一国的土地而变成合法主人的需要”。只是现代，国际法才承认国家领土神圣不可侵犯，它规定“国家领土不得成为他国以使用威胁或武力而取得之对象，”各国有义务不使用武力或以违反国际法的任何其他方法侵占他国领土，也有义务不承认他国以上述方法取得的领土为合法。(参见《国际法原则宣言》第一项原则，《国家权利义务宣言草案》第9、11条，以及《关于美洲的原则宣言》中的有关规定。

这种分裂形式。所谓非强制性的割让是指国家在平等自愿的基础上，和平地转让部分领土，其具体形式包括买卖、交换或者赠送。例如，美国1803年从法国拿破仑手中购买了路易斯安娜；1850年英国将伊利湖上的马蹄形岛礁赠与给美国；等等。这些都是合法转让领土的方式。

二、中国：不完全分裂国家的典型范例

（一）中国在主权所有权层面上的统一性

无论是从国际法理论来看，还是从国际社会的现实来看，中国在主权所有权层面上都是统一的，这集中体现为世界上只有一个中国，而不像德国、韩国一样变成了两个德国、两个韩国。

1. 世界上只有一个中国的国际法依据

(1) 从国际法上的“继承”理论来看，世界上只有一个中国。国际法上的继承主要有国家继承和政府继承。国家继承是指一国对其领土范围内的国际关系所负的主要责任由别国取代所引起的法律后果，即由于变更的事实而引起关联继承的国家间权利和义务的转移。国家继承是由于领土变更的事实而引起的。而政府继承是革命导致政权更迭的结果所产生的，是国际法主体不变而代表该主体的旧政权为新政权所取代而引起的国际关系变化。政府变动不影响国家作为国际人格的地位。根据国际法上的继承理论，我们可以看出，1949年中华人民共和国成立，不是一个国际法意义上的新国家的诞生。中国依然只有一个，它所发生的变化只是国家内部政权的更迭。这种继承在性质上应属于“政府继承”，而不属于“国家继承”，因为国际法上“国家继承”的情况，往往是由国家的领土变更的事实引起的。[1] 并且“国家继承”关系的参加者应该是两个以上不同的国际法主

【1】 领土变更的事实有如下情况：一是合并，即两个或两个以上的国家合并为一个新国家。二是分离，即一国的一部分分离出去成立新国家。三是分立，即一国分裂为数国，而母国不复存在。四是独立，即原来的殖民地独立后，成立新的国家。(参见端木正主编：《国际法》，北京大学出版社1989年版，第93－94页)

体。然而，现实中的中华人民共和国对中华民国的继承，并没有引起“领土变更的事实”（这点也可从双方有关的法律文件都承认“一个中国”并坚持领土不得变更获得证明），也没有引起国际法主体的变化，现实中，无论是中华民国继承大清，抑或是中华人民共和国继承中华民国，虽几经递嬗，但仍是同一个国际法主体。这正如世界近代历史上的法国，随着阶级力量对比关系的不断变化，先后经历了君主立宪制、帝制和共和制的多次发展更替，直到1875年法兰西第三共和国才得以诞生；二次大战后，法国又相继建立了第四共和国和第五共和国。这期间，不论其名称如何变化，世界上的法国只有一个。对于此类现象，奥地利国际法学家菲德罗斯指出：“一个国家不因革命而消灭，也不因政变而消灭。这个原则不仅为国际法学说所一致同意，而且也是国际惯例所一致同意的。”[1] 因此，国民党政府被新的中央人民政府所取代，以及“中华民国”改名为“中华人民共和国”的事实，并不影响中国的国际法主体资格的继续，“国家的同一名称并不是国家人格的同一性所必须的，一国可以改变其名称而不丧失其同一性”。[2] 通过政府继承，中华人民共和国拥有了中华民国的一切合法的国际权利。

（2）从国际法上的“承认”理论来看，世界上也只有一个中国。国际法上的承认包括国家承认和政府承认。国家承认是指对新国家的承认，政府承认是指对新政府为国家的正式代表的承认。在国际实践中，一般来说，国家承认与政府承认是同时表示的。新国家一旦出现，必然同时建立新政府，承认新国家也必然承认代表该国家的新政府。但是，当国家内出现革命或政变，导致政权更迭和社会制度的根本变化时，只会发生政府承认。中华人民共和国成立以后，相继得到了许多国家的承认。这些国家通知承认的文件措辞不一，或是宣布承认“中华人民共和国中央人民政府”，或是宣布承认“中华人民共和国”，或是宣布确认“中央人

【1】［奥］阿·菲德罗斯等著：《国际法》，李浩培译，商务印书馆1981年版，第300页。
【2】［美］汉斯·凯尔森著：《国际法原理》，王铁崖译，华夏出版社1989年版，第219页。

民政府”是“中国人民意志的代表者”，等等。但从承认的内容看，他们对“中华人民共和国”的承认实质上是对新政府而非对新国家的承认，应适用政府承认而非国家承认的规则。《奥本海国际法》对台海两岸的“承认”问题，也引起主流国际法学派的注意，并且作为分析国际法之“承认”理论的特殊案例。《奥本海国际法》指出：“1949年，中华人民共和国政府宣告自己为中国政府，并对于原有的国民党进行内战。后者最终被赶到了台湾岛，中华人民共和国政府有效地控制了中国大陆。然而，许多国家拒绝承认这个政府，并继续承认国民党政府为中国政府。中华人民共和国政府到1971年才得到普遍承认，那时中华人民共和国政府的代表在联合国被接纳为中国的代表。”[1]关于中华人民共和国政府在成立之后一段很长的日子里并未获得世界上多数国家承认的原因，该书也做出了补充说明：“中华人民共和国政府在朝鲜战争（在这场战争中，该政府被联合国谴责为侵略者）时的行动，以及在包含有明显不愿意遵守国际义务的其他一些事务中的行动，是许多国家拒绝承认该政府的主要因素。”[2] 关于两岸政府就“中国”的联合国代表权之争的经过，书中也作了较详实的叙述：“当中华人民共和国的政府有效地控制了全部中国领土（除台湾外，该岛的领土地位是可疑的）并要求在联合国中代表中国时，联合国大会在1950年和以后就面临这样一种情势。当时，该政府只得到少数联合国会员国的承认。大会对这个问题经过长时间的研究之后，于1950年通过了一项决议。声称：在这种情形下，‘问题应该参照宪章的宗旨和原则以及每个事例的情况予以考虑’。该决议还声称，对大会或其临时委员会关于这个问题所采取的态度，联合国的其他机构和各项专门机构都应加以考虑：大会对这个问题的态度并不影响个别会员国与该有关国家的直接关系，中华人民共和国政府的代表终于在1971年获得了在

【1】［英］詹宁斯、瓦茨修订：《奥本海国际法》第一卷（第一分册），王铁崖等译，中国大百科全书出版社1995年版，第107页。

【2】［英］詹宁斯、瓦茨修订：《奥本海国际法》第一卷（第一分册），王铁崖等译，中国大百科全书出版社1995年版，第108－109页。

联合国的中国席位，而国民党政府的代表则不再有这个席位了。”[1] 从前面引述《奥本海国际法》中涉及对两岸“承认”的有关文字来看，国际社会对中华人民共和国（大陆）和“中华民国”（台湾）分别给予“政府承认”而不是“国家承认”，而且两岸政府一直存在着在联合国的代表权之争，至1971年两岸政府在联合国相互易位。可见在国际社会，对“中国”的“国家承认”一直未变，对代表“中国”的政府的“政府承认”却在变。这种情况，事实上涉及“旧国家的新元首和新政府的承认”问题，对此《奥本海国际法》作了如下说明：“承认一个国家元首的更迭，或它的政府的改变，或一个旧国家的称号的改变，是重要的事情。但是，这种承认不应与国家本身的承认混为一谈。”[2] 这种情况适合中华人民共和国，因为它在1949年成立之时，不但涉及“元首的更迭”、“政府的改变”，并且在有效控制的大陆地区还将旧国家的称号（中华民国）改变。但这些改变都不影响国际社会对“中国”这个国家本身的承认，即“国家承认”。

2．国际社会对“一个中国”的认同

从国际社会同中国建交的情况来看，世界上绝大多数国家认同“一个中国”。现在世界上共有一百九十多个国家和地区，其中有近一百七十个国家同中华人民共和国建立了外交关系。这些国家都承认世界上只有一个中国，台湾是中国领土的一部分，中华人民共和国政府是代表中国的唯一合法政府。只是它们对有关承认的文字表述略有不同而已，概括起来，这些表述可分两类：第一类是“承认”（recognize）台湾是中国（或中华人民共和国）领土不可分割的一部分。第二类是以其他文字表述方式来认同海峡两岸的状况。如：注意到（take note of）、充分理解和尊重（fully understand and respect）、支持（support）、尊重（respect）、承认（acknowledge）、认为（hold）等等。各国表述方式虽有不同，但普遍认为“世界上只有一

【1】［英］詹宁斯、瓦茨修订：《奥本海国际法》第一卷（第一分册），王铁崖等译，中国大百科全书出版社1995年版，第119页。

【2】［英］詹宁斯、瓦茨修订：《奥本海国际法》第一卷（第一分册），王铁崖等译，中国大百科全书出版社1995年版，第105页。

个中国，台湾是中国领土的一部分”，并在政治上承认中华人民共和国政府是中国的唯一合法政府，只同台湾保持非官方关系。

需要说明的是，目前尽管现在有个别国家与台湾保持着“邦交”关系，但是这些国家大多是非洲、拉丁美洲、大洋洲的落后小国（参见表3－1）。这种“邦交”关系是台湾“金钱外交”的结果。即使它们同台湾建交，它们所承认的也仅仅是“中华民国”代表中国，而不是承认“台湾是一个独立的主权国家”。因而不能以此作为证明“台湾是一个独立主权国家”的事实依据。

表3－1 台湾“邦交国”一览表（截止到2007年）

洲别	国名	人口（人）	面积（平方公里）	与台“建交”、“复交”时间	与台双边贸易额（千美元，2000年数据）
欧洲	梵蒂冈	1380	0.44	1942年	483
非洲	斯威士兰	966000	118484	1968年9月	2656
	布基纳法索	10500000	274200	1994年2月	12133
	冈比亚	1194000	10380	1995年7月	1840
	圣多美和普林西比	132000	1001	1997年5月	130
拉丁美洲	巴拿马	2720000	75517	1954年	212907
	海地	7340000	27797	1956年4月	13027
	巴拉圭	5085000	406752	1957年7月	68492
	萨尔瓦多	6100000	20720	1957年7月	68786
	多米尼加	8050000	48734	1957年8月	88747
	哥斯达黎加	3300000	51100	1959年5月	58935
	危地马拉	10800000	108889	1960年	76561
	洪都拉斯	6340000	112492	1965年5月	57392
	圣文森特和格林纳丁斯	112000	389	1981年8月	1979
	圣基茨和尼维斯	43700	267	1983年10月	140
	伯利兹	221000	22963	1989年10月	19389
	尼加拉瓜	4600000	121428	1990年11月	57312

续表

洲别	国名	人口（人）	面积（平方公里）	与台“建交”、“复交”时间	与台双边贸易额（千美元，2000年数据）
大洋洲	图瓦卢	10200	26	1979年9月	8
	瑙鲁	10700	21	1980年5月	……
	所罗门群岛	390000	28369	1983年3月	1122
	马绍尔	58000	181	1998年11月	0
	帕劳	17225	458	1999年12月	……
	基里巴斯	0.8	0.812	2003年	……

（资料来源：根据台湾“外交部”网站 http://www.mofa.gov.tw//cgi-bin/mafashow 公布的资料，作者自行整理）

3．海峡两岸对一个中国的认同

1949年以后，台湾与大陆处于分离状态，这是中国内战造成的暂时局面。国共两党在台湾问题上虽有分歧，但都主张一个中国。比如，在1979年中美建交以前，中华人民共和国在台湾问题上的立场是“一定要解放台湾”，而台湾当局提出的口号是“光复大陆”或“反攻大陆”，这都是以“一个中国”为前提的。1979年以来，中国政府制定了“和平统一、一国两制”的对台方针和政策，不再用“解放台湾”这个提法了。相应的，台湾当局也放弃了“反攻大陆”的口号，提出了“以三民主义统一中国”的主张。直至近几年，台湾岛内还成立了一个“海峡两岸和平统一促进会”，提出“和平统一”三原则，其中第一项就是“坚持一个中国原则，共同迈进和平统一”。由上可见，海峡两岸在“一个中国”的根本原则上一直是有一定共识的。而以往所争议的主要是关于“一个中国”的内涵问题，即“一个中国”是指中华人民共和国还是指“中华民国”。只是到了近些年，台湾当局才背离“一个中国”原则，图谋实现台湾的“独立建国”。即使在这种情况下，所谓的“中华民国宪法”中仍然承认世界上只有“一个中国”。

由以上1、2、3的分析可知，在主权所有权层面上，中国是统一的，世界上只有一个中国，台湾虽然与大陆处于分离对峙的状态，但台湾的主权所有权一直属于中国，它作为中国领土一部分的法律地位没有也不可能改变。[1]

（二）统一之中的分裂：中国在主权行使权层面上的分裂性

1949年随着中国革命的胜利和中央人民政府的建立，中国大陆实现了空前的统一。但遗憾的是，由于历史的原因，香港、澳门和台湾仍处于祖国统一的大门之外。不可能设想，一个实现了民族独立、人民民主的国家，其领土还是不统一的。这种独立而不统一的历史现象是中国历史发展所展示出来的特殊政治逻辑。在世界近代史上，西方欧美各国独立建国时一般没有这种情况。新中国成立后，中国政府为实现中国的完全统一而继续奋斗。到了20世纪80年代，中英两国政府经过两年多的谈判，于1984年9月签署了《中华人民共和国和大不列颠及北爱尔兰联合王国政府关于香港问题的联合声明》，并于1997年7月1日恢复了对香港行使主权。1987年3月，中葡两国代表在北京草签了《中华人民共和国和葡萄牙共和国政府关于澳门问题的联合声明》，并于1999年12月20日恢复了对澳门行使主权。虽然中国在国家统一的道路上又向前迈进了一大步，但是，台湾至今仍处于与大陆相分离的对峙状态；从主权行使权的层面上看，中国仍是分裂的，这是因为：

1．两岸依然处于内战状态

对于海峡两岸目前状态的性质，大陆方面一般将其定性为“中国内战的延续状态”。按照主权构成学说，台湾问题是台湾领土的主权行使权同其主权所有权的国内被动分离问题。众所周知，1949年前的中国中央政府是国民党政府，即中华民国政府。而中国共产党的政权是内战中的非政府一方。1949年，中华人民共和国政府获得了对绝大部分中国领土的有效控制。这一事实在国际法上的效果是，中华人民共和国政府取代了中华民国

【1】参见王英津：《两岸分裂的性质之评析》，载香港《中国评论》2003年10月号。

政府而成为中国的中央政府，而中华民国政府则丧失了其中央政府的地位而转变成中国内战中的非政府一方。中华人民共和国政府实际控制着中国的绝大部分领土，与世界上绝大多数国家建立了外交关系，在联合国代表着包括台湾在内的中国。因此中华人民共和国政府是中国的中央政府。作为中国内战的结果，国民党政权退守台湾，妄图以台湾为基地，实现其反攻大陆，恢复其中央政府法律地位“大业”。只是由于美国的干预，中华人民共和国中央政府未能组织有效力量及时地消灭退守台湾的国民党政权，实现对中国全部领土的有效控制。这就形成了中国中央政府与“台湾政权”隔海对峙的内战局面——中央政府要实现对台湾的控制，而“台湾政权”则凭借美国的干涉负海顽抗。

自1990年以来，海峡两岸虽然逐步开展了一系列的民间交流和互访。但是，从法律上看，两岸的内战状态依然存在。这是因为：中国中央政府未放弃以武力消灭现“台湾政权”的权利；“台湾政权”也未放弃以武力抵抗中央政府，恢复其中国中央政府地位的政策。只是为了使台湾从中国分裂出去，才于最近放弃了反攻大陆的纲领。[1] 虽然台湾当局在形式上已经取消了反攻大陆的政策，对中国的执政党也改变了称谓，但它还拥有武装力量，实行着原国民党政府的法律，又占据了中国的一部分领土。它现在的目的是要从中国分离出去，中央政府如对它实施武力统一，它将以武力对抗中央政府，因而从国际法的观点看，它是武装对抗中央政府的一个事实上的政府。[2] 而这样一个事实上的政府，与国际法理论和实践所指的一般的事实上政府不同。后者实际上是中央政府。而台湾当局事实上统治的是中国的一个省，行使着对一个地方的统治权，因而著名的奥地利国际法学家菲德罗斯把这种事实上的政府归为“地方

【1】 参见丁伟、朱榄叶主编：《当代国际法理论与实践研究文集》（国际公法卷），中国法制出版社2002年版，第262－263页。

【2】 参见[奥]阿·菲德罗斯等著：《国际法》，李浩培译，商务印书馆1981年版，第249－250页。

的事实上政府”。[1]因此，从国际法的观点看，中华人民共和国政府与台湾当局的关系应当是合法的中央政府与国内一个对抗中央政府的事实上地方政府的关系。从世界历史上来看，中央政府一方与非政府一方共同存在于一国领土内的这种局面也并非中国所独有。

2．两岸依然处于分治状态

1949年中华人民共和国完成了对中华民国的政府继承，从法律上说，中华人民共和国政府自然拥有了对中国所有领土（当然包括台湾）的主权行使权。从这一法理意义上说，台湾当局没有任何资格再对台湾地区行使有效管辖权。但从事实上看，由于两岸的对峙状态，台湾当局在1949年以后，特别是在1971年退出联合国以后，它并没有实际履行国际法的有关规定而向中华人民共和国政府“交还”它应当交还的其对台湾的主权行使权。相反，台湾当局仍以先前“中华民国”的名义一直对台湾领土行使着实际的管辖权，从而使得中华人民共和国政府虽能对中国绝大部分领土行使实际管辖权，却不能对台湾地区行使有效的实际管辖权和治理权。这样，就在台湾的管辖权问题上造成了法理上的行使者与事实上的行使者不能合一的现象，即法理上应该行使台湾管辖权的主体却在事实上不能行使，而法理上不应该行使台湾管辖权的主体却在事实上行使。因而，我们说，台湾当局行使台湾的管辖权不具有法理基础。需要指出的是，由于台湾当局在非法行使管辖权的过程中受到了大陆方面的制约，所以台湾当局实际上仅行使着台湾地区的部分管辖权，即对内统治权。这种现象的现实表现就是，中国在海峡两岸呈现出分裂分治的状态，即主权行使权与主权所有权的被动分离状态。在这种状态下，中央政府的法律和政令不能直接达及台湾，更谈不上在那里得以生效和实施，这是对国家主权所有者的极大伤害。

【1】参见[奥]阿·菲德罗斯等著：《国际法》，李浩培译，商务印书馆1981年版，第150页。

（三）双方（特别是大陆一方）从未放弃两岸再统一的目标

1949年以后，两岸虽然出现“分治”的局面，但双方在互动过程中，不管采取的策略或手段如何，以统一作为目标的理想始终没有动摇过。正因为如此，早期的军事对抗，中期的统战喊话，以及目前阶段的交流互动，其目的也无非经由不同的方式，而实现两岸的分而再合。双方的两岸政策都非常明确地指出：“中国统一”为其最终目标。

（1）从台湾方面来看，它对国家统一的态度与它对“一个中国”的态度是一致的，因为这是一个问题的两个方面。在国民党执政时期，台湾当局反对任何形式的“台独”，从未放弃国家再统一的主张。台湾方面的重要法律文件“国统纲领”，即在前言部分指出，“中国的统一，在谋求国家的富强与民族长远的发展，也是海内外中国人共同的愿望。海峡两岸应在理性、和平、对等、互惠的前提下，经过适当时期的坦诚交流、合作、协商，建立民主、自由、均富的共识，共同重建一个统一的中国。”[1] 台湾方面近些年来已改行“独立建国”的分离主义政策，虽然在骨子里已放弃了两岸再统一的理念，但迫于各方面情势的压力，仍在表面上继续主张海峡两岸的互动与统一。由于前面对这一问题已有系统分析，故在此不再赘述。

（2）从大陆方面来看，首先，现行中华人民共和国宪法在其序言中明确规定：“台湾是中华人民共和国的神圣领土的一部分。完成统一祖国的大业是包括台湾同胞在内的全中国人民的神圣职责。”[2]这就以国家根本大法的形式向人民宣示统一国家的坚定决心。其次，中华人民共和国政府在与外国政府建立外交关系的过程中，一律以该外国断绝与所谓“中华民国”外交关系作为前提条件。事实上，除少数国家外，包括现代主要大国在内的世界各国，均在与中华人民共和国建立外交关系的同时，

【1】 转引自[加]郑海麟著：《海峡两岸关系的深层透视》，香港明报出版社2000年版，第222页。

【2】 《中华人民共和国宪法》，中国法制出版社2004年版，第3页。

与所谓“中华民国”断绝了外交关系，并且均要在建交公报中声明一个中国原则。中华人民共和国与其他国家发表建交公报的模式通常为：该国“承认中华人民共和国是中国的唯一合法政府”，该国政府“承认中国的立场，即只有一个中国，台湾是中国领土的一部分”。再次，列为大陆方面对台政策指导方针的“江八点”谈话，也在结论中强调：“早日完成祖国统一，是中国各族人民的共同心愿。”中国共产党人把完成祖国和平统一大业作为自己的历史重任，并为此进行了长期不懈的努力。除此之外，从大陆“反独”的立场看，大陆方面一直旗帜鲜明地反对任何形式的“台独”。国际实践表明，一个独立的政治实体欲从母国分裂出去而单独组成一个新的国家，应具备的最起码条件之一便是母国对其独立的认可，或至少母国表示放弃抵制其分裂有关领土的意图。根据菲德罗斯的观点，只有当母国放弃了征服武装对抗者的企图，并且最后确定地终止了斗争的时候，具有分裂目的的武装对抗组织才转变为一个新国家。[1]从这一方面来看，作为公认的中国之合法代表——中华人民共和国一直坚持台湾是中国的领土，从未放弃过收复台湾、统一中国的努力和决心，而且提出了使用武力的三个条件，其中之一便是针对“台湾独立”的情形而设定的。

以上（1）、（2）分析表明，中国的最终统一是海峡两岸（特别是大陆方面）自1949年分裂以来一直努力追求的目标。正是由于海峡两岸均主张国家再统一，才使得海峡两岸的分裂性质一直保持在主权行使权分裂的限度内，而没有发展成为主权所有权的分裂。假如双方均放弃了再统一的追求，那么，两岸的分裂的性质就会发生“质”的变化而成为主权所有权的分裂，那时海峡两岸的关系就变成了东、西德或南、北韩那样的关系。所以，大陆方面暂不放弃对海峡两岸再统一的追求，对决定海峡两岸的分裂性质以及实现双方的未来统一至关重要。

【1】 参见[奥]阿·菲德罗斯等著：《国际法》，李浩培译，商务印书馆1981年版，第152－153页。

综上所述，世界上只有一个中国，台湾当局是中国领土内的一个事实上的地方政权。无论从台湾本身的事实条件，还是国际社会的现实，它都不具有国家的资格。这表明，中国是统一的；同时在统一之中又存在着分裂，但这种分裂与东、西德和南、北韩的分裂在性质上和程度上是不同的，是主权所有权统一之下的主权行使权分裂。因而我们说，中国是不完全分裂国家的典型范例。也有学者用“次分裂”等概念来描述海峡两岸的分裂性质和状态，应该说，都是很精辟的。

第四节　比较与总结

分析至此，我们将本章的内容加以概括，并用简洁的语言来对两岸关系与两德关系、两韩关系的异同作一总结性比较。从表面上看，台海两岸的关系，与统一前的东、西德及今天的南、北韩之间的关系非常相似。这些相似之处主要表现在：

（1）均出现于二战以后。德国的分裂局面正式形成于1949年，韩国的分裂局面正式形成于1948年，中国台海两岸的分裂局面正式形成于1949年。

（2）均分属于两大阵营。德国分裂后，西德属于资本主义阵营，东德属于社会主义阵营；朝鲜半岛分裂后，南韩属于资本主义阵营，北韩属于社会主义阵营；台海两岸分裂后，台湾属于资本主义阵营，大陆属于社会主义阵营。

（3）均存在过“法统”之争。德国分裂后，东、西德势不两立，双方曾分别宣称自己为德国的唯一合法代表；朝鲜半岛分裂后，南、北双方互不承认对方，均声称自己是朝鲜半岛上的唯一合法政府。台海两岸分裂后，也曾存在过中华人民共和国与“中华民国”在联合国的代表权之争。

（4）均主张国家再统一。西德始终坚持国家再统一，东德前期坚持而后期放弃再统一；朝鲜南北双方始终坚持朝鲜半岛的再统一；中国大陆方面始终坚持海峡两岸的再统一，台湾方面前期坚持而后期放弃了海峡两岸的再统一。

由以上分析和概括可以看出，海峡两岸的分裂情形与国际上两德、两韩等“分裂国家”的分裂情形确实颇为相似。正因为如此，许多西方学者和台湾学者，都将海峡两岸的情形归入“分裂国家”行列。[1]

但是，我们并不能以这种表面上的相似情形来掩盖它们的实质性差别。大陆方面否认海峡两岸具有“分裂国家”的性质，主要是反对将两岸的分裂性质等同于两德、两韩、两越的分裂性质，并笼统地归为一类，并不是否认海峡两岸存在着分裂情形。我们认为，海峡两岸存在着分裂，但存在着与两德、两韩、两越不同性质的分裂。换言之，中国是分裂国家，因为它仍存在着统一的任务；但它不是国际社会通常所说的具有特定意义的“分裂国家”，因为特定意义的“分裂国家”是指两德、两韩、两越那样的分裂国家。具体说来，它们的不同是：

以前的两个德国以及现在的两个韩国同海峡两岸的关系性质不同。战后出现两个德国和两个韩国，均属于完全分裂国家，即主权所有权分裂的国家，分裂双方均是完整的国际法人，国际社会普遍承认它们都具有国家的身份。因此，两个德国的统一以及将来朝鲜半岛的统一，是国家与国家的统一，在国际法上引起“国家继承”的问题。而海峡两岸的中国则属于不完全分裂国家，即在主权所有权统一的前提下仅存在主权行使权分裂的国家，中国仍为单一的国际法人，国际社会也都承认一个中国，海峡两岸的统一也不会引发“国家继承”的问题。为了清楚起见，我们将它们的比较情况列表如下：

【1】 除了前面提到的张亚中、赵国材、张五岳等台湾学者以外，其他台湾学者如魏镛在《多体制国家的统一问题》、丘宏达在《承认的国际法与多体制国家》等文中，也都把中国、德国、韩国、越南一同视为“分裂国家”。（参见邵玉铭主编：《海内外知识分子国事讨论集》，台北，1983年版）

表3－2　国际社会分裂国家典型范例比较表

比较项目 \ 国家名称		东、西德	南、北韩	中国大陆与台湾
相同点	均有同一民族背景	德意志民族	朝鲜民族	中华民族
	均在二战后分裂	标志性时间1949年	标志性时间1948年	标志性时间1949年
	均分属于两大阵营	东德属于社会主义阵营西德属于资本主义阵营	北朝鲜属于社会主义阵营南韩属于资本主义阵营	大陆属于社会主义阵营台湾属于资本主义阵营
	均有过“法统”之争	前期东、西德均声称自己为代表德国的唯一合法政府	前期双方均互不承认对方均声称自己为朝鲜半岛的唯一合法政府	前期存在过“中华民国”与中华人民共和国谁来代表中国的纷争
	均主张国家再统一	西德始终坚持再统一东德前期坚持而后期放弃再统一	南北双方均坚持朝鲜半岛的再统一	大陆始终坚持再统一台湾前期坚持而后期放弃再统一
不同点	分裂类型不同	完全分裂国家	完全分裂国家	不完全分裂国家
	分裂形态不同	国家一分为二	国家一分为二	仍为一个国家只是内部存在分裂
	分裂原因不同	由国际因素所造成	由国际因素所造成	由国内因素造成
	分裂性质不同	主权所有权分裂 主权行使权分裂	主权所有权分裂 主权行使权分裂	主权所有权统一 主权行使权分裂
	法律后果不同	两个国际法人	两个国际法人	单一国际法人
	国际认同不同	两个主权国家	两个主权国家	一个主权国家
	承认依据不同	国家承认	国家承认	政府承认
	继承依据不同	国家继承	国家继承	政府继承

对于中国的分裂情形与德、韩、越分裂情形的不同，颇具权威的《奥本海国际法》也注意到了，它在解释“国家承认”的概念时，涉及“国家承认”的“分裂国家”只包括德国、韩国、越南三个，而不包括中国，原因是中国的分裂只是政府或政权的分裂而不是国家的分裂(即一个国家分

裂为两个国家），故不涉及“国家承认”的问题。[1] 由此证明，将两岸分裂的情形归入国际社会通常所说的具有特定意义的“分裂国家”，的确是不合理的。

由上可见，台海两岸之间的关系，不是国家与国家的关系，而纯属国家内部的被动分离关系。这一点，已是海峡两岸广大人民乃至国际社会的共识。基于此，我们认为，用所谓东、西德或南、北韩之间的关系来定位两岸关系是不符合历史由来和客观实际的。

【1】参见[英]詹宁斯、瓦茨修订：《奥本海国际法》第一卷（第一分册），王铁崖等译，中国大百科全书出版社 1995 年版，第 97 – 102 页。

第四章　分裂国家复归统一模式研究

在研究了统一国家的形式和分裂国家的形式以后，接下来的问题便是，分裂国家如何从分裂的起点复归到统一的目标？从分裂起点到统一目标的路径或轨迹是怎样的？国际社会中分裂国家复归统一的模式有何类型、特点和规律？本章将重点探讨这几个问题。

第一节　统一模式的含义及类型

“统一”是指实现主权所有权的合而为一，或者结束主权行使权同主权所有权的被动分离状态。它是相对于“分裂”而言的，只有处于分裂状态的国家，才存在统一的历史使命；没有分裂，也就无所谓统一。[1] 第二次世界大战结束以来，世界上的一些国家，如越南、也门、德国等，都经历了一个从分裂走向统一的历史进程，最终克服了重重困难，实现了国家的统一。根据国家发展的历史规律，国家的统一需要具备一定的条件，从战后分裂国家实现统一的典型案例来看，一般需要具备以下六个条件：第一，分裂国家各部分具有强烈的统一愿望和民族凝聚力。如果这种凝聚力强大到足以超越意识形态和社会制度的差异时，统一也为期不远了。第二，国家统一的主张及其意识形态拥有强大的吸引力，真正能做到“众望

【1】 这里应注意“统一”与“合并”的不同。根据国际法理论，合并是指两个或两个以上的现有国家合并而形成一个单一国家，比如：埃及与叙利亚于1958年合并形成阿拉伯联合共和国，坦桑尼亚与桑给巴尔于1964年合并形成坦桑尼亚。合并后，虽然两个前国际人格者也被一个单一的新的国际人格者所代替，并且也出现了两个国家主权所有权合而为一的事实，但是由于合并前的两个国家不是分裂意义上的两个国家，所以我们不能将这种现象称为“统一”。

所归”，越南北南双方就是在“胡志明旗帜”下实现统一的。第三，不管用什么方式，统一的过程总是充满艰难曲折。武力统一，需要艰苦卓绝的斗争，还需要流血牺牲。和平统一，需要耐心和智慧，也需要创见和远见。不管是武力统一还是和平统一，统一后的后继工作仍十分艰巨。第四，统一的主导方一般拥有压倒优势，但在统一的条件方面，主导方通常会向另一方做出较大的让步。因为统一意味着利益再分配，主导方为了减少阻力，往往会采取比较优惠的条件换取另一方的接受和默认。第五，统一需要坚强的领导，特别是领导人的坚强政治意志。在统一过程中，政治领导人的作用非常重要。在关键时刻，领导人要善于捕捉机遇，当机立断。第六，统一需要必要的国际环境。虽然一些国家的分裂主要是国际因素造成的，另一些则主要是由国内因素造成的。但不管何种原因为主，它们的重新统一大都需要必要的国际环境。国际环境有时需要争取或创造，有时则需要抓住机遇。在所有的国际因素中，大国因素最为重要。在战后分裂国家走向统一的进程中，当时的国际环境，如冷战或后冷战时期的总体形势以及美国、苏联等大国的赞同或反对至关重要。[1]

“模式”一词，系英文“model”的译音。它有多种含义，如模型、样式、模样、典型、样板等等。由于它是一个多义词，所以人们对它的理解和使用就产生了各种差异。现代汉语中没有“模式”一词，作为中文的一个外来词，这个词更多的是受日文的影响。“模式”通常被视为一种启发式的工具，也有人把它作为实现一定目标的工具。

统一模式是指对某个或某些国家实现其统一的基本特征的描述和概括，是国家统一活动及其过程的抽象表现形式。在国家统一问题上，通过对统一模式的研究，可以获得解决统一问题的启示，这也是研究统一模式的意义之所在。

近几十年来，国家统一模式一直是人们研究的热点话题。学界和政界

【1】 参见杨洁勉等著：《世界格局中的台湾问题——变化和挑战》，上海人民出版社2002年版，第220－221页。

通常将国家统一模式区分为和平模式、半和平模式与武力模式。所谓和平模式是指双方通过政治谈判与签订和平统一协定的途径去实现统一的模式；所谓半和平模式，也称之为半武力模式，通常指一方凭借自身实力的绝对优势以大兵压境的形式迫使对方接受条件，从而实现统一的模式；所谓武力模式，是指一方通过武力征服的手段完成统一的方式。但学术界也有人将统一模式区分为制度模式与过程模式，资本主义统一社会主义模式与社会主义统一资本主义模式，等等。需要说明的是，同样一个统一模式，若从不同的角度来看，它的内容与特点也是不一样的，如对于“德国模式”来说，若从统一的过程看，它属于平行统一模式；而从统一的结果看，它属于吸纳统一模式；另外，它还同时属于实践模式、和平模式和资本主义统一社会主义模式，等等。所以，我们研究统一模式时，要从不同的角度去把握它的借鉴价值。

本章在研究国家统一模式时，将采用如下的划分方法和研究范式：即首先将统一模式划分为过程模式和目标模式（或结果模式）两大主模式，然后再将主模式进一步分解为更加细化的亚模式，以便对某一统一模式的价值做更全面、更深入地揭示。

所谓过程模式是指统一过程中的统一方式、方法、步骤及组织形式，它是实现目标模式的手段，由目标模式所决定，必须依据统一目标来制定。它与目标模式相比较，具有灵活性，是一种动态模式。在一定历史时期的目标模式不变的情况下，过程模式则可以根据形势的发展和实际情况的变化而变化。过程模式的正确与否影响着目标模式的成败，没有切实可行的过程模式，目标模式也难以实现。

所谓目标模式是指反映未来国家统一情形的一种思维建构，是对未来统一后的国家形态的基本特征所作的描述和概括。它是一种静态模式，它很难通过实证的方法来进行研究。建构目标模式的意义，不仅在于它能够为国家统一提供一个可以仿效的标准式样，而且在于它能够为未来的统一展示出一定的方式和条件，为未来的统一确定指向，并在现实过程中形成确定的统一轨道。目标模式一旦实现，它便转化为结果模式。

所谓结果模式是指国家实现统一后的政治建构或制度框架，从某种意义上讲，它是已经实现了的目标模式，但它与目标模式又不能完全竟合。当结果模式由目标模式转化而来时，它在统一架构方面与结果模式是相同的。但由于结果模式并非完全由目标模式转化而来，有时是因其他因素而导致统一结果的产生，这时结果模式所展示出来的统一架构与目标模式所设定的统一架构并非完全一致。

研究国家统一模式的目的在于为国家统一模式的选择提供理论指导，为未来国家统一提供一种方向性的，并具有最大限度可操作性的设计，以此为基础来推动国家统一的实现。通常来说，国家统一模式的选择应考虑以下几个因素：

(1) 实现国家统一的代价。这是选择国家统一模式时首先要考量的因素。从这一因素来分析，投入最小而产出最大的模式是最佳模式。现实中，统一模式的选择没有不考虑统一代价的，如德国统一后，南韩一些人曾考虑采用德国模式实现朝鲜半岛的统一。但据“韩国发展研究院”估算，这样的统一至少需要花费一千五百亿美元，[1] 这是南韩所难以承受的。另如，如果不计统一代价，大陆方面可能早已采用武力模式解决台湾问题了，正是由于考虑了武力统一的巨大代价，才不能轻易用之。

(2) 统一的使命。如前所述，不同性质和程度的分裂国家，其复归统一的任务和使命是不一样的。对于完全分裂国家而言，它们统一的任务是实现主权所有权的合而为一；而对于不完全分裂国家而言，它们统一的任务只是实现主权行使权的合而为一。完全分裂国家如果采用不完全分裂国家的统一模式，未必能收到实效；不完全分裂国家如果照搬完全分裂国家的模式，则可能导致更大的分裂。所以，统一模式的选择，一定要根据分裂的性质、程度来确定统一的任务和使命，然后针对任务和使命确定最佳的统一模式。

(3) 国家统一后的维护成本。在选择国家统一模式时，一定要考量统一后的维护成本。正如后面的第五章所分析，如果我们采用邦联制来实现

【1】 The Sejong Institute, The Political Economy of Korea Unification, 1998, p.31.

两岸统一，极有可能会引发我国新疆、西藏等地区的相应诉求。如果我们同意了这种诉求，则处于邦联状态的中国随时都面临着解体的危机，在这种状态下，要维护国家的统一，势必会大大提高维护统一的成本；如果不同意这种诉求，则可能引发这些地区对“台湾邦联”的“攀比效应”，从而会产生社会和政治不稳定，这自然也会提高维护国家统一的成本。基于此，我们认为邦联制模式不适于两岸关系。因而说，如果不考量维护国家统一的成本，单纯从实现国家统一的角度去选择统一模式，该模式选择往往是不科学的。

(4) 分裂双方的力量对比状况。分裂双方的实力及其对比状况如何，是选择国家统一模式时应考量的一个重要因素，甚至可以说，是一个决定因素。比如，韩国学者认为，南北双方在军事力量的对比方面悬殊不大，任何一方均没有压倒对方的绝对优势，故而越南的“武力统一”模式不可行；德国统一后，其“吸收统一”模式曾一度被韩国奉为圣典，但朝鲜半岛的现实却是北、南双方基本上势均力敌，任何一方吸收另一方都很困难。因而，韩国学者大都认为，朝鲜半岛的统一不宜采取“吸纳式”的德国模式（该问题将在本章第二节详论）。

与分裂国家有两种形式相适应，分裂国家复归统一的模式也有两种，即完全分裂国家复归统一的模式和不完全分裂国家复归统一的模式。

第二节　完全分裂国家复归统一之模式

尽管从总体上来看，完全分裂国家复归统一的模式都是实现主权所有权由分裂到统一的模式，但在现实中，其具体形态还是有差别的，我们不可能对每一个完全分裂国家复归统一的模式都逐一研究，下面仅就两个典型完全分裂国家复归统一的模式，即德国模式和韩国模式进行个案研究，以期通过对这两个案例模式的研究，进一步揭示完全分裂国家复归统一模式的一般特征。

一、德国模式

第二次世界大战后，德国在国际势力操纵下分裂成两个国家，尔后，东、西德经由对立到缓和，由隔绝到接触，直至双方相互承认，确立了正常的睦邻关系，开始了人员往来和各个领域的广泛合作，密切了彼此的联系，遏制了分离意识，最终以国际形势变化和东德内部动乱为契机，以西德吸纳东德的形式，和平地完成了两个国家的统一。学术界通常把上述两个德国由分裂走向统一的模式，称之为“两德模式”或“德国模式”。

（一）两德复归统一的历史考察

德国统一问题伴随着德国的分裂而产生，在两个德国对峙的四十余年中，东、西德围绕着统一问题曾进行过激烈的斗争。其复归统一的历程大致经历了三个发展阶段：

(1) 对峙时期（1949至1956年）。德国从1949年被正式一分为二，出现了两个德国，由此就产生了德国重新统一问题。尔后，东德和西德都将重新统一德国列为自己的基本国策，但是，它们都试图以自己的国体和政体来统一对方。因此，在德国以何种方式实现统一、统一后的德国是否中立化等问题上展开了针锋相对的斗争，高潮是1948年6月爆发的历时十一个月的第一次“柏林危机”。最初，东德在苏联的支持下高举民族统一的旗帜，主张在和平、民主的基础上恢复德国统一，并曾为此做出努力。东德建议先由两德代表对等组成全德制宪委员会，准备建立全德临时政府，组织邦联，作为恢复德国统一的第一步。但是，西德坚持单独代表整个德国，自称是“德国人民的唯一合法代表”，奉行“哈尔斯坦主义”，[1]拒不承认东德为独立主权国家，拒绝了东德的建议，并试图在西方的支持下，凭借西德的实力实现德国统一。在当时的政治生态背景下，这无疑将两德统一引入了死胡同。

【1】亦称“单独代表主义”，是西德在阿登纳领导下推行的一项外交政策原则，1955年9月由外交国务秘书哈尔斯坦提出而得名。它的内容是坚持西德政府单独代表整个德国，因此，凡是承认东德的国家（苏联除外），西德都将与之断绝外交关系。

（2）僵持时期（1957至1971年）。西柏林地位成为主要问题，1958年至1961年的第二次“柏林危机”时达到了高潮，到1971年9月苏、美、英、法签订《西柏林协定》告一段落。其间，随着东西方关系逐渐解冻，西德出于自身利益的考量，放弃了“哈尔斯坦主义”，开始推行“新东方政策”，[1]逐步改善了同东欧国家的关系，同时也被迫考虑同东德关系的定位问题。1969年，勃兰特出任西德总理，明确提出了“通过接近达到变化”的口号，同东德开始正式接触。1970年，东、西德两国总理在边境首次举行高级会晤。

（3）缓和时期（1972至1989年夏）。1972年12月，双方签订了处理两国关系的《基础条约》，规定两德“在和平的基础上发展相互之间的正常的睦邻关系”[2]。1973年，东、西德同时进入了联合国。自此之后东、西德之间的关系，一直按两个独立主权国家的关系模式平稳地向前发展，但在统一问题上西德始终处于攻势。20世纪80年代中期以后，国际形势发生巨大变化，戈尔巴乔夫的“新思维”不仅缓和了东西方的紧张关系，也导致了各东欧社会主义国家的动荡。

（4）统一时期（1989年秋至1990年10月）。1989年下半年，东德的国内形势急剧恶化。东德在向德国西部“移民浪潮”的冲击下，于同年11月9日，将存在了二十八年零三个月的柏林墙推倒，东德政府完全失去了控制局势的能力，在这种情况下，西德总理H. 科尔利用两德民众和政治力量要求加快两德统一的情绪，趁机将统一提上日程，于11月28日提出关于两个德国统一的“十点计划”，并在国际上大力推行“统一外交”，为两德统一创造有利的国际环境。概括起来，促进德国统一的国际环境曾出

【1】这是西德勃兰特政府所采取的外交政策。它的主要内容是：立足于西方阵营打破西德与东方关系的对抗僵局，全面“缓和”和改善同苏联、东欧国家，特别是同东德的关系，建立与发展同它们的经济、文化、贸易往来，逐步摆脱西德在政治、外交上的某些被动局面，“通过接近促进演变”，为将来德国的统一创造新的环境和条件。

【2】何春超等编：《国际关系史资料选编》，法律出版社1988年版，第451页。

现过三次突破：第一，1990年2月10日，苏联总统M. C. 戈尔巴乔夫表示，德国统一问题，应由德国人民自己解决，这为推进德国统一签署了“通行证”。第二，1990年2月13日在渥太华举行的北约和华约外长关于“开放天空”的会议上，苏、美、英、法外长达成举行就德国统一问题进行谈判的“2+4”会议（即东德、西德和四国外长会议）的协议，使德国统一进入新的阶段。第三，1990年2月16日，戈尔巴乔夫最后同意统一后的德国加入北约，苏联不再坚持统一后的德国是中立的、不结盟国家的主张，从而排除了德国统一进程中的最大障碍。1990年9月12日，苏、美、英、法四国外长与东德、西德外长在莫斯科签署了《关于最后解决德国问题条约》，明确承认统一后的德国在内政和外交上“享有完全的主权”，并对统一后德国的边界、军事政治地位、结束四大国对德国的权利和责任等问题做出了具体规定。

在德国统一的国际环境出现重大突破的同时，德国统一的内部进程也出现了三次突破：第一，1990年3月18日东德在大选中，以基督教民主联盟为核心的德国联盟以48.15%的多数获胜，并在4月12日组成包括社会民主党和自由民主党在内的、以L.德梅齐埃为总理的联合政府，由前德国统一社会党演变过来的德国民主社会主义党成为在野党。第二，1990年5月18日，两德签订《关于建立货币、经济和社会联盟条约》，从同年7月1日起将西德马克引进东德，使东西德两种不同的经济、社会制度合二为一，实现了两个德国事实上的统一。第三，1990年8月31日，两德签订以东德改建为五个州、按基本法第23条加入西德为核心内容的《统一条约》。1990年8月23日凌晨，东德人民议院特别会议经过激烈辩论，通过东德“加入”西德的决议，并立即得到西德联邦议院的响应。[1]

1990年10月3日，两德正式实现统一，组成统一、独立、主权的德意志联邦共和国。定都柏林。宪法沿用原西德的基本法。国旗和国歌亦均

【1】 参见《中国大百科全书》政治学卷，中国大百科全书出版社1992年版，第47页。

沿用原西德的国旗和国歌。10月3日定为德国统一日，即国庆日。

（二）两德复归统一的过程模式

1．两德复归统一过程中的互动与关系处理

（1）政治外交方面的互动与关系处理

东德和西德分属两大军事集团，两德关系几乎完全取决于东西方关系的发展，特别是美、苏两个超级大国的态度。20世纪60年代末70年代出，美苏调整战略，在欧洲推行“缓和政策”，两德关系也随之缓和。自从西德在20世纪60年代末放弃“哈尔斯坦主义”，大力推动“新东方政策”后，东德也不再（也无力）坚持“乌布列希主义”，使得两德在外交上不再处于“汉贼不两立”的零和状态。1972年12月双方缔结两国关系基础条约，相互建立正常的睦邻关系，同时指出两国在国家统一问题上存在着分歧。1974年3月两国分别在东柏林和波恩设立常驻代表机构。由于东、西德均放弃其为“单独代表德国的唯一合法政府”的政治宣示，并且在《基础条约》中明确宣称，两德任何一方不得在国际上代表对方，或以自己的名义采取行动。致使两德不仅共同加入联合国及各重要政府间国际组织，在外交上采取善意互动的做法，双方追求和平共存，双方均能接受“双重承认”。据统计资料显示，在1966年时，与西德建立外交关系的国家有九十九个国，但和东德建立外交关系的国家仅有十三个，其中只有苏联一国同时承认东、西德。到1969年有十九个国家承认东德，1973年已有九十九个国家承认东德，在1990年东西德统一前，西德与全世界一百六十一个国家有外交关系；东德也与一百三十二个国家有外交关系，其中一百二十二个国家维持“双重承认”。[1]简言之，两德在政治外交上互动与安排，体现了以下几个原则：第一，双方遵守联合国宪章所规定的原则，放弃使用武力，完全以和平方法解决双方的争端；第二，分裂双方系在平等的基础

【1】 参见张五岳著：《分裂国家互动模式与统一政策研究》，台湾业强出版社1992年版，第373页。

上，发展正常化的关系，即两德在进行政治性接触、谈判、协商、签约时，不论是在形式上或实质上，都立足于对等地位。第三，双方同意任何一方的主权仅限于在其领土之内，双方应尊重对方在其内政与外交方面的独立与自主。在此三项原则下，两德进行了正常的政治和外交往来，并在和平、稳定的基础上不断推进双方的关系。

（2）经济贸易方面的互动与关系处理

两德之间的经贸往来，开始于双方在1951年所签订的《柏林条约》，该条约并于1960年1972年不断加以修订，对两德间的货物、服务业往来，以及付款的方式都做了明确的规范，使两德之间的经贸往来能发展出一套独特的经贸形式。在这套特殊的贸易形式下，西德将其视为德国内部的交易行为，使其在实际运作时凸显出不同于国际间经贸往来规范的特定措施。两德这种特殊形式的经贸交易方式，也受到国际间的认同，1957年西德参与了成立欧洲经济共同体及欧洲原子能共同体所签署的《罗马条约》，其中“两德贸易与相关问题协定书”中若干条约，即授予西德联邦政府制定对东德贸易政策的权限，使两德经贸往来不至于脱离国际经济组织的相关规范。两德之间这种特殊的经贸交易方式，受惠最大的还是东德。就东德而言，西德是它仅次于苏联的第二大贸易伙伴，在两德贸易中，东德不但享有西德所提供各项价惠条件，东德的产品也可在德国的名义下进入欧洲市场的其他会员国。概括起来，东德从西德的获利，主要表现在：第一，东德经常得到西德提供的数额巨大的低息和无息贷款；第二，在“德意志内部”贸易方面，除了东西马克按1∶1官方比价（东西马克按在国际市场上的实际购买力的比价为100∶12）结算之外东德每年仅免除关税这一项就可得到价值数百万（东）马克的好处；第三，东德通过西德与欧共体各国进行贸易，同样也从免除关税中得到许多实惠；第四，东德每年可从西德与西柏林之间的公路和铁路等交通方面得到过境费达数十亿西马克；第五，西德公民（包括西柏林人）每次进入东德须交入境费二十五西马克和手续费五西马克，这样，东德每年可从数百万西德公民的入境这一项费用上就可以得到数千万西马克。此外，东德还从两德的科技合作等项目上得到西德的经济和技术援助。[1]

事实上，两德间这种特殊交易方式能得以维持的主要原因在于，西德凭借着自身强大的经贸实力，以政治层面为主要考量，给予东德各项优惠条件，通过两德间密切的经贸关系，克服两德间日益加深的疏离感，维持德意志民族的一体共识，使东德分离主义“划界政策”无法得逞。东德虽也了解到西德的真正意图，但在巨大现实利益的制约下，也使其不愿破坏这种特殊的经贸交易方式，事实证明两德间这种特殊的经贸交易方式，实为维持德意志民族共同体的最重要因素之一，也为两德关系正常化互动提供最稳固的物质基础。[2]

(3) 社会文化方面的互动与关系处理

1961年柏林墙的建立，使得两德人民在社会文化交流上隔了一道藩篱。德国复归统一的第一步，就是要解决分裂双方的人道问题。有关双方人民的探视、访问、邮电、交通等各项社会文化交流所衍生的问题，不仅成为两德关系正常化过程中最重要的课题，也成为两德《基础条约》及日后履行《条约政策》时，双方所要克服的难题。根据西德民意调查机构在1970年的调查统计，约有90%的西德人民在东德还有近亲，21%有远亲，14%有朋友，并且有四分之一的西德人民，经常寄包裹到东德。[3] 在面对东德所极力推动的分离主义“划界政策”，西德更是不断地加强和推进双方人民的各项互动与交流，以维护两德人民对于德意志民族的认同。为了维护两德在社会文化上的密切互动交流，西德政府与人民甚至不惜牺牲经济上的利益，以换取东德政府的合作与支持。例如，从1987年9月1日起，还把发给每个到西德旅行、探亲的东德人的“欢迎金”由三十马克提高到一百马克，东德人在西德乘火车减价50%，乘坐其他公共交通工

【1】参见高德平著：《柏林墙与民主德国》，世界知识出版社1992年版，第44－45页。

【2】参见张五岳著：《分裂国家互动模式与统一政策研究》，台湾业强出版社1992年版，第373－374页。

【3】参见张五岳著：《分裂国家互动模式与统一政策研究》，台湾业强出版社1992年版，第374页。

具或进出文娱场所，不是免费就是优惠。东德虽担心扩大人员往来会给它带来消极影响，但又希望从西德尽可能获得经济好处，因此在人员往来问题上总的是不断有所放松，如1982年2月颁布“在紧急家庭事务情况下”到西德旅行的条例，1989年4月起又允许夫妻可以同往西德探访旁系亲属。从1982年到1987年的五年间，由西德到东德探亲访友的人总计达两千多万，由东德到西德观光游览的人也达一千二百多万，体现出两德关系的“特殊性”。[1]

虽然东德在20世纪70年代即开始大力推动“划界政策”，企图从形式上与社会文化上切断其与西德或整个德意志民族的关联性，但是强大的经济诱因却使它无法隔绝其与西德在社会文化上的各项交流。《基础条约》签订后，两国关系有了明显的改善，东、西柏林和两国人员之间的往来频繁不断。此外，每年也有百余万的东德退休人员前往西德。两德之间信件包裹的往返与电话的通话次数也远较于其与他国间更为频繁。整个东德地区也都未经干扰地可以收看到西德的电视节目。故两德在社会文化上这种密切的互动交流方式，不仅解决了分裂双方人民之间人道上的问题，而且增进了双方人民的了解，更有力地维护了两德人民对于整个德意志民族情感的认同，为日后德国的统一奠定了最深层的基础。[2]

2. 两德复归统一的过程模式之特色

在这里，主要是针对西德而言的。从西德实施德国统一的过程模式的外部形态来看，它主要有以下两方面的特点：

(1) 曲线型统一：寓德国统一于“欧洲联合”

所谓曲线型统一，就是指西德政府寓德国统一于欧洲联合之中，通过欧洲联合的途径来实现德国统一的目标。西德政府领导人意识到，德国的分裂是特定历史条件下的产物。德国人自己本来都是不愿分裂的。德国问

【1】 参见世界知识出版社编：《德国统一纵横》，世界知识出版社1992年版，第14－15页。

【2】 参见张五岳著：《分裂国家互动模式与统一政策之比较研究》，台湾业强出版社1992年版，第373－378页。

题的解决单靠德国自身的力量无法解决，必须借助于外在的力量，在“一项欧洲的和平安排”中得到解决。因为在欧洲处于分裂的情况下，两个德国的统一是不可能的。于是，西德在坚持统一目标的时候，总是把它与德国加入西方联盟和推动欧洲联合联系在一起。具体说来，西德推行这一策略主要是基于以下三方面的考虑：

首先，德国分裂的原因决定了德国统一只有在东西方关系缓和的形势下才有可能实现。二战结束以后，英、美、苏、法对实行德国分区占领。但分区占领“指的不是长期占领，而是暂时占领”，它同“永久处置德国无关”。[1] 西方四国当时并无意要分裂、吞并德国。到了1947年3月和6月，美国先后抛出“杜鲁门主义”和“马歇尔计划”，开始推行“冷战”政策。美国为稳住西欧，夺取在世界范围的更大的战略利益，开始实行分裂德国的政策。苏联也采取了相应的政策予以回应。德国最终在东西方剑拔弩张的冷战中分裂为两个国家。可见，战后德国问题产生的根源在于东西方冷战的爆发。冷战体制就意味着德国的分裂。因而，两德统一只有在东西方关系缓和的形势下才有可能实现。

其次，要消除西方大国对德国的不信任感和恐惧心理，使它们不阻止德国统一。他们认为，战后德国若想实现政治上的复兴，必须首先扫除因两次世界大战给人们带来的成见，近代以来的历史似乎表明，德国的统一和强大就是欧洲和世界的威胁。结果，战后德国的分裂使人们心安理得，而德国统一的前景，甚至两德的接近却引起人们的担忧。要消除人们对德国复兴的阻力，必须放弃德意志民族主义的旗帜，走加入西方集团和欧洲联合的道路。只有这样，才能为德国的政治复兴扫清障碍。因此，阿登纳说：要“抛弃那些由于民族思想和民族传统造成的障碍”，德国人才能“逐步地获得置身于世界各自由人民之中的平等地位”。[2]

【1】 参见《德黑兰、雅尔塔、波茨坦会议记录摘编》，上海人民出版社1974年版，第106页。

【2】 [德]康拉德·阿登纳著：《阿登纳回忆录》第1卷，上海外国语学院德法语系德语组等译，上海人民出版社1976年版，第275页。

再次，欧洲联合是德国实现统一的必要条件。就西方世界而言，只有在欧洲一体化之下的德国统一，才能消除人们对于德国重新统一的恐惧和阻挠。正是从这一角度出发，阿登纳在谈及德国统一时，总是把它与“欧洲的统一”相提并论，一再强调“德国的道路必须通过欧洲”。而当时东西方冷战对峙的局面也使西德政府认识到，仅凭自己的力量是难以迫使苏联在德国统一的问题上让步的。西德要实现国家和民族统一的目标，就必须借助西方集团的力量，在坚定地与美国结盟的同时，实现西欧的联合，从而使西德的统一政策建立在强大的实力基础上。阿登纳曾在其回忆录中指出，“没有一个强大统一的欧洲，而要在自由中实现德国统一，这是谁也不能自圆其说的。”[1] 基于以上考虑，西德在欧洲一体化方面持一种特别积极的态度。西德的这一策略正符合西欧各国在战后防止德国军国主义复活的构思。法国资深政治家勃鲁姆指出：“在一个和平与稳定的欧洲中使德国不致为害”的唯一途径，就是把德国联合到一个“强大的、足以对它进行再教育和加以约束的，并在必要时加以控制的国际共同体之中”。[2] 实践证明，西德正是在欧洲一体化的过程中才得以强大，并借助于欧共体的力量实现了德国统一。

（2）实力型统一：以经济互动促进政治互动

两德关系缓和以后，得到双方官方认可的正常往来渠道得以保持一定的畅通，这就削弱了柏林墙和东德边界管制的隔离作用。此后两德之间的经济往来、文化交流、人员互访都有了较快的增长。两德《基础条约》和随后达成的其他协定，涉及人员往来、家庭团聚、科技、交通、司法、邮电、卫生、环保、文化、体育等广泛领域的合作与交流。从西德地区（包括西柏林）前往东德和东柏林的人数，由1970年的二百五十万人次增加到1978年的八百万人次；而从东德地区到西德和西柏林的人数，1978年

【1】 [德]康拉德·阿登纳著：《阿登纳回忆录》第1卷，上海外国语学院德法语系德语组等译，上海人民出版社1976年版，第326页。

【2】 转引自萧汉森、黄正柏主编：《德国的分裂、统一与国际关系》，华中师范大学出版社1998年版，第336页。

也达到一百三十八万人次，比1970年增加了三分之一。两德之间贸易额，1980年比1968年增加了约三倍。东德与西德的贸易占东德整个对外贸易的10%。由于两德互不为外国，东德对西德的贸易享有欧共体内的优惠待遇。1974年两德签订贷款协议，规定西德每年向东德提供八点五亿马克无息贷款，以弥补东德与西德贸易中的赤字。这项协议实际执行到1982年。此外，西德记者可以进入东柏林，80%的东德居民可以从电视上看到他们进行的报道。[1]

这种迅速扩大的经济及其他交往，对两德关系有很大的影响。首先在经济上对双方都有利。西德有几千家厂商依赖东德市场。东德也从这些交往中（包括来自西德的旅游者）获得不少实惠，包括硬通货的收入。仅享受进入欧洲共同体市场的优惠一项，每年就可使东德节约二百亿西德马克的进口税支出。其次，这种扩大和加深的交往，有利于实现西德所致力达到的目的—维系民族同一性和民族感情，使之不致因相互隔离而削弱和消失。两德的敌视减少，互相接触和了解的增加，久而久之，共同的历史和文化的意识、民族同一性的意识，就能得到维持和发展。20世纪70年代东德曾讳言统一的德意志民族，甚至讳言“德意志属性”。但到20世纪80年代初，东德也越来越多地探索其“德意志同一性”和与德意志历史的一致性，对历史问题的解释也发生着变化。一种德意志民族认同感正在恢复起来。在20世纪70年代初提出过两德已成为两个“水火不容”的民族的昂纳克，在1979年的一次党的会议上也重新提到，德国统一在理论上是可能的，尽管他指出将是在社会主义领导下的统一。而到20世纪80年代初，两德关系发展的势头已使得有些敏锐的政治家感到，德国统一问题现在已经提到日程上来了。

西德这种以经济互动促进政治统一的策略之所以得以成功实施，一个重要的原因是基于西德强大的经济实力。战后以来，直到两德统一之

【1】 参见黄正柏：《德国统一前两德关系发展述评》，载《华中师范大学学报》（哲社版）1993年，第6期。

前，西德的经济堪称欧共体中之一流，其国民生产总值占欧共体国民生产总值的27%，是世界上主要出口国之一，同时也是欧共体的主要进口来源国。[1] 从西德内部来讲，长期以来，由于其一贯致力于优质设备和化工产品的生产，以致创造了几乎不受价格影响的国际需求，致使经济处于长期、持续、稳定的繁荣与发展之中。战后以来，其经济危机发生的次数是欧洲最少的国家之一，马克的坚挺及其汇率的稳定更是享誉国内外。西德雄厚的经济实力不仅为欧盟作出了有目共睹的重要贡献，更为国家的统一提供了坚强的后盾。

（三）两德复归统一的结果模式

从两德复归统一的完成方式来看，它是典型的吸纳统一模式，即一方吸收或吞并另一方的模式。具体说来，这主要表现在以下两个方面：

1．东德以联邦成员的身份加入西德

从国家结构形式上看，德国分裂为两部分后，联邦德国汲取了魏玛共和国实行联邦制的成功经验和被希特勒篡权的教训，制定了宪法性质的基本法，确立了比较完善的联邦制。民主德国在二战以后废除了联邦制，于1952年被划分为十四个行政区，实行单一制的国家结构形式。在统一前夕的1990年，两德政府为了顺利实现德国统一，彼此除了建立货币、经济和社会联盟以外，还着手建立两德统一后的制度框架。只有先确立这样的制度框架，东德才可能顺利地加入西德，因为东德的政治体制和国家机构的设置与西德完全不同，统一后必须按照西德的模式重新改造。为此，根据1949年5月通过的《德意志联邦共和国基本法》第23条的规定："随着管辖范围的增加，还将延伸到德国其他部分"，即德意志民主共和国（即民主德国）合并到德意志联邦共和国后仍适用该基本法。这意味着统一后的德国仍采用联邦制的结构形式，"自由、法权和统一"是这个联邦国家的宪政原则。基于此，东德先行恢复了其州级行政建制，这样，就废弃了原东德的中央集权体制，建立

【1】 参见[德]莱蒙德·谢德曼主编：《德国政治概况》，学林出版社1999年版，第62页。

了与西德相同的联邦分权体制。东德在1990年3月由自由选举产生了人民议院，这是过渡性的、有许多政党参加的议会，其任务是保证原东德井然有序地过渡到联邦共和国。人民议院于1990年7月通过了一项关于恢复五个州的法律，开始了恢复联邦制的工作。这项工作的完成以1990年10月14日五个州议会选举结束为标志。因此，东德是以五个州的身份加入统一的德意志联邦共和国的。统一后的德国共有十六个联邦州组成，它除了包括东德的五个州：梅克伦堡—前波莫瑞州、勃兰登堡州、萨克林—安哈特州、图林根州、萨克森州，还包括原西德的十一个州：石勒苏益格—荷尔斯泰因州、汉堡州、不来梅州、下萨克森州、北莱茵—威斯特法伦州、萨尔州、巴登—符腾堡州、巴伐利亚州、柏林州。

2．对东德的原有体制进行资本主义改造

根据两德统一条约，德国统一的方式是根据西德基本法第23条，即东德按照五个州的建制分别加入西德；东德的五个州在1990年10月3日加入西德时，基本法就在这些地区开始生效。也就是说，东德自加入西德之日起，就开始全面接受西德的一切制度，东德由社会主义社会变为资本主义社会。

(1) 在经济体制方面，要将东德的社会主义全民所有制和计划经济体制变成资本主义私有制和市场经济体制。自从德国分裂成两个国家之后，东、西德各自建立了不同的经济体制，走上了不同的发展道路。西德建立的是私有制基础上的社会市场经济体制。就其实质而言，这是一种改良的、有国家干预与社会协调的资本主义市场经济。而东德则按照马克思主义关于社会主义经济的理论原则，建立起以生产资料公有制为基础的经济制度，并不断提高了经济的公有化程度。以此为依托，在资源配置机制方面，仿效前苏联的经济体制（斯大林模式），实行高度集权的计划经济。这种经济体制在四十余年的运动过程中虽有所改革和调整，但其基本制度框架和运行规则并没有实质性的变化。[1] 德国统一后，按照西德经济的模式

【1】参见姚先国等著：《两德统一中的经济问题》，科学技术文献出版社1996年版，第46页。

对东德的上述经济体制进行了彻底改造。

（2）在政治体制方面，按照西德的模式重新改造东德的公共管理机构，包括立法、行政、司法等各个系统：第一，在立法机构方面，东德加入西德后，各议会党团都相应的调整了自己的领导机构；联邦参议院的席位也进行了重新分配，根据基本法第50条规定："各州通过联邦参议院参与联邦的立法和管理。"第二，在行政管理机构方面，改变原东德中央集权型的行政管理体制，以恢复州建制的行政管理体制；将与计划经济相适应的直接管理方式变为与市场经济相适应的间接管理方式；同时对东德的政府机构和公务员队伍进行了改造。第三，在司法机构方面，为了使联邦法律在东部各州真正发挥效力，在法律体制建设方面也需要实施许多过渡时期的规定。由于在东部没有与西德相对应的司法体制，所以必须在现有司法组织的基础上建立与西德相对应的新的司法机构，包括宪法法院、普通法院、劳工法院、行政法院、福利法院、财政法院等；其他与司法有关的机构，如检察院、律师事务所、公证处等也都在东部各州得以建立和完善。

（四）两德复归统一模式之评析

战后四十多年中，"德国的分裂一直被认为是维护欧洲和平与稳定的重要前提。但从1989年起，由于东西方关系特别是美苏关系的进一步缓和，以及苏联东欧发生深刻变化，德国统一问题迅速提上议事日程，西德总理科尔则抓住时机，在不到一年的时间里实现了统一"。[1] 两德实现统一，对于德国人民来说自然是一件好事，这是德国人民几十年来梦寐以求的目标。但是，统一的速度之快，又是所有德国人都没有预料到的。这种激变式统一使本来应该在统一前考虑和解决的问题没有得到及时解决，从而留给了统一后的德国政府。德国统一后，出现了诸如失业率居高不下，债务包袱沉重，高额的税收和社会福利负担，经济增长乏力等一系列社会问题。更重要的是，德国统一后要对东德进行体制改造，即将东德经营了

【1】 世界知识出版社编：《德国统一纵横》，世界知识出版社1992年版，第1页。

四十多年的社会主义体制变成资本主义体制。但是，这种改造并非轻而易举。虽然两个德国同属于一个民族，有着共同的语言和文化传统，有着共同的民族心理，但两国人民毕竟在两种不同的社会制度和意识形态下生活了几十年。在统一前就有专家警告说："由于存在重大的结构和精神方面的制度性差别，不要对很快就能完成适应过程抱有幻想。"东、西德毕竟存在着两个不同的国家结构形式和社会制度形式。两个"国家"的观念冲淡了德意志民族固有的共同属性。正如西德的一位历史学家所指出：虽然"从60年代开始实行德意志东方政策"，两国各自"着手推进双方之间的旅行"，但毕竟"他们在各自的祖国已经构成了一个新的存在"，"两个德意志国家或多或少已铸造了各自的国家传统"。[1] 这个"国家"传统不是轻易就能消失的，德意志民族的共同属性也不是轻易就能恢复的。由于两种体制之间长期存在的对立，以及经济发展水平的悬殊和受两种不同的熏陶所产生的民族情感之间的裂痕，要使东、西德之间能很快地融合在一起是完全不可能的。政治上的统一和转轨比较容易实现，但经济的彻底改造却是一个比较复杂的制度整合过程，不可能随着政治的统一而自然地得到发展。1990年10月中旬，联邦政府委任戈尔纳出任民主德国托管局局长。戈尔纳当时还很乐观地带着四年合同，接受了对东部德国近八千家企业进行改造的任务。然而，还不到一个月，他就被迫在11月辞去了这一职务。他无可奈何地解释说："情况比我原来想象的还要糟。我们面临的是无法用正常办法解决的混乱，问题一个接着一个。"[2] 还应当指出的是，人们思想情感及精神上的完全融合则更难。德国著名经济家卡尔·马滕·巴尔夫斯在1994年指出："德国人在统一过程中和今后若干年必须面对的后果是，在东德社会生活的广阔领域中存在着体制转轨危机。对此，至今还没

【1】 [德]托马斯·埃尔魏恩、沃尔夫冈·布鲁德尔编：《联邦德国：重大事件及分析》，联邦德国弗赖堡/维尔茨堡，1984年德文版，第12页。转引自吴友法等：《当代德国——命运多舛的世界新秀》，贵州人民出版社2000年版，第162页。

【2】 转引自吴友法等著：《当代德国——命运多舛的世界新秀》，贵州人民出版社2000年版，第163页。

有一个能够很快克服这种危机的有效方案。”[1] 因此，要使东、西德国之间完全融合在一起，需要有一个较长时间的艰难的磨合过程。国家统一目标的完成并不等于从前分裂两部分冲突的结束。统一可能只解决政治和法律层面的冲突，而不能完全解决经济、心理和文化方面的冲突。这些方面的冲突还需在统一之后去努力化解。

两德以激变式的过程模式完成统一，尽管给统一后的德国带来了一系列的社会问题，但这并不意味着德国的选择是错误的。相反，它是西德政府英明而果断的抉择。当时西德国内外各种力量的相互碰撞、组合，造成了德国重新统一的机遇。西德政府和人民能够以极大的热情抓住这一历史机遇，促成国家统一，这完全是合乎逻辑的行为，正如科尔总理所说：“我们德国人获得统一的机遇仅仅在四至五个月的时间里。过了这段时间，机会肯定失去了。”[2] 所以，当时西德政府除了当机立断没有任何其他选择。

二、韩国模式

（一）两韩复归统一的历史考察

追求半岛的统一和民族的团结，是全体朝鲜民族的共同夙愿。到目前为止，朝韩两国已在复归统一的道路上走了半个多世纪。其复归统一的道路大致经历了以下几个阶段；

1．试图通过普选达致统一时期

1948年，联合国朝鲜临时委员会与美军政厅筹划在举行“单独选举”，朝鲜面临永久分裂的危险。在此严峻形势下，北朝鲜民主主义民族统一战线于1948年3月25日向南北各政党和社会团体发出号召，倡议召开联席

【1】 [德]乌尔里希·罗尔主编：《德国经济：管理与市场》，顾俊礼等译，中国社会科学出版社1995年版，第57页。

【2】 转引自姚先国等著：《两德统一中的经济问题》，科学技术文献出版社1996年版，第292页。

会议。同年4月25日南北方的五十六个政党和社会团体的代表六百九十五人在平壤举行联席会议，谴责联合国插手朝鲜问题，坚决反对美国和李承晚集团企图使朝鲜分裂永久化的行径，要求苏美两国同时从朝鲜半岛撤军，并表示苏美撤军后将在朝鲜全境通过普选建立统一民主政府。[1] 但是，美李集团于同年5月20日在南部搞“单独选举”，同年7月20日召开“国会”选出“总统”。这样，通过普选成立全朝鲜统一政府的愿望未能实现，南部和北部分别成立了政府，而且都称自己是朝鲜半岛唯一合法的政府。

2．试图通过战争达致统一时期

朝鲜战争爆发后，朝鲜人民军在短短的几个月里解放了南部95%的土地和97%的人口，把南韩军队赶到釜山一隅。美国打着联合国旗号纠集其他的国家参战，严重威胁我国的安全。中国人民组织志愿军于1950年10月入朝参战。这样，朝鲜战争便变成为一场国际性战争。经过三年多的激烈战争，终于迫使美国在板门店签订停战协定。朝鲜半岛依然处于分裂状态。停战协定规定，“向双方各有关国家政府建议在停战协定生效三个月内召开高一级政治会议，协商从朝鲜撤退一切外国军队和和平解决朝鲜问题等事项”。1954年4月，在日内瓦举行了关于和平解决朝鲜问题的国际会议。会上，朝鲜代表提出在全朝鲜半岛举行自由选举，建立统一、独立、民主的全朝鲜政府的方案，并建议一切外国军队在六个月内撤离朝鲜半岛。[2] 该统一方案得到了全体朝鲜人民以及中国、苏联等的坚决支持，但遭到美国方面的拒绝，随后日内瓦会议关于朝鲜问题的讨论宣告失败。

3．试图通过吸收对方达致统一时期

朝鲜战争使南北方的统一问题变得更为复杂，双方的立场无任何变化，即一方都要统一另一方。北方提出“为了争取朝鲜革命在全国的胜利，在共和国北部有力地推进社会主义建设的同时，还要在南朝鲜进一步发展革命斗争”，基本任务是“从南朝鲜赶走美帝国主义侵略势力，摧毁其殖

【1】 参见[朝]金汉吉著：《朝鲜现代史》，朝鲜外文出版社1980年版，第245页。

【2】 参见[朝]金汉吉著：《朝鲜现代史》，朝鲜外文出版社1980年版，第528页。

民统治，推翻军事法西斯独裁，建立先进的社会制度，从而实现南朝鲜社会的民主发展”。停战后，李承晚继续叫嚣“北进统一”，并扩军备战，1961年5月，朴正熙发动军事政变上台，用“胜共统一”代替了“北进统一”的口号，在扩军备战的同时，致力于发展经济，要从经济上胜过北方。北朝鲜曾多次向南韩方面建议：把美国侵略军赶出韩国，将南北双方的军队分别裁减到十万人或十万人以下，缔结互不使用武力的协议；实现南北之间的经济、文化交流和人员来往；待和平统一的基本条件成熟时，举行自由的南北总选举，建立民主的统一政府。如不能立即举行朝鲜总选举，可以采取过渡性措施，如通过联邦制实现南北朝鲜的统一。[1] 然而，南韩方面对这些建议一直置之不理，而且借口有“南侵威胁”而加紧扩军备战。在这种形势下，北朝鲜方面不得不加强国防建设。1960年，朝鲜半岛多次出现紧张局势。

4．试图通过包容和解达致统一时期

20世纪70年代，朝鲜半岛周边形势也随着世界局势的缓和而发生了变化，特别是中美、中日关系的改善为朝鲜半岛局势趋向缓和创造了较为有利的国际环境。1971年8月，金日成在分析国内形势的基础上，提出北南协商的方针。1971年8月，双方红十字会代表首先接触，打开了北南对话的大门。从当年9月至1972年8月，共举行二十五次预备会谈，8月30日终于进入正式会谈。在双方红十字会代表进行会谈的幕后，联络代表进行秘密接触，促成了1972年5月初南方情报部长李厚洛秘密访问平壤，举行高级秘密会谈，于1972年《七·四联合声明》。联合声明宣布了统一朝鲜的“自主、和平统一、民族大团结”三项原则，并决定成立“南北协调委员会”，落实联合声明的内容。在此期间，南方对北方的许多合理建议一概表示反对，却于1973年6月提出“两个朝鲜”分别加入联合国的建议。对此，金日成提出国家统一的五项方针：（1）消除北方和南方之间的军事对峙状态，缓和紧张局势；（2）实现北方和南方之间的多方面的合作

【1】参见[朝]金汉吉著：《朝鲜现代史》，朝鲜外文出版社1980年版，第534－535页。

和交流；(3) 召开由北方和南方各阶层人民与各政党、社会团体的代表组成的大韩民族会议；(4) 实行以“高丽联邦共和国”为单一国号的南北联邦制；(5) 以单一的“高丽联邦共和国”为国号加入联合国。[1] 但南方的朴正熙政权不但不接受这些建议，还加紧了对南韩民主力量的镇压，因此，“南北协调委员会”的活动被迫终止。1984年9月，南方遭受水灾，北方送去了救灾物资。1985年10月，双方艺术团和离散家属互访。与此同时还举行经济会谈和国会会谈预备会议，且有所进展。但由于南方坚持与美军一起举行大规模的“协作精神”联合军事演习，各种会谈被迫中断。1989年2月，双方再次举行总理会谈的预备会议，经过一年半的准备，终于从1990年9月开始举行十年前即准备举行而未能实现的双方总理会谈。20世纪90年代以来，双方的交流与接触日益频繁，并于2000年实现双方最高层会晤。三十年来，北南双方多渠道、多层次的对话虽然时断时续，进展缓慢，但朝鲜半岛的局势却是在趋向缓和，这说明南北对话是两韩和平统一的唯一途径。[2]

（二）两韩复归统一的过程模式

1．两韩复归统一过程中的互动与关系处理

20世纪70年代后，随着东西方国际形势的缓和，朝韩双方的紧张关系也日趋缓和。由此开始了南北双方在各个领域里的交流与合作，从而形成了颇具特色的半岛互动模式。其具体内容包括：

(1) 政治外交方面的互动与关系处理

在1970年以前，两韩在政治外交上大都采取类似于德国的“哈尔斯坦主义”，使得双方在政治外交上处于“零和”竞赛状态。在1970年，朴正熙发表《八·一五宣言》，提议两韩“和平共存”，建议两韩进行善意竞争，并积极寻求与北韩的谈判，改行“和平共处”的外交政策。1972年两韩共同发表《七·四联合声明》，“声明”指出，为增进双方各项交流，防

【1】 参见[朝]金日成：《关于统一祖国的五点方针》，朝鲜外文出版社1990年版，第3页。

【2】 参见李相文：《朝鲜和平统一前景》，载《亚太研究》1992年第1期。

止意外军事冲突发生，解决各项问题，成立“南北韩调解委员会，为两韩日后官方接触谈判奠定基础。1973年朴正熙发表《六·二三宣言》，更进一步提出不反对与北韩同时参与国际组织并进入联合国，使得南北双方在外交上开始有长足的进展，南北方不但共同参与各项国际组织，并且普遍接受“双重承认”的事实。事实上，两韩自1970年起，虽未彼此相互承认，但在屡次政治接触与谈判过程中，双方却都明确表示今后的互动交流应遵循下列原则：第一，双方在对等的基础上进行政治性的接触与谈判；第二，双方皆主张互不干涉对方内政、外交事务；第三，双方尊重彼此制度的差异，主张通过和平的手段，解决彼此的争端，并坚持“和平共存”的统一原则，反对德国“吸收式”的统一模式。据统计资料显示，在1960年南北韩建交国家比数为15∶14，1970年为78∶32，1972年为81∶43，1973年为88∶58，1974年为89∶73，1975年为92∶85，至1990年则为140∶102。在共同参与政府间国际组织方面，现今南、北韩也同时加入联合国所属十几个重要国际组织及政府间国际组织。在“双重承认”上，在1975年有四十五个国家，1983年有六十八个国家，到1990年则有八十四个国家与两韩同时建立外交关系。[1] 两韩在外交上的良性互动、互不排斥，也不再坚持各自为朝鲜半岛唯一合法政府与单一代表权，在这一点上，两韩类似于两德。虽然两韩在政治外交的互动关系上取得了长足的进展，但由于南北方欠缺互信，故两韩虽能在对等的立场上进行广泛的接触与，但却未能在国家统一的道路上迈出实质性的步伐。

（2）经济贸易方面的互动与关系处理

与“德国模式”的经济互动交流在先，政治谈判在后的顺序恰好相反，“韩国模式”虽然自1970年即展开政治性接触谈判，但双方在经贸交流上却一直无法展开。1984年南韩发生严重水灾，朝鲜借机向南韩赈济，包括米、布、医药、水泥等时价约一千二百五十万美元左右的物资，首次开启了两韩之间的物资交流，促成南北方于同年11月举行经济会谈。两韩虽

【1】 转引自张五岳著：《分裂国家互动模式与统一政策之比较研究》，台湾业强出版社1992年版，第389－390页。

于1984年即进行南北韩经济会谈，但双方却无实质性的经济交流。1988年卢泰愚发表《七·七宣言》主张开放南北方经济往来，并促其成为民族内部之交易后，韩国便设立“经济合作基金”，成立“南北经济合作委员会”。两韩终于在1988年10月开始进行经贸交流，1989年1月，韩国现代集团创办人郑周永便前往平壤访问，讨论共同投资计划。南北方虽然于1988年10月开始进行经贸交流，但仍然经由香港与日本间接贸易方式来进行。在双方互不信任且歧见很深的情况下，两韩经贸交流仍然较为缓慢。据统计，自1988年10月至1990年5月，两韩之间的贸易总额只不过为两千九百七十万美元，1990年两韩举行“总理级”会谈中，虽曾就经贸交流提出讨论，且南韩也极力主张加强朝韩经贸交流，但效果仍然不佳，双方也未能获得一致协议。随着经济全球化和地区一体化的进程，南北经济合作有了明显进展。1997年是两韩开展贸易以来贸易额最高的一年，达三亿八千万美元，双方经济合作以民间形式为主。2000年1月，金大中向北方提出建立“南北经济共同体”的方案。朝韩双方首脑会晤后，决意把合作层次从民间提升到官方，并称之为“发展民族经济”[1]。截止到2000年底，韩国已有一百多家企业在朝鲜投资，金额达一百亿美元。随着两韩关系的加速和解，外国对朝鲜投资的规模也将扩大，双方在经济上的相互依赖程度将会不断加深，逐渐形成朝鲜半岛经济共同体。

（3）社会文化方面的互动与关系处理

虽然自1971年起，南北方红十字会便开始接触与会谈，希望能解决千万离散家庭的再团聚问题，但在长达几十年的断断续续、历经几百余次的接触与会谈中，双方除了在1985年9月，进行过各派一百名到平壤与流城进行交换访问的“南北故乡访问团”及“艺术公演团”外，根本没有任何民间交流。虽然两韩在板门店设有常设会谈联络事务所转送南北间往来书信，南北双方也架设直通电话，但据统计，自1984年至1988年四年间，南北方经过常设会谈联络事务所转送的书信仅约五十件，利用直通电话也仅

【1】 参见李德伟：《从朝韩峰会看朝鲜半岛统一前景》，载《世界形势研究》，2000年第29期。

二百二十三次。双方人民除了无法自由通信、通电、互访外，两韩在其他社会文化交流方面也受到禁止与隔绝。两韩均将离散家庭等人道及社会文化问题，作为高度敏感性的政治问题来处理与运用，致使双方在前期的社会文化互动交流方面一筹莫展。[1]近十几年来，双方的民间交流日益频繁，这是推动和平统一进程的重要因素。截止到2000年6月，已有三批两万余人获得与亲属见面的机会，加深了两国人民的民族情感。两国人民通过民间交流，加强合作，争取在民族认同的前提下早日达到统一的目标。

2．两韩复归统一的过程模式之特色

由于目前两韩复归统一的目标模式尚未定型，作为实现目标模式的过程模式也就无法定型。但南北双方在互动过程中还是展现出了其过程模式的某些特点。按照这些特点，我们可以推断：如果不出现意外的因素（如：世界大战，国家解体等），依照目前的互动态势发展下去，两韩复归统一的过程模式很可能是渐进的和平统一模式，即经过和平共存、加强对话、开展经济文化交流、促进双方的经济发展、逐步消除相互间的隔阂、增强信任以至最终实现统一。其特点有二：

(1)和平型。这可从韩国不同时期的领导人所分别提出的不同模式方案中得到说明。譬如，1982年1月26日，北方的朝鲜和平统一祖国委员会发表声明拒绝了南方全斗焕的“民族和解和民主统一”的提议。北方在声明中说：只有一个方法可以解决祖国统一问题，遵守全民族的共同利益建立一个独立、中立、和平的统一国家，而“高丽民主联邦共和国”恰符合上述要求。作为统一的第一步，美国军队必须从南部撤军，必须贯彻民主化，必须结束反共主义的敌对政策。只有在独立、和平统一和民族大团结的基础上才能解决朝鲜统一问题。[2] 1986年8月15日，在朝鲜光复四十一周年之际，全斗焕发表讲话《通过和平手段，依靠朝鲜人民实现统

【1】 参见张五岳著：《分裂国家互动模式与统一政策之比较研究》，台湾业强出版社1992年版，第390－395页。

【2】 Research Center for Peace and Unification of Korea, Korea Unification, Vol.3, 1986, pp.211 － 213.

一》。全斗焕指出：朝鲜的统一要依靠朝鲜国民，正确的手段是通过和平方式，朝鲜应开放对话渠道。[1]

(2)渐进型。我们可以从韩国有关研究机构的研究成果中来说明。韩国研究统一方面的权威机构世宗研究院（The Sejong Institute）组织国内权威学者所著的《韩国国家的战略》一书中对统一方案作了如下描述：韩国政府的民族共同体统一方案要求目前南北双方的关系从互相仇视和对抗转变成和解和合作关系，这种变化必须在南北共同体实现前完成。换言之，和解和合作阶段成为南北共同体的序曲。在和解和合作阶段充分进行之前，南北基本协议必须得到基本履行，该阶段所需时间至少四至五年。韩民族共同体统一方案的设想通过民族共同体的发展最终建立一个民族的统一国家。要想将民族共同体变为一个统一国家，必须经历一个缓冲期。在缓冲期内可形成一个短期的邦联为国家完全统一创造条件。[2] 此外，还设计了走向统一的途径和各阶段特征。参见下表：

表4－1　两韩复归统一的阶段设计及特征表

阶段	第一阶段	第二阶段	第三阶段	第四阶段
南北关系基准	和解和合作(建立信任)	南北联邦	南北同盟	完全统一国家
阶段特征	一个民族两个国家	一个民族两个国家两种制度	一个民族一个国家一种制度	一个民族一个国家一个制度一个政府
结合力度	——	联邦作为协调南北关系的机构	同盟完全掌握南北方的外交和国防权	——
注释	需要四至五年时间	——	短时期缓冲性质	——

（资料来源：The Sejong Institute, Korea's National Strategy, 1997.）

以上我们说，朝鲜半岛的未来统一模式很可能是渐进的和平统一模

【1】 Research Center for Peace and Unification of Korea, Korea Unification, Vol.3, 1986, p.559.

【2】 The Sejong Institute, Korea's National Strategy, 1997, pp.173 － 175.

式，但并不是说，如果在朝鲜半岛出现了突发性的统一契机，南北双方也要放弃这些契机，仍按和平渐进的态势去推动双方的统一。就韩国来说，它已表示，统一不一定要等到第三阶段，北方形势若有突变，随时准备统一北方；并表示愿意分担伴随突发性统一而来的痛苦和牺牲。对此，高丽大学教授李吴宰也指出："虽然表示不希望吸收统一，但又对吸收统一抱有希望。"[1]

（三）南北双方统一模式方案的比较

半个世纪以来，南北双方为实现半岛统一而殚精竭虑，围绕着朝鲜半岛如何实现统一的问题，双方仁者见仁，智者见智，分别提出了各自的统一模式方案。具体如下：

1．北方主张的统一模式方案

（1）"革命统一方案"。朝鲜战争后，北方在金日成的领导下，巩固政权，加快经济恢复和发展步伐，扩大同苏联、东欧、蒙古和中国的合作，取得了令人瞩目的成绩。在南方，李承晚政府依靠美国军事上和经济上的援助，继续扩充军备，加剧对抗，企图重新挑起战争，实现"北进统一"的目。通过"五·一六军事政变"上台的朴正熙实行军事独裁统治，在南北统一问题上，一方面做出一种有所松动的姿态，另一方面则制定"反共法"，用"胜共统一"代替"北进统一"，推行以"实力求统一"，"先建设后统一"的政策，而且借口有"赤化统一"、"南侵威胁"而加紧扩军备战。在这样的形势下，北部的朝鲜方面提出了"革命"统一方案。其要点是：在朝鲜劳动党中央领导下，把北方建设成为南方革命的稳固基地，利用南方人民对军事独裁统治的不满，支持并发动南方的人民民主革命，利用亚非拉民族解放运动的有利时机，迫使美军撤出朝鲜半岛；在南方取得革命成功后，北方可同南方的"民主、进步"政府和平谈判，取得朝鲜半岛的最终完全统一。这一统一方案实质上是变更对方政权性质，以吸收式实现统一。

【1】 韩国《中央日报》1994年8月15日。

（2）“南北联邦共和国方案”。1960年8月北部朝鲜领导人金日成首次提出了旨在使美军撤离南韩和和平统一朝鲜半岛的“联邦制”方案。其要点是：朝鲜半岛的和平统一，必须自主地、在没有任何外国干涉的情况下，在民主的基础上，通过自由的南北普选实现，如南朝鲜暂不能接受普选，可以实行过渡性措施，即以实行联邦制作为过渡性措施。该联邦制暂时保存南北方的现有政治制度，保持南北方各自的独立活动；成立最高民族委员会，由南北方代表参加，其职责是谈论和解决南北双方之间的政治、经济、军事、文化问题。美国军队撤出南韩，与此同时南北双方裁军，人数降为10万或10万以下。[1] 在20世纪70年代的双边谈判中，北方仍将这一方案作为统一模式建议向南方提出，但北方的“联邦制”方案基本上是作为“革命”统一方案的补充。

（3）“高丽民主联邦共和国方案”。进入20世纪80年代后，北方基于国际局势和北南关系的变化，倍感来自南韩的压力和挑战，在总结过去统一方案经验和教训的基础上，于1980年10月提出了实现半岛统一的“高丽民主联邦共和国方案”。其要点是：鉴于北南双方存在着两种不同的社会制度和意识形态的现实，主张双方在自主、和平、民族大团结的三项原则下，实现北南联合，双方以同等资格组建联邦制的“高丽民主联邦共和国”。在联邦政府的领导下，北南双方以同等权利和义务分别自治。“高丽民主联邦共和国”模式方案的现实依据是朝鲜半岛自分裂以来，北南双方长期存在着不同的制度，各自有着占统治地位的不同思想。在这种情况下，要实现民族团结和国家统一，就不应当将某一方的思想和制度加以绝对化。否则，就不可避免地导致双方的对抗和冲突，进而加深双方对立情绪。既然北南双方都一致将半岛统一看做是至高无上的使命，那么，制度和意识形态的差异就不应成为统一的障碍。基于此，主张双方超越制度和意识形态的差异，组建联邦共和国，实现半岛的统一。按照这一方案的构想，其实施方式是：以北方和南方同等名额的代表及适量侨胞代表组成最

【1】参见[朝]金汉吉著：《朝鲜现代史》，朝鲜外文出版社1980年版，第534－535页。

高民族联邦会议，最高民族联邦会议组织其常任机构——联邦常设委员会来领导北方和南方的地区政府，管辖联邦国家的全部工作。最高民族联邦会议及其常任机构联邦常设委员会，作为联邦国家的统一政府，要根据全民族团结、合作、统一的愿望，在公正的原则下讨论并决定政治、国防、外交以及与国家和民族统一有关的共同问题，在所有领域实行北方和南方的团结和合作。在联邦共和国内，任何一方不得把自己的意识形态和社会制度强加于对方，而是在相当长时期内尊重各自的制度选择。北方和南方的地区政府要在联邦政府的领导之下，在符合全民族的根本利益和要求的范围内，实行独立的政策，在所有的领域为缩小北方和南方之间的差别，谋求国家和民族的发展。为了反映北方和南方向往民主的共同政治理念，联邦国家的国号定为“高丽民主联邦共和国”。[1]

(4)“自主和平统一方案”。1998年4月金正日阐明了朝鲜关于朝鲜半岛统一的方案和政策。其主要内容是：朝鲜要遵循金日成的民族大团结思想和《全民族大团结十大纲领》，以民族团结的力量完成国家的自主和平统一；统一朝鲜的主体是我们的民族，统一朝鲜的事业是将分割在北南双方的和解和民族大团结，朝鲜的自主和平统一是不能设想的，全民族的大团结就是祖国的统一；民族大团结必须以彻底的民族自主原则为基础，只有坚持民族自主的原则，才能维护民族的权利和利益；北方和南方要不分意识形态和制度、政见和宗教信仰的差别，超越阶级和阶层的利害关系，在互相承认不同的意识形态和制度的基础上实现和解，谋求共存、共荣、共利，共同开辟国家统一的道路；北南双方要反对外来势力的支配和干涉的全民斗争，彻底铲除阻碍民族团结和国家统一的根源，加强北南之间的往来、接触、对话和联合，这是实现民族大团结的重要途径之一。[2] 从金

【1】参见[朝]金日成：《关于建立高丽民主联邦共和国的方案》，朝鲜外文出版社1990年版，第44－46页。

【2】参见[朝]金正日：《全民族团结起来，实现祖国的自主和平统一》，朝鲜外文出版社1998年版，第6－15页。

正日的上述方案和政策中，我们可以看出，以金正日为首的朝鲜政府的统一的方案和政策继承了其父金日成关于半岛统一的遗训，在民族大团结的旗帜下，坚持民族自主原则，以民族的共同性和共同利益代替意识形态和制度的差异，在没有外来干涉的情况下，由朝鲜人民自主和平地实现半岛统一。

2．南方主张的统一模式方案

（1）李承晚的“胜共统一方案”。朝鲜战争停战后，李承晚政府秉承美国的意志，依靠美国军事上和经济上的援助，继续扩军备战，加剧军事对抗，叫嚣通过武力实现“北进统一”。20世纪60年代初上台的朴正熙政府，由于实行军人独裁统治，国内政局动荡，经济上没有取得对北方的明显优势，所以在统一问题上表现得非常被动，不可能提出系统的统一方案。但是为了防止被北方赤化的危险，南方提出在全面扩充实力的基础上加紧扩军备战，以实现“胜共统一”的目标，[1] 主张“先建设，后统一”，试图在经济上超过北方，取得对北方的优势。20世纪70年代末由于南方取得了经济上的比较优势，所以公开主张南北两种体制通过和平竞赛，实现统一，从而在南北统一问题上表现出了进攻的态势。

（2）全斗焕的“民族和解和民主统一方案”。进入20世纪80年代以后，南韩历任总统都明确地提出了和平统一方案。1982年1月，全斗焕在“国政演说”中提出了“民族和解和民主统一方案”，主张双方民意代表组成统一协议会，起草统一宪法；公民投票通过宪法；按照宪法组成国会和政府，第一次系统提出了完成统一的方法和过程，并重申了和平统一的基本原则，其目标是最终在整个半岛建立一个追求民族自由幸福连续的统一民主共和国。可图示如下：[2]

【1】 参见刘鹏辉、郑信哲主编：《韩国——雾幕后的国家》，世界知识出版社1995年版，第113页。

【2】 参见孟庆义等著：《朝鲜半岛：问题与思路》，人民出版社2006年版，第123－124页。

图4－1 “民族和解和民主统一方案”设想的统一公式图

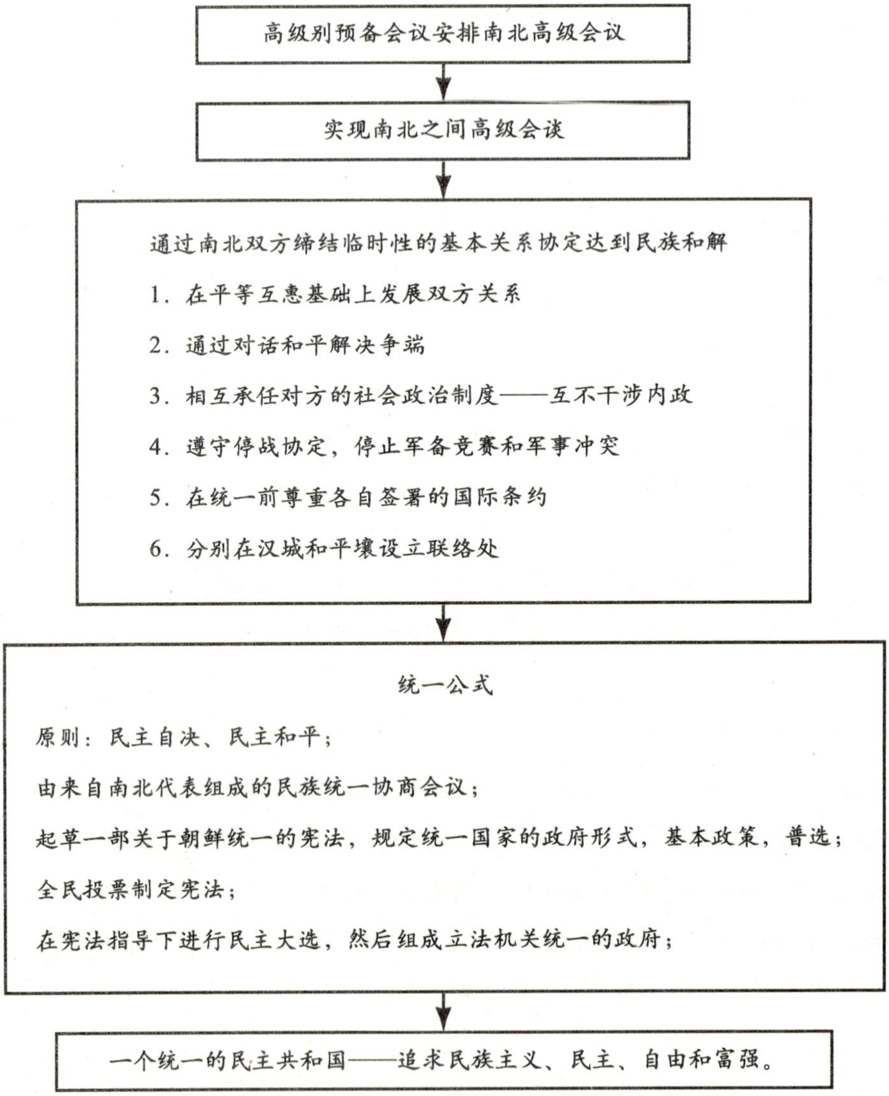

图4－2　“民族和解和民主统一方案”设想统一的步骤图

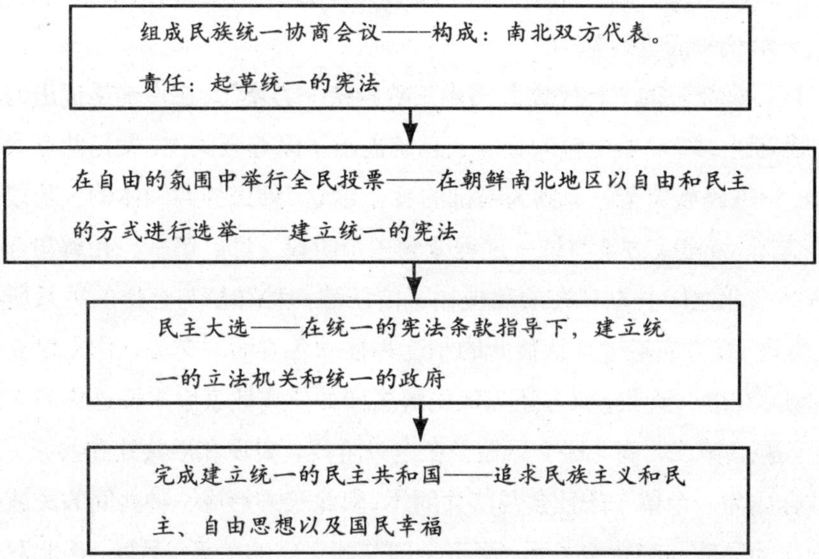

（3）卢泰愚的“韩民族共同体统一方案”。该方案由卢泰愚1989年9月所提出，其强调双方要在自主、和平、民主三原则基础上，运用渐进的方式实现统一。该方案的要点是：首先，恢复南北间的正式会谈，并在此基础上设立“南北阁僚会议”、“南北评议会”等，促进交流合作，以奠定统一的基础。其次，依据“南北评议会”制定统一宪章，举行大选，组成统一政府，最后，建立一个制度统一的“单一国家”、“民主国家”。在卢泰愚的“三阶段”统一计划中，第一阶段的任务是南北双方进行交流和互访，以便离散家属的团聚，该阶段被称为“一个民族，两个国家”，或被称为“两个政府和两种制度”；第二阶段南北政府联合建立一个松散的联邦，由松散的联邦处理军事、外交和贸易问题。该阶段被称为“一个民族，一个国家，两种制度”。最后阶段将解决南北不同的制度问题，实现“一个民族，一个国家，一种制度”。[1]卢泰愚方案与南方历来的统一方案，在

【1】 ISKS, Rethinking the Korean Peninsula, 1993, p.11.

原则上一脉相承，但更为具体，更为现实。这一方案的提出至少表明南方也正视南北分离、两种制度、两个政府并存的现实，并为结束这一现实，走向和解统一而进行努力。

（4）金泳三的“韩民族共同体三阶段统一方案”。在卢泰愚提出的方案的基础上，1993年上台的金泳三总统提出了以尊重民主、发扬共存共荣精神、增进民族繁荣三原则为基础的旨在建立“韩民族共同体的三阶段统一方案”。该模式方案将统一过程分为三个阶段，即：第一，和解与合作阶段。南北之间长期存在的敌视和不信任被一种和解与合作的关系所取代；为此，双方应通过承认彼此的制度和推动各方面的交流合作来建立相互信任。在这一阶段，双方还应优先解决诸如使离散家庭重聚这样的人道主义问题。第二，南北联合阶段。在这一阶段，实现和平共处和共荣，双方结合成为一个单一的社会经济共同体；南北双方形成一种共同的民族生活圈作为民族间的特殊关系，而不是国与国之间的关系；另外，南北双方还要共同成立一个总统委员会和一个部长委员会，以便实行最终的政治一体化，同时双方的议员代表共同制定一部统一的宪法。第三，统一的民族国家阶段。将通过南北充分一体化来完成建立一个单一的民族国家。在这一阶段，南北方实现政治一体化。根据统一的宪法，在民主的程序下组成统一的立法机构和政府，从而实现以一个民族、一个国家、一种制度、一个政府为特点的完全统一。[1] 由此可见，金泳三所设计的统一过程是一个渐进的和平统一过程。[2]

（5）金大中的“阳光政策”。1998年2月上台执政的金大中提出了他曾在野时就极力主张过的“三阶段统一方案”，该模式方案也是渐进的和平统一方案。这可从他提出的“三原则和三阶段统一方案”中得到求证，该方案的内容包括：三原则指的是和平共处、和平交流、和平统一。三阶

【1】 Research Center for Peace and Unification of Korea, Korea and World Affairs, Vol. 88, No.1, Spring 1999, pp.69 – 70.

【2】 参见方长平著：《国家利益的建构主义分析》，当代世界出版社2002年版，第203 – 204页。

段是：第一阶段按共和国联合制（国家联合方式）进行国家联合阶段，第二阶段是联邦制统一阶段，第三阶段是完全统一阶段。在第一阶段——共和国联合制阶段，具体的运作方式是：南北双方在享有独立国家的外交、国防、内政的一切权力的情况下统一采取联合型的统一；共和国联合的任务是实现和平共处、和平交流、和平统一的三原则；共和国联合是由南北双方以相同数目的代表组成，而且采用的是全体一直通过的原则，因而具有任何一方都无法把自己的意愿强加于人的安全基础。在第一阶段，双方为了和平共处，都要采取措施制止武装对抗，如裁军、改变武器装备和军队驻防、相互进行军事监督；为了实现和平交流，南北双方要促进政治、经济、社会、文化、离散家属等一切领域的交流，增进相互共同利益，恢复民族同一性。这样经过数年之后，南北之间的经济合作和北韩经济的国际化就会出现难以逆转的巨大发展。民族的同一性也会恢复。这样就可以进入联邦制阶段。第二阶段——联邦制阶段，外交和国防由联邦中央政府掌握，内政则由两个共和国共同管理。这两个共和国实际是非共和国的两个自治政府。此阶段可以看作实际统一阶段，其主要特征为"一种制度，一个国家，两个自治地方政府"。[1] 第三阶段——完全统一阶段，联邦政府掌握外交、国防和内政大权。

上述几个统一方案的要点表明，韩国的统一模式方案实质上还是由南方统一北方，在半岛推行资本主义制度，实现一国一制。

3．南北双方统一方案之分歧

通过以上描述和分析，我们将朝韩双方的统一模式方案之分歧，概括为以下两个方面：

（1）一国一制抑或一国两制。由以上分析可见，双方都主张国家统一，但对"统一"的理解不同。北方要实行联邦制，成立"高丽民主联邦共和国"，而南方要经过三个阶段最后建立单一的民族共同体。北方的联邦制方案，是鉴于双方的意识形态和社会制度不同，在联邦制下双方和平共

【1】 The Sejong Institute, The Political Economy of Korean Unification, 1998, p.114.

处，不把一方的意识形态和社会制度强加于对方，即实行一国两制。其理论根据是，一个国家内具有不同思想的人可以共同生活，一个统一的国家内不同的社会制度可以共存。在联邦政府领导下，北方和南方的地区政府分别行使独立的政策，努力缩小双方间的差异，谋求国家和民族的发展。北方未提及最后是否实现一国一制的统一。南方的“共同体统一方案”的第三阶段要实现一国一制的统一。这种统一国家要实行“自由民主主义”，即在北方推行资本主义制度。实现一国一制的统一，要在“南北联合”阶段制定“统一宪法”，按照“统一宪法”举行南北方的普选，产生统一国会和统一政府。

（2）联邦制抑或南北联合。北方的联邦制方案是一国两制模式，而南方的南北联合是实现一国一制的过渡阶段，它们之间有些内容接近，但有着根本的区别。北方提出的联邦制，先要成立统一政府。由北方和南方的同等数量的代表和适当数量的海外同胞组成最高民族联邦会议，并成立其常设机构——联邦常设委员会，统一领导南方和北方的地区政府，掌管联邦国家的整个事务。这个统一政府，在全民族的团结、合作、统一的领域，按照公正的原则，讨论和决定政治问题、国防问题、对外关系以及与国家和民族统一有关的共同问题，推进有助于国家和民族共同发展的事务，在各个方面实现北方和南方之间的团结和合作。在双方总理会谈过程中，北方为了促进南北统一，将原方案中集中于统一政府的军事和外交改为先留给地区政府，待条件成熟后逐步完善统一政府的职能。南方的新方案未提及“南北联合”的组织机构问题，但原方案中有具体建议；作为最高决策机构，举行“南北首脑会议”；由双方政府代表各十人组成“南北阁僚会议”；由南北双方的国会议员各五十人组成“南北评议和会”。为辅佐阁僚会议和评议会的工作并履行协议，设立联合联络处，在汉城和平壤常驻联络代表。“南北阁僚会议”以南北总理为联合主席，下设人道、政治、外交、经济、军事、社会、文化等方面的常任委员会。评议会起草“统一宪法”，并提出实现统一的方法及具体步骤。从这些内容来看，属于联邦的形式，与北方提出的联邦制初级阶段有些接近的地方。但也有不同的地方，韩国的邦联主义者主张南北双方应当首先在“两个国家，两种制度，两个政府”的基础上实现和解，而朝鲜的联邦制主张“一个民族，一个国家，两种制度，两个政府”。究竟“两个国家”还是“一个国家”？双方需要进行艰苦地谈判和协商。

（四）几种未来统一模式主张的可行性分析

从目前国际社会中分裂国家复归统一的模式来看，典型性模式主要有越南的“武力统一”模式、德国的“吸纳统一”模式以及中国的“一国两制”模式。那么，这三种统一模式在朝鲜半岛的可行性究竟有多大呢？我们在这里略作探讨：

(1) 越南式的“武力统一”模式。这是历史上实现国家统一的最常用的方式。应该说，朝鲜在越南之前的1950年已进行了这一尝试，历时三年，二十多个国家卷入战争，结果不仅未能达到目的，反而却造成了巨大的损失，影响至今。从目前的基本态势来分析，南北双方似乎都不会采取以武力吞掉对方的手段来实现统一。

首先，从双方武装力量的对比来看，南北方大体上保持均势，没有任何一方有绝对的优势制服对方。朝鲜在军队数量、武器装备上多于韩国，是一个“核威胁”的国家；韩国则在武器质量、后勤供应等方面优于朝鲜，本土上还驻有近四万美国军队，得到美、日提供的各种军队援助和核保护。况且，在和平与发展已成为世界主题的形势下，双方也不希望爆发战争。

其次，从民众意愿上来看，生活在三八线两边的都是朝鲜民族，五十年前的那场战争除给朝鲜造成巨大的经济损失外，还造成了巨大的心理创伤。现在，他们仍希望两国关系和解、半岛获得和平，并最终达成整个国家、民族的重新统一。在朝鲜民族的眼里，朝鲜半岛应是统一的民族和国家，1953年的一份停战协定使双方在紧张的对峙中和平地度过了半个世纪，和平成了半岛居民的愿望。1997年的“金融风暴”使韩国经济后退了十年，欠下巨额外债。韩国被迫向国际货币基金组织求援，成为“经济上被托管的国家，进入国际货币基金组织的控圈”，[1] 韩国经济需要重铸。朝鲜经济曾经有过辉煌过去，但近几年来由于严重自然灾害的冲击和封闭的经济政策的制约，发展持续低迷，国家经济面临诸多亟待解决的问题，可谓是百业待兴。双方需要的是和平、稳定、宽松的国内国际环境来致力于经济建设，在这种情况下，人民不需要战争，也经不起战争。[2]

再次，从国际条件看，在冷战后的世界和东北亚地区，美、俄、日、中等大国也都不希望半岛再次出现战争，南北朝鲜任何一方要发动战争不仅得不到大国的支持，而且难免遭到其他国家的谴责和制裁。

基于以上三方面的分析，笔者认为，在朝鲜半岛基本可以否定出现武力统一的情况，除非世界大战再次爆发。

(2) 德国式的“吸纳统一”模式。在西德吸纳东德实现德国统一后的一段时间里，德国模式曾一度被韩国奉为经典，南韩有不少人曾希望在朝鲜半岛也出现类似的情况，即在苏联解体和东欧剧变的冲击下，北朝鲜内部也出现激烈动荡，自行瓦解，由南方顺利地吸收北方。随后人们发现，两韩的情况与两德的情况有很大的不同，“朝韩半岛的现实是在北方和南方存在着不同的社会制度，各有占统治地位的不同思想，而且基本上势均力敌，哪一方吞并或吸收哪一方都很困难”。[3] 人们还逐渐发现，就两德而言，两德的经济差异是两德统一的原因之一，东德的社会混乱是西德吞并东德的重要时机。而北朝鲜的内部条件及外部周边条件与东德也很不一样，北朝鲜国内政治和社会局势基本稳定，不大可能像东德那样在出现政治不稳定之后自行崩溃。另外，西德统一以后，原西德地区为支持东德地区所造成的经济负担也使韩国望而却步。从人口看，西德六千七百万人，东德一千六百万人，西德人口大约是东德人口的四点二倍，而朝鲜的人口

【1】 参见王升：《金大中政府面临的政治、经济及外交课题》，载《东北亚论坛》1998年第3期。

【2】 参见黎云皎、陈重耕：《试论世纪之交的朝韩关系与统一之路》，载《文山师范高等专科学校学报》2002年第1期。

【3】 李相文：《朝鲜和平统一前景》，载《亚太研究》1992年第1期。

数为韩国的二点五倍。人均GNP西德约为东德的三倍，而南、北韩之差距为五至六倍。有人参照东、西德合并后的情况，根据南、北韩人均GDP的差距与一般的资本产出的比率计算，如果南方按德国统一模式吸收了北方，南方在统一后的头三年里就要花费一千四百亿美元，到本世纪末至少要为此支出两千五百亿美元(另一种计算认为南方要承担三千四百亿美元的支出)。[1]果真如此，南韩根本无力承受统一所带来的如此沉重的负担。韩国世宗研究院对国民进行了与此相关的调查：假如在统一后韩国政府提高税收以帮助北部经济的重建，国民认为附加税的比重多少为宜？调查结果如下：[2]

表4－2　韩国国民对统一及相关问题的态度之调查表

愿意承担经济负担，必须实现统一，因为韩国国民精神最重要	22.4%
既然统一会产生很多问题，其进程必须放缓	70.7%
统一是不必要的，因为它只能引起经济的混乱和困难	4.3%
不关心统一	2.7%
尽可能按富有家庭的标准征收	9.0%
只能按中等家庭的标准征收，即使其总量不足以帮助北部重建	58.5%
反对任何为统一而增加的税收	28.0%
不清楚	4.5%

(资料来源：引自孟庆义等著：《朝鲜半岛：问题与思路》，人民出版社2006年版，第187页。)

以上调查结果表明，韩国国民绝大多数希望南北统一，但因过快统一会造成许多社会问题，所以，70.7%的韩国国民认为应将统一进程放缓，更有28.0%的韩国国民反对为统一而增加任何税收。这表明将来的统一费

【1】参见史敏：《朝鲜半岛的统一与东北亚的新秩序》，载《亚太研究》1993年第6期。

【2】The Sejiong Institute, The Political Economy of Korean Unification, 1998, pp.31-33.

用问题并不是轻而易举能够解决的。由此看来，德国统一模式很难用来解决朝鲜半岛的统一问题。

（3）中国式的“一国两制”模式。“一国两制”是中国政府在新形势下，从国家和民族的根本利益和港、澳、台的现实出发而提出的创造性模式。它的前提基础是一个中国。朝韩两国在人口上虽有二点五倍的巨大差距，但这不可能构成像中国对港、澳、台地区一样具有绝对优势的主从关系，双方在人口和社会制度上不会出现主从关系，只能是两个对等的人口和制度实体。从政治上来看，台湾问题一直是中国的国内问题，虽然有外国势力插手，但那是少数，不可能改变台湾是中国的一部分的现实，中国对台湾拥有无可非议的主权，是国际社会所认可的。而两韩问题从一开始就是国际问题，两国建国后均宣布对对方拥有主权，后又加入只有独立主权国家才能参加的国际组织——联合国，分别得到国际社会的认可，在国际社会上是两个主权独立的国家。从经济上来看，中国大陆是一个拥有巨大潜力的经济实体，GDP居世界第七位；港、澳、台经济虽然起步早，发展快，国民生产总值有大幅度提高，但由于地域、人口等条件的限制，经济扩展空间小，无法与大陆保持同一水平，抗衡大陆。两韩经济上虽有较大差距，但受地域、人口、市场等客观因素制约，两国经济都有对等发展的潜力，进而促成双方政治上的均衡。[1]中国式“一国两制”是基于两制的主次性而做出的制度安排，朝鲜半岛的南北双方基本上保持着均衡的态势，能否适用中国式的“一国两制”，的确是一个值得进一步深入研究的问题。如果按照中国式“一国两制”的初始设计精神来解释，答案应该是否定的。但如果按照我们所宣传的“一国两制”不但适用于香港、澳门和台湾，而且为解决其他国际间争端提供了一种范例，那么，在理论上，“一国两制”应该适用于大小对称、轻重均衡、地位平等的半岛双方。笔者以为，即使能够适用，恐怕也先要

【1】参见黎云皎、陈重耕：《试论世纪之交的朝韩关系与统一之路》，载《文山师范高等专科学校学报》2002年第1期。

对其进行创造性地改造。

由上可见，南北双方在领土、人口、经济、政治和军事等方面的对比状况和现实特点决定了朝鲜半岛的统一不可能完全照搬上述三种模式。

（五）未来半岛和平统一模式的构建原则和基础

1．未来和平统一模式方案的建构原则

建构未来的和平统一模式方案，首先必须确立和平统一的原则，否则统一的方式、时间、议题、协议等都无从谈起。从目前双方的有关声明和文件看，双方基本认可的原则主要有以下几个：

(1) 自主统一原则。朝鲜半岛的统一问题应由半岛的主人——大韩民族自主地加以解决，即朝鲜半岛的统一必须由朝鲜南北方作为统一主体，而不是由外来势力充当统一主体。外部势力对朝鲜半岛的参与或干预，不但解决不了双方统一问题，反而使朝鲜问题变得更加复杂。联合国的干涉，美军驻扎在南韩等，都不利于半岛统一问题的自主解决。当然，朝鲜半岛的分裂是由外部势力插手而造成的，而且影响到现在，因而我们也不否认周边相关大国在对半岛统一方面的作用和影响，至少在一定时期内，南北统一问题的解决的确需要有关国家的支持和配合。但决不能将此作用和影响过分夸大和看重。否则，就会影响南北方的统一。在朝鲜半岛的统一问题上，只有体现南北双方的自主性，才能完成实质性统一。

(2) 和平统一原则。基于现实的考虑，双方都明确表示放弃运用武力手段解决问题，希望运用和平方式实现统一。因而，双方在1991年10月签署“关于和解和互不侵犯的协议书”，随后南北双方总理正式签署了《关于北南和解、互不侵犯和交流合作协议书》，还签署了《朝鲜半岛无核化宣言》，这是缓和半岛紧张局势，建立和增进互信的一个重要措施。以协议书的签署为起点，双方还将把停战协定改为和平协定，使双方从停战状态进入宣告战争结束的和平时期。2000年6月南北双方的高峰会谈已就和平统一的形式达成了一致协议，这为半岛的和平统一迈出了关键性的一步。当然，问题的最终解决还需要外国军队彻底撤出南韩，进而南北双方要大规模裁减军备，只有这样才能真正消除在朝鲜半岛发生战争的因素，

实现南北双方的和平统一。[1]

(3) 平等统一原则。北方和南方长期存在着不同的社会制度，各有不同的主流意识形态，而且基本上势均力敌，任何一方吞并或吸收另一方都很困难。因而，南北双方在实现统一的过程中，应坚持平等的原则。韩国不应以经济优势对朝鲜摆出“高人一等”的姿态，也不应将资本主义制度强加于北方；反之，朝鲜方面也不应将社会主义制度强加给南方，对韩国所有事物全盘加以否定。南北双方在交流与合作过程中应坚持相互尊重、相互对等、和平共处的原则。也只有如此，南北双方的交流与合作才能持久地进行下去。

(4) 泛国民性统一原则。归根结底，朝鲜半岛统一的本源主体是朝鲜半岛之所有人民。统一应以生活于半岛之上的全体人民利益为最高利益，不能只满足某一团体或党派等少数人利益和需求。只有这样，才能在统一后，出现一个安定繁荣的朝鲜半岛。此外，在统一过程中强调全体国民参与原则，只有将全体人民动员起来才能加速统一的进程，变国家统一大业为生活于半岛之上的全体人民的事业。[2]

(5) 超越意识形态原则。南北双方在交流合作过程中应坚持“政经分离”的原则，即双方在交流合作过程中应摒弃意识形态的差异。1980年10月，金日成正式提出建立“高丽民主联邦共和国”的主张。但南方却唯恐被北方“赤化统一”，硬说联邦制方案没有现实可能性，将此事搁置下来。事隔十年，南韩才提出“韩民族共同体统一方案”。尽管双方的方案不同，北方提出“一个民族、一个国家、两个政府、两种制度”，南方提出“一个民族、两个国家、两个政府、两种制度”，在“先合”和“先分”及统一后形成联邦还是邦联上均有分歧，但终究都是统一方案，而且都是以和平共处为基础的方案。

【1】 参见李相文：《朝鲜和平统一前景》，载《亚太研究》1992年第1期。

【2】 参见孟庆义等著：《朝鲜半岛：问题与思路》，人民出版社2006年版，第191－192页。

以上五项原则应是建构未来半岛和平统一模式的基本原则,是解决朝鲜统一问题的基础。虽然这五项原则在双方的有关联合声明和文件中得到了确认,但这五项原则在实际中并未得到真正贯彻,因而,切实贯彻这些原则仍是当前和今后一段时间内需要认真解决的主要问题。

2．未来和平统一模式的构建基础

合理而可行的统一模式,应该是在南北双方都能接受的基础上制定出来的一个双赢的方案。关于未来的统一模式,现在不得而知。从目前朝韩双方基于事实而分别已提出的统一方案中,可以归纳出这些方案的相同点或相似点,而这些相同点或相似点正是双方建构未来的统一模式的基础。概括起来,这些相同点或相似点主要有:[1]

(1) 在目标方面,南北双方应积极寻找彼此的共同点,求同存异、共同探索,找出一条既符合朝鲜民族整体利益又符合目前双方利益的统一模式。20世纪90年代以来双方找到了类似的统一之路,如北方提出的以“一个国家、两种制度、两个政府”为基础的“联邦国家方案”和南方金大中政府提出的南北间不搞武力挑衅,不搞吸收统一,对北方采取支援、交流、合作、诱导的“阳光政策”(又称“包容政策”)方案。双方都主张最后在半岛建立一个完全统一的民族国家。

(2) 在认同方面,都主张以朝鲜民族为主体,在强化民族自主、自尊和独立的原则下实现统一。并主张统一应在全民族共存共荣的基础上进行。如金日成指出:“北方和南方要互相承认和尊重各不相同的思想和制度的存在,互不侵犯,共同实现进步和繁荣。”[2] 韩国也提出:“在现阶段不注重短时间内完成统一,而以和平方式达成和平共存才是当前的问题,在此和平共存的基础上将进一步寻求南北韩的和解,并推动合作关系。”[3]

【1】 参见孟庆义等著:《朝鲜半岛:问题与思路》,人民出版社2006年版,第192－193页。

【2】 [朝]金日成:《为统一祖国,实现全民族大团结的十大纲领》,朝鲜外文出版社1993年版,第2页。

【3】 大韩民国统一部:《韩国新政府对北韩政策》,1998年(4)版,第1页。

(3) 在进程方面，双方都主张渐进的、阶段性统一原则，不搞引起朝韩社会动荡的激变式统一，主张在共同发展中渐趋统一。韩国方面表示，统一问题不可能在短时间内解决，因此需要一段时间一步步推动下去。[1]朝鲜方面也表示，北方和南方要保留现有的两个制度和两个政府，建立一个能代表各党、各派、各阶层所有民族成员的泛民族国家。[2]

(4) 在方式方面，双方都改变了20世纪50年代的武力统一方案，都主张和平统一的原则，主张在协商的基础上实现统一，韩国在对朝鲜政策中指出："……但一定排除武力对抗，进而实现和平共存才是尽快要解决的关键。"[3] 金日成在《为统一祖国，实现全民族大团结的十大纲领》中指出："北方和南方不要威胁和侵略对方，不要企图把自己的制度强加于对方，也不要企图并吞对方。"[4] 这是用血的代价换来的，符合当今时代潮流。

总之，基于南北双方在目标、认同、进程和方式等方面所存在的共识，只要双方在坚持前述五项原则的基础上，求同存异，积极沟通，耐心磋商，努力推动，就一定能分阶段、分步骤地沿着和平渐进的道路走向最终统一。

第三节　不完全统一国家复归统一之模式

不完全分裂国家复归统一的模式所要解决的是主权行使权的统一问题，即结束主权行使权同主权所有权的被动分离问题。对于该模式的研究

【1】 大韩民国统一部：《韩国新政府对北韩政策》，1998年（4）版，第4页。

【2】 [朝]金日成：《为统一祖国，实现全民族大团结的十大纲领》，朝鲜外文出版社1993年版，第1页。

【3】 大韩民国统一部：《韩国新政府对北韩政策》，1998年（4）版，第4页。

【4】 [朝]金日成：《为统一祖国，实现全民族大团结的十大纲领》，朝鲜外文出版社1993年版，第3页。

同样不能面面俱到。下面以个案研究的形式，仅就该模式的两个典型实例——香港模式和澳门模式进行具体研究。

“一国两制”本来是为解决台湾问题而提出的创造性构想，[1] 却首先运用于解决香港问题，继之运用于解决澳门问题，从而形成了“一国两制”的香港模式和澳门模式。准确地说，两者都是“一国两制”模式的亚模式，具有很大的相似性。因而，出于研究的需要和表述的方便，本章将这两个模式合为一个整体来进行研究，合称为“港澳模式”。

一、港澳模式：结构与特点

准确地说，港澳模式是主权国家收复失地的模式，它所解决的是主权行使权同主权所有权之间的国际被动分离问题。港澳问题的解决是中英、中葡两国政府分别通过外交谈判的方式来完成的，其目的是为了结束英、葡分别在港、澳的殖民统治，从而恢复中国对港澳地区的主权行使权。

与两德复归统一的激变性过程模式相比，港澳回归的过程模式则带有渐进性的特点，这主要表现在香港和澳门回归祖国之前，都经历了一个过渡期，即实施“一国两制”的准备期。从香港的情况来看，其回归的过渡期为十二年，在这十二年内，完成了《香港特别行政区基本法》的起草、制定，为香港特别行政区的筹建和“一国两制”的实施准备了法律基础；从1990年开始，依照香港特别行政区基本法和全国人民代表大会的决定，筹组了香港特别行政区的政权机构。从澳门的情况来看，其回归的过渡期

【1】 美籍华人黄仁宇认为，“一国两制”在历史上早已有之，不算今日伊始。他举四例为证：第一例是中国元朝，《元朝食货志》载北方采用租庸调制，南方采用两税制。第二例是南北战争前的美国，北方禁止奴隶买卖，而南方不禁止。第三例是16世纪至17世纪的荷兰，由7个国家组成邦联。第四例是17世纪的英国，衡平法体系与普通法体系并存。（参见[美]黄仁宇著：《放宽历史的视界》，中国社会科学出版社1998年版，第419－437页。）笔者认为，这是对“一国两制”的误解。“一国两制”是一国之内国家主体和局部地区长期存在基本不同的社会制度，而不是部分法律条文或具体施政措施的不同。至于16－17世纪采用邦联制的荷兰，在国际法上不具备国际法主体资格，也谈不上“一国两制”。

为十一年，在过渡期内完成了《澳门特别行政区基本法》的制定和澳门特别行政区政权机构的筹组，为“一国两制”在澳门的实施做好了准备。由于港澳回归的过程模式除了其渐进性的特点能给人们诸多启示以外，没有什么其他资源和意义值得去进一步挖掘。但是，其结果模式却具有重要的理论和实践价值。下面我们重点就港澳回归的结果模式进行深入研究。

港澳回归的结果模式主要描述的是港澳回归后的国家结构和制度安排。从其外部形态来看，该模式主要体现为以下两个结构：

（一）单一制结构

首先，从政治学的角度讲，“一国两制”的港澳模式是在坚持单一制国家结构形式的前提下展开的。尽管在“一国两制”下，特别行政区享有很大的权力，如立法权、财政独立权、货币发行权和司法终审权等，但这些权力从根本上讲，都是中央政府授予的，因而，它再怎么特别，都只是单一制国家下的一个地方行政区域。认清“一国两制”下港澳特别行政区的这一性质，对于认识“一国两制”下中央政府与港澳特别行政区的关系十分重要。有人依据香港特别行政区享有立法权、行政权、独立的司法权和司法终审权，就认为香港特别行政区享有的权力与联邦制下成员国享有的权力在性质上是相同的。这种观点是不对的。判定地方享有的职权究竟是否属联邦制下的成员国的权力，可从形式和实质两方面判定。在形式上，联邦制下成员国的权力是固有的，而联邦政府的权力，则是成员国让与的结果；在内容上，联邦制下成员国是享有一定的国家主权的。[1]根据这两方面判定，可以清楚地看到，特别行政区与联邦中的成员国有本质不同：首先，它没有固有权力，它的权力来自中央政府的让与；其次，它不享有国家主权，尽管它有很大的权力。因此，在“一国两制”下，中央政府与特别行政区政府的关系，并不像联邦制下，联邦与成员政府之间的关系，它在本质上是单一制下中央政府与地方自治政府的关系。

【1】参见肖蔚云主编：《“一国两制”与香港基本法律制度》，北京大学出版社1990年版，第319页。

其次，特别行政区基本法的理论基础充分体现出单一制国家结构形式的特征。特别行政区基本法的理论基础是“一个国家，两种制度”或称“一国两制”。它是邓小平理论的重要组成部分，从萌芽、发展到实践，该理论是实事求是的产物、党的集体智慧的结晶，不仅具有相当的历史意义，而且具有重大的国际意义。邓小平所讲的“一国两制”是一种构想，要付诸实践，要体现于法才能有保障，全部都要遵守它。“一国两制”能否成功，要体现在特别行政区基本法里。特别行政区基本法的起草也自始至终贯彻一国两制的方针政策。特别行政区基本法是中国宪法关于“一个国家、两种制度”方针在法律上的具体化。而科学的“一国两制”的含义应当包括“一国”与“两制”两个不可分离的方面，不能只重视一个方面而忽视另一个方面。“一国”与“两制”的正确关系应当是坚持“一国”的前提下，允许在它的特殊地区存在不同的制度。坚持我国社会主义国家的主权、统一和领土完整，这是“一国两制”的前提。所以，特别行政区虽然享有高度自治权，实行不同的制度，但中央与特别行政区的关系不是平分秋色，平起平坐，[1] 而是单一制国家与其地方行政区域的关系，是中央与地方的关系。可见，作为特别行政区基本法理论基础的“一国两制”充分体现出单一制国家结构形式特征。

再次，特别行政区基本法条文本身，充分体现出单一制国家结构形式特征。[2] 纵观特别行政区基本法条文，多处体现了中央的主权及对地方授权的特征。下面以香港基本法为例来说明，该基本法中涉及体现中央主权的地方如：序言中“确认中华人民共和国政府于1997年7月1日恢复对香港行使主权”，“国家决定在对香港恢复行使主权时……”，“根据中华人民共和国宪法，全国人民代表大会特制定中华人民共和国香港特别行政区基本法，规定香港特别行政区实行的制度”，第13条：“中央人民政府负责

【1】 参见程林胜著：《邓小平“一国两制”思想研究》，辽宁人民出版社1992年版，第62－63页。

【2】 参见肖蔚云主编：《香港基本法的成功实践》，北京大学出版社2000年版，第218－220页。

管理与香港特别行政区有关的外交事务”，第14条：“中央人民政府负责管理香港特别行政区的防务”，第15条：“中央人民政府依照本法第四章的规定任命香港特别行政区长官和行政机关主要官员”，以及在对外事务中，对以国家为单位参加的国际组织和会议中香港参加的方式及安排，再加上香港特别行政区基本法的解释与修改等的规定，无不体现中央主权的根本性。为体现“两制”的特点，条文中有关中央授权的规定及字眼亦不少，如第2条，第13条第2款，第20条，第48条第9项，第96、125、133、134条，第153条第2款，第154、155条，第158条第2款等。另外，在单一制的外在特征方面也体现明显，如：序言中：“香港自古以来就是中国领土，……为维护国家的统一和领土完整，……”和第1条：“香港特别行政区是中华人民共和国不可分离的部分”，第12条：“香港特别行政区是中华人民共和国一个享有高度自治权的地方行政区域，直辖于中央人民政府”，及关于国籍法实施的规定等。

（二）“异质同体”结构

“一国两制”是一种“异质同体”结构。所谓“异质”是指不同地区在经济、政治、文化、制度等方面具有性质上的差异；所谓“同体”是指性质不同的各地区结合于一个共同的政治架构，服从于同一主权政府。通常在一个国家里，地方行政区实行的政治、经济制度，与整个国家的政治、经济制度是相同的，充其量是在某些具体做法上，允许地方行政区根据实际情况做灵活处理。我国所有的地方行政区，包括民族自治地方在内，都实行社会主义制度。民族自治地方同普通行政区相比，具有较大的权力，但也只限于根据本地区的民族特点，实行某些不同于其他行政区的具体制度。民族自治地方的财政收入，由民族自治地方的自治机关自主地安排使用。又如民族自治地方可以依照国家的军事制度和当地的实际需要，经国务院批准，组织本地方维护社会治安的公安部队。在设立经济特别行政区的地方行政区，虽然在经济上可以实行特殊政策，如减免关税、集中引进外资等等。但这些措施都属于具体制度的范围，在根本制度上，民族自治地方也好，经济特别行政区也好，都是实行社会主义，实行以人民代表大会制为标志的政治制度，同国家的主体制度相一致。

港、澳特别行政区则与此不同。港、澳特别行政区不实行生产资料公有制，也不搞人民代表大会制，而是继续保持其原来的资本主义经济制度和政治体制，继续保持其原有的法律制度和司法制度。港、澳特别行政区有自己的一套法律，全国性法律除某些特定情况外，一般不在那里实施。由此可见，港、澳特别行政区在其实行的政治、经济乃至法律制度上，与其他行政区有根本性的差异。

“异质”和“同体”本是一对矛盾，而“一国两制”完美地处理了一个主权国家内部“异质”和“同体”的关系，既容许和保证了“异质”的存在，尊重制度差异，为港、澳按自己的特色去发展提供了空间，又能够在保持国家政权稳固的情况下，实现国家的统一，从而实现“异质”政体在统一政治架构下的和平共处与共同发展。在这种“异质同体”的结构下，按照中央授权体制，地方自治权力的大小，完全可以通过授权方式灵活加以解决。因而这种“异质同体”结构的出现不仅没有改变我国单一制国家结构形式的性质，反而扩大了它的包容性和适应性。概括起来，这种“异质同体”结构具有三个突出的特点，那就是：

第一，统一性。这是“一国两制”具有决定意义的质的规定。解决历史遗留问题，实现国家的完全统一，是大陆方面提出“一国两制”构想的根本目的和宗旨。正如邓小平所说：“问题的核心是祖国的统一”，[1] 就是强调“一国两制”的“质”的规定性在于它的统一性。为了实现国家统一，“一国两制”承认和不急于去改变港、澳的资本主义制度的现实，而是让这几个小地区、小范围的资本主义制度同大陆的社会主义制度包容于“一国”之内。在国家统一的前提下，“两制”和平共处，双方求同存异。“一国”是“两制”的前提和政治基础，没有“一国”，“两制”便无从谈起。这表明，统一性是“一国两制”中的具有决定性的方面，或者说本质的方面。

第二，主次性。所谓主次性，就是“一国两制”中并存的“两制”之

【1】《邓小平文选》第三卷，人民出版社 1993 年版，第 30 页。

间有主次之分，而不是一半对一半、平分秋色。在“一国两制”下，“十二亿人口的内地坚定不移地实行社会主义，这是主体。香港只有五百多万人、澳门约四十万人、台湾约两千万人，是小地区和局部地区。”[1] 正如邓小平所指出：“中国的主体必须是社会主义。大陆十亿人口实行社会主义制度，但允许国内某些区域实行资本主义制度，比如香港、台湾”。[2] 这种主次之分，不是任何人的强行规定，而是尊重历史发展的客观现实。这种主次有别的制度设计，“影响不了大陆的社会主义”。如果上升到哲学的高度来分析，大陆的社会主义是矛盾的主要方面，港、澳、台的资本主义是矛盾的次要方面，我国社会制度的性质是由矛盾的主要方面决定的，港、澳、台实行资本主义，不会改变统一后整个国家的社会主义性质。

第三，渐进性。从统一的现实结果来看，“一国两制”是国家统一后的制度安排，属于结果模式的范畴。但从统一的最终结果来看，“一国两制”本身不是目的，它仅仅是为早日实现国家统一以及保持统一后的稳定与繁荣而做出的一种制度设计。在实现统一后，通过“一国两制”的安排，让两种不同性质的制度在几十年（至少五十年）内自然互动、自然融合、自然趋同。从当初对“一国两制”的设计目的来看，尽管没有预设“一国两制”在50年或更长一段时间之后，如何向“一国一制”过渡，但从人类社会发展的政治规律来看，最终出现由“一国两制”向“一国一制”的转变，是历史发展的必然趋势，只不过这种转变不是人为的，而是自然的而已。也就是说，“一国两制”虽是一个高超的政治设计，但这并不能改变它的过渡性。笔者强调“一国两制”模式的过渡性，并不是说五十年之后，立即取消特别行政区的资本主义制度，而是说一国一制是一个主权国家的常态制度，“一国两制”是一个主权国家的非常态制度。由非常态制度过渡到常态制度是政治发展的必然逻辑，这是不以任何人的意志为转移的政治法则。

【1】 肖蔚云主编：《“一国两制”与澳门特别行政区基本法》，北京大学出版社1993版，第8页。

【2】《邓小平文选》第三卷，人民出版社1993年版，第59页。

二、香港模式与澳门模式的比较

香港和澳门有着相似的历史。在历史上，它们都是中国的一部分，后又分别沦为英国和葡萄牙的殖民地，并都采取了宗主国所实行的资本主义制度，因而香港与中国大陆、澳门与中国大陆的关系也是相似的或大体相同的，但是香港和澳门仍存在着统治制度、经济特点及发展程度的差别，因此，解决香港问题和澳门问题的模式既大体相同，又存有差异。

（一）两种模式的相同之处

从总体上来说，中国政府为解决港、澳问题同英、葡两国政府的谈判，都是以“一国两制”为指导思想和总的原则进行的，即恢复行使主权，保持繁荣稳定。谈判的前提是：主权问题不能讨论，中国政府一定要在1997年、1999年收回香港、澳门。港、澳回归后，设立直辖于中央政府的特别行政区政府，除外交、国防由中央政府管理外，保留高度自治权，实行港人治港、澳人治澳。应当说，香港模式与澳门模式的共同点远远大于不同点，同属于“一国两制”模式的范畴。它们的共同之处具体表现在以下几个方面：

1．有相同的问题解决依据

香港和澳门都经历了长时间（上百年乃至几百年）的外国殖民统治，形成了具有西方政治色彩的治理体制并融入了当地社会，同时也成为香港和澳门回归祖国以后确立政治体制所参照和考虑的前提。香港和澳门两个特别行政区政府的建立均以基本法为依据。两个基本法不仅是两个特别行政区政体的“根本大法”，[1] 也是全国统一实施和遵循的基本法律。因而，香港和澳门两个特别行政区的政体，都是以法治为基石的民主政治体制。

2．有相同的法律隶属关系

两个特别行政区均直属于全国人民代表大会及其常务委员会和中央人民政府的领导，中央人民政府在两个特别行政区设有联络办公室，作为双

【1】 根本大法通常是指宪法，这里说两个基本法是“根本大法”是就其在港、澳地区的实际效能而作的形象说法，如果从严格的法律效力等级上来说，它们不是宪法性文件，而是宪法之下的基本法律。

方沟通、联系的直通渠道，特别行政区在首都北京也设有办事处。特别行政区的行政长官和行政机关主要官员由人民政府任命，而外交、防务等涉及国家主权的事务均由中央人民政府负责管理。同时，两个特别行政区都拥有管理当地社会、经济、司法、文化等诸多方面的高度自治权。

3．有相同的政治体制架构

香港特别行政区与澳门特别行政区的主要制度架构，均包括行政长官、特别行政区政府、立法会和司法机关等部分。两个特别行政区主要官员的任职资格和年限亦大致相同。这些行政机构的权限划分与职能配置也大体相同或近似。同时，两个特别行政区都有一支训练有素的公务员队伍及其完善的建制。两个特别行政区都是行政主导型的政治运行模式，实行行政长官负责制。都是行政机关和立法机关互相配合又互相制约、司法独立的民主政治体制。它们之间的关系与运作，均由法律所约束与规范。

4．有相同的政治交替机制

两个特别行政区的行政长官，均由当地选举委员会选举产生，由中央人民政府任命，任期五年；立法会议员则由直接选举、间接选举（在澳门有部分委任）相结合产生，除第一届外，每届任期四年；法院法官由当地法官和法律界等人士组成的独立委员会推选和由行政长官任命产生。同时，行政长官和立法会议员的产生，都将根据实际情况和循序渐进的原则，最终达到完全由普选产生的目标。[1]

（二）两种模式的不同之处：以基本法为分析蓝本

如前所述，从总体上看，香港模式与澳门模式基本上是相同或相近的。但若作具体分析，两者也并非完全一致，甚至有些差异还是相当明显的。下面我们以两个基本法为例，来对“一国两制”的香港模式和澳门模式进行微观比较研究。很显然，体现“一国两制”精神的港、澳基本法在形式、内容、基本结构、主要条款除了存在着较多的相同之处外，澳门基

【1】 参见陈道华主编：《“一国两制”与国家理论》，中共中央党校出版社2002年版，第73－74页。

本法不是对早已生效的香港基本法的照抄，而是根据澳门的实际来充分体现澳门的特点。具体说来，两者的不同主要表现在：

1. 结构上略有不同

澳门基本法在第四章“政治体制”上比香港基本法多了一节，即第七节“宣誓效忠”。这样安排更加符合澳门的实际，因为在中葡联合声明中，葡萄牙在其备忘录中声明：“凡按照葡萄牙立法，在1999年12月19日因具有葡萄牙公民资格而持有葡萄牙护照的澳门居民，该日后可继续使用之。”实际上就是承认双重国籍，而我国是不承认双重国籍的，这两个备忘录的意见是不一致的。为了解决行政长官、主要官员、立法会主席、终审法院院长、检察长必须效忠澳门特别行政区，还要宣誓效忠中华人民共和国的问题，澳门基本法增写了第102条，放在第四章第七节。此外，将第101条与第102条放在一起组成第七节。第101条规定行政长官、主要官员、行政会委员、立法会议员、法官、检察官必须拥护澳门基本法，尽忠职守，廉洁奉公，效忠澳门特别行政区。这一点要比香港基本法在体例上更科学一些，因为立法会议员、法官都不属于公务人员范围。另外，澳门基本法第五章“经济”没有再分小节，这是由于在起草基本法时澳门还没有民航业，更重要的是澳门基本法是本着宜粗不宜细的原则来起草的，因此，该章只含有十八条，而香港基本法则有三十一条。[1]

2. 政治体制部分存在着不同

首先，行政长官资格的差异。香港基本法将“在国外无居留权”作为参选的前提条件，而澳门基本法则把“不得具有外国居留权”作为当选后任职的必要条件；在产生办法上，香港基本法提出了普选目标，而澳门基本法未作规定；在职权上，澳门基本法关于制定行政法规、关于委任部分立法会议员、任命检察官等内容，是香港基本法所没有的。其次，主要官员资格的差异。香港基本法对主要官员的资格有“在外国无居留权”的规定，澳门基本法虽无这一规定，但增加了就任时“申报财产，纪录在案”

【1】 参见肖蔚云著：《论澳门基本法》，北京大学出版社2003年版，第5－6页。

的内容；再次，立法机关组成规定方面的差异。香港基本法规定立法会主要由在外国无居留权的永久性中国居民组成，非中国国籍和在外国有居留权的永久性居民比例不能超过20%，而澳门基本法关于立法会组成无上述限制，香港基本法规定，立法会主席由年满四十周岁，并在香港通常居住连续满二十年，在外国无居留权的香港永久性居民中的中国居民担任，而澳门基本法无"在外国居留权"之限期，变香港基本法中"通常居住连续满二十年"为十五年，但增设副主席一职；第四，司法体制方面的差异。香港基本法规定，"设立终审法院、高等法院、区域法院、裁判署法庭和其他专门法庭"，而澳门基本法规定，澳门回归后设立初级法院、中级法院和终审法院，设立行政法院，"原刑事起诉法庭的制度继续保留"。第五，行政长官职权规定的区别。澳门基本法规定行政长官拥有制定行政法规、委任部分立法会议员、任命检察官等职权，但香港基本法则没有这方面的规定。[1]第六是宣誓效忠方面的差异。宣誓效忠中央政府和特别行政区政府之规定，是港、澳基本法的共同点，但澳门基本法对"宣誓效忠"单设一节，香港基本法关于这一内容仅是"公务人员"一节中的一项，澳门基本法规定，特别行政区行政长官、主要官员、立法会主席、终审法院院长、检察长在就职时要宣誓效忠，而香港基本法除要求上述人员外，还把要求宣誓效忠者扩大到行政会议成员、立法会成员，各级法院法官和其他司法人员。[2]

3．土地规定有所不同

澳门基本法第7条规定："澳门特别行政区境内的土地和自然资源，除在澳门特别行政区成立前已依法确认的私有土地外，属于国家所有。"而香港基本法第7条则规定："香港特别行政区境内的土地和自然资源属于国家所有。"这种差别，反映了港澳两地土地所有制的状况和特点，澳门大约10%的土地属私人所有，而香港的土地全部属国家所有。这也与葡萄

【1】参见郭天武、钟小文：《回归后香港与澳门政治体制比较研究》，载《澳门公共行政》1998年第3期。

【2】参见肖蔚云著：《论澳门基本法》，北京大学出版社2003年版，第8－10页。

牙和英国的土地制度不同有关，在英国，一切土地所有权都属于英王，个人只享有土地使用权，因此，香港土地归英女王所有，港督代表英女王行使管理权，港府向任何人授予的只是土地使用权而非所有权；而在葡萄牙，土地所有权则是存在私有状态的，澳门的绝大部分土地为公有性质，同时保持少部分私有土地，包括在1901年按葡萄牙法律登记的私有土地、由澳葡政府依法出售的小块土地以及在凼仔、路环两岛的“沙纸契地”。两部基本法对土地所有权的不同规定，也反映了立法者的基本思路：在符合宪法基本原则的前提下，兼顾港澳的实际状况。

4．所属法系的内容不同

澳门和香港分属大陆法系和英美法系。在大陆法系中，没有类似英美法系的判例法制度，也没有衡平法和普通法的划分。所以香港基本法规定原有法律包括“普通法、衡平法、条例、附属立法和习惯法”，主要是不成文法，而澳门基本法的原有法律则只有“法律、法令、行政法规和其他规范性法律文件”等成文法。回归前，澳门法律由葡萄牙和澳门双重立法系统制定。葡萄牙延伸到澳门适用的法律包括五大法典(民法典、刑法典、商法典、刑事诉讼法典、民事诉讼法典)和其他部门小法典。1976年后，澳门立法会开始制定法律，但在法律渊源中所占比例不大。回归后的法律包括澳门基本法、澳门实施的部分全国性法律、澳门立法会制定的法律、回归前澳门本地化的法律。法令由行政部门依法制定，是澳门重要的法律渊源。行政法规指政府各部门制定的部门性规范性文件。其他规范性文件，是指上述范围外，具有规范性的法律文件。

5．驻军防务的表述不同

两部基本法总体上都作了“中央人民政府负责管理特别行政区的防务”的规定。香港基本法还设有中央派驻香港特别行政区负责防务的军队的条款，订明驻港解放军的基本职责、义务及军费负担的内容。而澳门基本法对驻军问题未作规定。这是因为澳门情况不同于香港，葡萄牙早在20世纪70年代就已从澳门撤军，在澳门回归时已不存在防务交接问题，《中葡联合声明》中也没有驻军的规定。澳门基本法既已有防务权的规定，防务权包含了驻军权，因此，是否驻军，在何时、何条件下驻军，由中央政府决定。中央人民政府在澳门特别行政区驻军是中国对澳门恢复行使主权的象征，也是有效管理澳门防务的需要。驻军对澳门的黑社会和罪恶势力具有威慑和压制作用，也有利于澳门回归后保持社会稳定和经济发展。

6．居民身份条件的规定不同

根据澳门人士的要求，澳门基本法第24条规定："澳门特别行政区的永久性居民为：第一，在澳门特别行政区成立以前或以后在澳门出生的中国公民及其在澳门以外所生的中国籍子女；第二，在澳门特别行政区成立以前或以后在澳门通常居住连续七年以上的中国公民及在其成为永久性居民后在澳门以外所生的中国籍子女。"而香港基本法的规定比较模糊，没有写明必须是在成为永久性居民之后在香港以外所生的中国籍子女，因此在具体适用上并不能排除在港居住七年以上的中国公民在取得永久性居民身份前其子女有自动成为永久性居民的可能。因此发生了"居港权"纠纷。相比之下，澳门基本法的规定更为直接明了，可以有效避免可能引发的歧义。澳门基本法还对在澳门出生或居住的葡萄牙人成为永久性居民作了专门规定。香港基本法未对居港英国人作特别规定，而是将其归为外籍人士对待。之所以有此区别，显然是考虑到部分葡萄牙人在澳门世代居住的实际情况，以使居澳葡萄牙后裔的利益受到更多的保护。[1]

7．居民权利的规定不同

澳门基本法特别强调了享有这项平等权的原则。居民"不因国籍、血统、种族、性别、语言、宗教、政治或思想信仰、文化程度、经济状况或社会条件而受到歧视"。该项内容的确定主要是考虑到澳门居民中存在一定比例的葡籍和其他外籍人士，并参照了国际人权公约的有关规定。在关于人身自由的规定上，澳门基本法还增写了一些内容，如澳门居民对任意或非法的拘留、监禁，有权向法院申请颁发人身保护令，这也是起草委员会接受澳门居民的咨询意见并参照葡萄牙宪法第31条作出的规定；澳门

【1】 参见肖蔚云等主编：《依法治澳与稳定发展》，澳门科技大学、澳门基本法推广协会2002年出版，第59－60页。

居民除其行为依照当时法律明文规定为犯罪和应受惩处外，不受刑法处罚；澳门居民在被指控犯罪时，享有尽早接受法院审判的权利，在法院判罪之前均假定无罪。而香港基本法将同样的内容放在第四章“政治体制”第四节“司法机关”第87条第2款规定，不如澳门基本法将之纳入居民人身权利的保障更为合理，更具积极性；[1] 此外，澳门基本法还特别规定“在澳门的葡萄牙后裔居民的利益依法受澳门特别行政区的保护，他们的习俗和文化传统应受尊重”，而香港基本法则规定“新界原居民的合法权益受香港特别行政区的保护”。澳门基本法对死刑未作规定，香港基本法则规定禁止任意或非法剥夺居民的生命。这主要是由于回归前香港并没有废止死刑，香港最高法院曾多次作出死刑判决，只是多年来并未执行死刑；而澳门已有一百多年没有实行过死刑，葡萄牙宪法也明确规定不设死刑。死刑的存废对维护澳门的繁荣稳定而言是一个重大问题，对于澳门是否实行死刑的问题基本法没有作直接规定，而是留待将来澳门特别行政区立法会根据实际情况作出规定。

8．经济方面的规定不同

娱乐博彩业是澳门社会、经济生活中最具特点的组成部分。一方面，它是澳门旅游业中最吸引外国和外地游客的地方，澳门的博彩业有很长历史；另一方面，它又是澳门政府税收的重要来源。长期以来，澳门的博彩专营税收占澳门财政总收入的大部分，保留博彩业对澳门的经济意义十分巨大。因此，澳门基本法第118条规定，澳门特别行政区根据本地整体利益自行制定旅游娱乐业(亦即娱乐博彩业)的政策。事实也证明了基本法这一规定的合理性。而香港经济则以工业、贸易、金融、建筑、旅游和交通运输六大行业为主导，且一直以来是国际金融中心，因此，香港基本法明确规定，香港特别行政区政府提供适当的经济和法律环境，以保持香港的国际金融中心地位。政府制定适当政策，以促进和协调制造业、商业、旅游业、房地产业、运输业、公用事业、服务性行业、渔农业等各行业的发

【1】 参见杨允中著：《澳门与澳门基本法》，澳门基金会1995年版，第9页。

展。在香港，除赛马和“六合彩”外，其他赌博均属禁止之列。[1]

此外，澳门基本法在其他几个方面也与香港基本法有不同之处。例如，澳门基本法在用词上比香港基本法更严谨科学，结构上也更清楚，如第51、54等条分别用“三十日”、“九十日”代替了香港基本法中的“一个月”、“三个月”，第52条解散立法会的情况也用列举式予以规定。这些都是根据香港基本法起草经验做出的改进，因而也较香港基本法更明确。

澳门基本法与香港基本法之所以会有上述的不同，主要原因在于：首先，中葡联合声明与中英联合声明的内容有所不同。例如，关于防务、立法机关的产生、司法体制和经济体制等内容的规定，在两个联合声明中有些不同。这样，以两个联合声明为重要起草依据的两个基本法自然也就不一样。其次，在比较法学上，澳门与香港属于不同的法系。澳门在回归之前实行的是葡萄牙的法律制度，属于典型的大陆法系，主要是制定法传统；而香港则是属于英美法系，实行判例法制度，因此两大法系的不同也影响到了澳门和香港的具体制度和法律精神。再次，澳门的具体情况与香港有所不同。例如，两地政治体制在回归前尽管都是实行总督制，在回归后都是实行行政长官制，但其各自的司法体制、法律制度、经济体制、国籍情况、语言文字等都有些不同，澳门不同于香港的这些特点也必然影响到澳门基本法。最后，澳门基本法的起草工作是在香港基本法起草工作开始三年多才进行的，在内容、条文和文字上都吸收了香港基本法起草的经验，作了许多内容和文字上的改变，因此在某些规定上更趋完善，更加科学。

三、港澳模式之评析

“一国两制”的港澳模式是大胆的、有创造性的、比较开明的国家统一的方案。现在，它已在香港和澳门变成了现实。对于该模式的特点及其积极作用，我们应当予以充分地认识和肯定，但也应认识到它的某些

【1】 参见肖蔚云等主编：《依法治澳与稳定发展》，澳门科技大学、澳门基本法推广协会2002年出版，第161－174页。

局限性。下面我们结合该模式与德国模式的某些比较，来对该模式作一简要评析。

从德国模式来看，统一前没有（也不可能）安排一个过渡期；统一后又立即用一种体制去改造另一种体制，所以两德统一既是一场政治制度、经济制度的大转换，又是一次利益关系的大调整。况且，这种改造、转换和调整都是在短期内完成的。因而表现出了激变式统一的特点。

而港澳模式为“一国两制”模式，统一后不是立即用一种制度去改造另一种制度，而是让两种制度同时并存，靠两种制度的自然融合，最后趋同。因而表现出了渐变式统一的特点。中国政府之所以做出这样的模式设计和安排，主要是出于维护港澳地区社会稳定的考虑。邓小平曾说过：“香港要稳定。在过渡时期要稳定，中国恢复行使主权以后，香港人执政，香港也应该稳定。这是个关键。”[1] 目前国内外对港澳模式都给予了高度的评价，认为实施“一国两制”避免了用一种体制去改造另一种体制所带来的痛苦和混乱。从政治实践来看，港澳模式的优点是显而易见的（前面已经论述）。对此，我们应当予以充分地肯定。

但是，对于渐变式统一的正面功效，我们也不应无限地加以扩大。如前所述，正因为它是过渡模式，所以，它也留下了制度的区际冲突和二次融合问题。香港、澳门相继回归，依照各自的基本法实现了高度自治，保持原有的资本主义制度和生活方式长期不变。我们不得不承认，这种最佳的统一模式也不是完美无缺的，它也存在着一些瑕疵。从终极目标上说，中国的统一应当是实现政治、经济、文化、社会生活、法律制度等方面的完全统一。这也是整个人类社会发展的一种必然趋势。法国法学家巴蒂福尔等人从法学的角度指出：“经验表明，政治主权的统一实际上也要求立法的统一；在同一国家内存在多种立法是一种反常现象，会导致一种往往是错综复杂的局面。事实上，多种立法的存在一般来说表明对各地地方主义的尊重，在刚刚实现国家统一的情况下，对地方主义的这种尊重在政治

【1】《邓小平文选》第三卷，人民出版社 1993 年版，第 267 页。

上是审慎的，但是，事态的发展会取消这种地方主义的；在所有欧洲大国中，人们都看到了这种现象。即使地方主义非常强烈的美国，统一的演变也是不可否认的”。[1] 尽管巴蒂福尔等人所谈的是一种法律制度现象，但他们的分析也适用于政治制度和经济制度。应该说，统一的国家，必然有统一的政治、经济和法律制度，这是中国政治发展的基本走向。从某种意义上说，没有制度的统一，国家就不是真正的统一。考虑到香港、澳门的特殊历史和现实，为了保持香港、澳门的繁荣和稳定，在相当长的一段时期内不可能要求香港、澳门特别行政区实现与大陆地区制度上的完全统一。但从中华民族的整体利益和人类历史发展的必然趋势来看，这又应当是全体中国人民必须努力的方向。[2] 香港、澳门特别行政区的资本主义制度与大陆地区的社会主义制度必将不断磨合、逐步趋同，最终实现完全统一，这是一个自然的历史过程，人为的强制和顽固的拒绝，都将会最终损害国家的真正统一。

我们分析港澳模式的过渡性和渐进性，并不是否认它们的价值和意义。而只是想借此来说明，任何一种模式都是利弊共存的。其适用与否，取决于诸多主客观条件。渐进式统一对于中国解决港澳问题是正确的选择，而对于德国统一则未必合适。当时西德国内外各种力量的相互碰撞、组合，造成了德国重新统一的突发性机遇。当时西德政府和人民只有抓住这一历史机遇，迅速促成两德的统一，才是合乎逻辑的行为。所以，当时西德政府除了当机立断以外，没有任何其他选择，因而两德以激变式的过程模式完成国家统一，也就成为历史的必然。

同时，我们也不应一概地否定德国激变式统一的功效，而应当予以辩证地分析。可以说，激变式统一的功效在不同时期有不同的表现形式。这种功效并不是始终都呈现消极性的。在统一以后的最初几年里，用于体制改造的支出会大量增加，这种支出并不会立即增加总产出，反而急剧的制

【1】 [法]巴蒂福尔等著：《国际私法总论》，中国对外翻译出版公司1989年版，第358页。

【2】 参见陈道华主编：《“一国两制”与国家理论》，中共中央党校出版社2002年版，第162页。

度变换还会使社会产生大震荡，并常常伴随着经济衰退、失业严重、通胀加速、社会秩序混乱产生。只有经过一段过渡时期以后，这些不利影响就会逐渐消失，统一的正向积极效应就会逐渐显示出来。因此，激变式统一的功效是以迂回曲折的形式表现出来的。当体制改造完毕，转入正常发展后，统一对德国的正向积极效应就会出现并呈现恢复性增长，即呈现出通常所说的“J型曲线”现象。这一点已为德国统一后的现实所证明。

通过对港澳模式与德国模式的比较可以说明，抽象地谈论哪种统一模式“好”与“坏”，是没有什么意义的。不同的统一模式具有不同的适应性。可以这样概括：实现国家统一的模式是可以选择的，但选择是有条件的。关键的问题是要对客观情势和现实可能性要有清醒的认识和把握，找到能结束本国分裂状态且双方都愿接受的统一模式。

第四节　比较与借鉴

分析至此，我们对德国模式、韩国模式与中国港澳模式的不同进行一项总结性的比较。这样一方面可使我们进一步理清完全分裂国家复归统一模式与不完全分裂国家复归统一模式的不同，另一方面可使我们在实践中更好地掌握上述三种统一模式的适用条件和背景，以便为我们设计未来两岸的统一模式提供智力支持。

如前一章所述，以前的两个德国以及现在的两个韩国同海峡两岸具有不同性质的关系。战后出现两个德国和两个韩国，均属于完全分裂国家，两个德国的统一以及将来朝鲜半岛的统一，是国家与国家的统一。而海峡两岸的中国则属于不完全分裂国家，中国仍为单一的国际法人，其统一是一个国家内部不同部分之间的统一。由于它们在分裂的性质、状态、程度等方面均不相同，这决定了它们在国家复归统一的道路上所面临的困难和所要完成的历史使命也不相同，进而决定了它们复归统一的方式、手段、形态和特点也不相同。即使同属于完全分裂国家的东西德和南北韩，由于它们分裂背景和具体国情的差异，它们复归统一的路径、特色、模式也不会完全相同。简而言之，德国模式和韩国模式属于完全分裂国家复归统一的模式，而中国港澳模式属于不完全分裂国家复归统一的模式。为了清楚起见，我们将它们的比较情况列表如下：

表4－3　分裂国家复归统一典型模式比较表

不同之处 \ 模式名称	德国模式	韩国模式	中国港澳模式
模式类型不同	完全分裂国家复归统一模式	完全分裂国家复归统一模式	不完全分裂国家复归统一模式
统一使命不同	结束主权所有权的分裂状态	结束主权所有权的分裂状态	结束主权行使权同所有权的被动分离状态
模式特点不同	激变式	尚未出现	渐变式
统一方式不同	和平方式	呈和平态势	以和平方式为先但不放弃使用武力
结构形式不同	联邦制	尚未确定	单一制
制度安排不同	一国一制	尚未确定	一国两制
统一形态不同	两国合为一国	两国合为一国	一国内部的整合
主体关系不同	平行模式	呈平行模式态势	垂直模式

尽管东西德和南北韩等完全分裂国家复归统一的模式和中国等不完全分裂国家复归统一的模式具有上述的不同。但这并不意味着否认我们德国模式和韩国模式，以及港澳模式对于两岸统一的借鉴意义。由于德国模式和港澳模式的借鉴意义分别在本书第六章第二节和第三节有详论，故此不赘述。下面单分析韩国模式对两岸统一的启示。

南北韩的统一与我国大陆和台湾的统一均面临重重困难和危机。客观地说，南北韩的统一与我国和台湾的统一在一定程度上既有相同或相似之处，也有不同之处。但南北韩统一过程中的某些经验和教训值得我们借鉴和参考。

主要经验是：（1）两国都在宪法性文件上做好准备。1972年，北朝鲜金日成提出“联邦模式”，主张各自维持现行的经济制度不变，实现和平统一。1972年7月，南韩政府回应了金日成的主张，肯定金日成所提出的三项原则。这样，两国政府为统一做好了宪政性的文件准备，特别是1990

年南朝鲜制定《南北交流合作法》，为迈向统一指定了方向。2000年6月，金大中和金正日正式签订《南北共同宣言》。（2）谈判内容直接进直入政治议题。南北韩双方谈判的话题相当直接和深入，直接就联邦制或"民族共同体"等政治议题进行讨论，且很少出现大的理论争论。当然，这也有许多历史原因和政治因素。（3）抛弃谈判主体的地位争议。由于南北朝鲜在国际法上处于一种"国家状态"，所以他们谋求的是民族统一，而不是国家主权的统一，因此在谈判的主体地位上，他们并没有任何争议。这也是南北韩不断走向政治谈判之路的原因之一。当然，南北韩的统一谈判也并非一帆风顺。（4）实现两国元首的直接对话，取得突破性进展。南北韩于1994年6月达成首脑会谈协议，后因金日成突然逝世而没有成功，但从1994年以后，两国元首和高层进行了多次往来和对话，为南北韩双方和平统一奠定了基础。

主要教训是：（1）由于美国等国家的干涉，使统一进程缓慢并使该问题国际化。以前由于南北韩统一问题长期受到苏联和美国两大超级大国的影响，加上国际政治风云变幻莫测，使得南北韩时有摩擦。特别是美国长期在难朝鲜驻军，引起两国间的军事竞赛。（2）双方统一机构没有常设的对话渠道。由于美国等国家的干涉，南北韩统一对话并没有常设的对话渠道，使得两国的统一步伐走得比较缓慢，甚至是"只闻雷声，不见雨下"。（3）没有民间和谈团体，直接由政府高层接触。从20世纪70年代迄今，南北韩政府间进行了高层接触并举行数十次高层会议。在统一谈判的问题上，两国都坚持由政府出面谈判，不允许其他民间团体参与。因此在没有理顺历史问题的情况下，两国政府就直接进入实际谈判，商讨实质性问题，由于缺乏民间力量和民间的各种认同，所以效果欠佳。[1]

以上分析表明，我们在分析或设计未来海峡两岸的统一模式时，不应照搬德国模式（该问题的详细分析，请参见该书第六章第五节的有关内

【1】上述关于韩国模式对两岸统一启示的分析，参照了周叶中教授关于该问题研究的某些观点。

容）或韩国模式，也不应照搬中国港澳模式（该问题将在本书第六章第六节详论，暂不展开论述），应从海峡两岸人民的根本利益出发，结合两岸分裂的性质、状态和特点，认真探索，大胆设计，在认真研究并大力借鉴德国模式和韩国模式以及中国港澳模式有益经验的基础上，创造性地建构出让海峡两岸的中国人均能接受的统一模式。

第五章　海峡两岸统一模式研究（上）

上述各章研究国家统一及其模式的理论，其目的和意义不在于理论本身，而在于运用这些理论来解决现实问题。就中国来说，海峡两岸以什么样的模式走向未来的统一呢？本书尽管不可能对此做出正面而肯定的回答，但可以通过理论分析，给决策者提供一种选择统一模式的思考。面对两岸统一问题上如此众多的模式主张，本书仅选择与政治学上的国家结构形式理论相关的几个代表性模式主张作如下研究。

第一节　邦联制模式与两岸统一

一、邦联制：意蕴及特征

“邦联”与“联邦”，表面上只是字序的颠倒，但事实上，两个概念所包含的内容却有着本质的不同。在英文中，“邦联”是“confederation”，而“联邦”是“federation”。尽管目前学术界对于邦联和邦联制尚没有统一定义，但一般认为，邦联是指两个或两个以上的主权国家为了某种特定的目的（如军事的、贸易的等等）而建立起来的一种国家联合体；邦联制就是这种联合体的组织形式。这种联合体在本质上不是国家。这是因为：

（1）在这种国家联合体中，邦联的成员单位除根据条约或协议而明确表示让与或委托给邦联机构的部分主权行使权外，仍保留各自的主权所有权和主权行使权，如北美十三州的《邦联条例》第二条规定：“各州保留其主权，自由和独立，以及其他一些非邦联条例所明文规定授予合众国国会的权力。”这样的权力关系决定了邦联的“中央机构”实际上只是一种协商性的“邦联议会”和成员国的“首脑会议”。在一般情况下，它没有统一的最高立法机关和行政机关，也没有统一的军队、赋税和国籍。

(2)邦联机构所拥有的权力不外是邦联机构对各成员国的主权行使权的一种限制，但是，这种限制也只有经过了成员国的认可后方可有效。例如，北美十三州所组成的邦联议会，虽然根据《邦联条例》在形式上享有对一切事务的最后决定权，但由于邦联只有议事机构而没有执行机构和成体系的司法机构，不可能直接对各州居民直接行使权力，这些权力所涉及的事务在经邦联议会议决后能否执行完全要看各州的意愿。

(3) 从理论上说，邦联成员国可以随时退出邦联。正如我国已故著名法学家王世杰、钱瑞升教授所说："各邦之有无脱离权，为分别邦联与联邦的唯一标准"。[1] 所以，从根本上说，邦联不具有真正的国家性质。美国历史上的联邦党人甚至认为，邦联的中央机构不具有政府的含义，因为"政府意味着有权制定法律"和执行法律，可邦联的中央机构在这方面显然是无能为力的。[2] 所以，我们与其称邦联为国家，毋宁称其为同盟组织更为合适。[3] 这里需要说明两个问题：第一，邦联和邦联制是两个不同的概念，邦联是一种国家联盟，而邦联制则是国家联盟的组织形式。第二，尽管政治学界通常将邦联制与联邦制一同归入复合制的国家结构形式，但从严格意义上来说，邦联制并不是一种真正意义上的国家结构形式。真正意义上的国家结构形式只有单一制和联邦制。

另外，邦联的各成员国地位平等，在内政外交上互不隶属，只是在一些特定的领域，如军事、外交和外贸等方面采取联合行动。从邦联成员国与成员国之间的关系来看，在邦联范围内，成员国之间的关系是一种国际关系；但涉及邦联对外事务时，各成员国之间的关系又是一种国内关系，所以邦联制是一种介于国际与国内关系之间的"妥协方案"。也有的学者认为，邦联是联邦主义精神下的另一种变体，专指国家之间在国际上

【1】 王世杰、钱端升著：《比较宪法》，商务印书馆 1999 年版，第 356 页。

【2】 参见[美]汉密尔顿等著：《联邦党人文集》，程逢如等译，商务印书馆 1997 年版，第 75 页。

【3】 参见肖蔚云等著：《宪法学概论》，北京大学出版社 2002 年版，第 152 页。

的结合形态。[1]暂且不管这个命题正确与否，单从理论上讲，邦联和联邦都是将先前独立的或至少是自治的邦国联合成一个新的政治共同体的有效形式。

为了更清楚地揭示邦联制的特征，下面我们将通过其和联邦制的比较来进一步说明。概括起来，两者的不同主要表现在：

(1) 在主权特征和国际人格方面的不同。邦联体现不出主权所有权的唯一性，其主权所有权被各个成员国所分别拥有，邦联只是主权国家的联合，其成员国都可以自由地退出邦联；但联邦则不同，它能体现出主权所有权的唯一性，是一个完整的国家，它的成员在成立联邦前即使是拥有主权的，但在成立联邦后，也必须中止这种主权地位。另外，联邦一旦确立，其成员单位就不能随意退出，否则就是分裂或叛乱。

(2) 在形成动因和接触民众方面的不同。联邦制的建立是为了创造一个“更完善的国家。”一个联邦制国家在形成后，联邦中央政府和成员政府本身并不拥有主权所有权，它们只拥有人民委托给的主权行使权。主权所有权从本源上说属于联邦的全体人民和联邦国。因此，联邦中央政府和成员政府的权力直接及于人民，[2]它们的合法性依赖于人民的选举。而邦联制的形成，则是基于建立一个强有力的、共同安全与防务的联盟或共同的经济利益为目的。但邦联机构同成员国人民的接触，必须通过成员国政

【1】 参见翁松燃：《统合模式初探》，载台湾《新世纪智库论坛》第13期，2001年6月30日。

【2】 但也有的学者不赞同这种观点，如已故法学家王世杰、钱端生认为，邦联之“中央政府的军事长官，固皆享有直接命令各邦人民之权。而且有的邦联，于军事之外，尚承认中央政府的权力，对于其他若干事件，亦得直接及于人民；例如北美十三州初独立时所组织的邦联，承认中央政府关于货币、邮政、度量衡等事件，得向人民直接行使职权；又如从前德意志邦联，承认中央议会得直接受理人民的诉讼。由此看来，如以中央得向人民直接行使职权与否，为联邦与邦联区别的标准，则此两制的差异，实亦不过是一个程度问题。所以直接向人民行使职权的条件，不得认为联邦制的基性。”（王世杰、钱端升著：《比较宪法》，商务印书馆1999年版，第353－354页。）笔者赞同王世杰、钱端生二先生的观点。

府来实现。

（3）在权力能力和决策能力方面的不同。邦联虽有一定的决策能力，但其决策的约束力仅限于特定的方面，而且决策的贯彻与实施在很大程度上依赖于成员国的意愿。虽然联邦与邦联都有二级政府的功能与权力的划分，但诸如公共卫生、教育、文化活动等这些对公民日常生活产生直接影响的事务，在联邦制国家中一般属于地方政府的职责与权限，而在邦联制下则属于各成员国的职责和权限。可见，联邦的决策能力和权限远远高于和大于邦联，但邦联成员国的地位和权限则远远高于和大于联邦国家的成员单位。

（4）在机构组成和发挥作用方面的不同。邦联的权力机构是由各成员国代表所组成的联合委员会，其运作是按照各成员国一致同意的程序进行，是不能完全独立的；邦联也没有独立于各成员国的行政机构。而联邦一旦确立，就意味着一个新的主权国家产生，因而一个共同的联邦政府也就存在，共同的立法和行政机构也就开始独立地运作。另外，邦联通常依靠各成员国的财政支持，由于财力的不能独立，邦联决定不了其成员国的主要事务。而在联邦国家中，联邦中央政府和成员政府都有各自直接或间接的税收来源，但联邦中央政府通常控制着联邦的主要税收。联邦中央政府独立的财政能力使其能够决定联邦主要事务。[1]

（5）在公民身份和国籍承认方面的不同。在邦联制下，公民身份普遍是单一的，因为每一个公民都只有他所在国的公民身份。但是，在联邦制下，公民具有双重身份，他既是他所在成员单位的公民，也是他所在成员单位所加入的联邦的公民，这样，他就具有新的国家所赋予的权利和义务。但是，在邦联制国家，邦联并不赋予公民新的权利，公民也不必向邦联承担义务。

从理论上来说，我们可以对邦联制和联邦制作上述区分。但是，由于邦联和联邦都是将先前独立的或至少是自治的政治实体联合成一个新的政

【1】 参见李晶：《邦联制不适用于中国统一》，载香港《中国评论》2001年9月号。

治共同体的有效形式。所以，在现实的政治运作中，邦联制与联邦制往往不容易明确厘清，例如历史上美国、瑞士、德国等邦联制国家大都发展成了联邦制国家形态，而现有的加拿大联邦国则由于联邦宪法的规范，各省际间的联邦结合形态得以采行类似邦联的组织结构。[1]

二、邦联制的历史命运之考察

如前所述，邦联制不是真正意义上的国家结构形式，邦联制国家也不是真正意义上的近现代国家，但它的确在历史上存在过。可以说，它是特殊历史条件下的产物。从历史上来看，邦联制国家是非常少有的。在近现代世界历史上曾出现过五个典型的邦联制国家：即瑞士邦联（1291－1789，1815－1848），尼德兰联省共和国（1579－1795），美国邦联（1777－1789），德意志联盟（1815－1866），塞内冈比亚邦联（1982－1989）。后来，随着各成员国政治、经济联系的加强，邦联制国家逐渐解体或被联邦制国家所取代。下面我们将对这五个邦联制国家的产生、发展和衰亡情况作一历史考察，以便我们了解其产生的特殊历史背景，从中也能找到为什么当今世界各国均不采用邦联制作为国家结构形式的原因。

（一）世界近代史上的四个邦联：形成与终结

1. 瑞士邦联

1291年，为反对奥地利人的统治，瑞士中部的三个州结成“永久同盟”。到1370年，“同盟”发展到了八个州，尔后签署了《牧师宪章》，标志着老瑞士邦联的正式形成。这八个州结成邦联之后，由于没有统一的中央政权，各州之间的发展也不平衡，加上奥地利王朝对地方封建势力的影响与控制，因而在15世纪期间，邦联成员国之间的冲突不断，内战频繁。

【1】 1999年4月1日，努那武特（Nunavut）由加拿大西北地区分离出，并享有高度自治权，占面积约一百九十九万四千平方公里。此外，虽然1998年8月，加拿大联邦最高法院否决了魁北克省脱离出加拿大的要求，但分离主义分子多次在魁北克省议会中占多数席位。

老瑞士邦联虽于1499年摆脱了奥地利的统治，但一直面临着解体的危险。1789年，老瑞士邦联终于在法国大革命的风暴中倾覆。随后建立起来的海维尔第共和国，又成为法国的附庸国。拿破仑政权倒台后，瑞士于1815年又恢复了邦联制。新瑞士邦联由二十二个州组成，新邦联虽名义上为一个统一国家，但实际上各州仍然处于各自为政的状态：各州都保留着自己的主权、军队、财政和税收。随着资本主义的发展，瑞士人民要求真正统一的呼声越来越高，但却遭到了以畜牧业为主的一些州的当权者们的强烈反对。他们担心自己的统治权被工商发达的州所控制，因而结成分离派联盟，反对建立一个统一的中央政府。最后，分离派联盟与统一派的矛盾终于以宗教战争的形式爆发。统一派联军在广大民众的支持下，最终获得了战争的胜利。1848年，瑞士制定的全国宪法取代了邦联盟约，这标志着瑞士由一个邦联制国家转变为新的联邦制国家，从而结束了持续数百年的封建割据的分裂局面。[1]

2．尼德兰联省共和国

也被称为荷兰邦联，它是在反抗西班牙人统治的尼德兰革命中建立起来的。从1579年成立尼德兰联省共和国，到1789年解体建立荷兰王国，它有着两百多年的历史。荷兰邦联由荷兰、西兰、乌特勒支等七个省组成。与当时欧洲大部分国家不同的是，它没有君主，联省议会是其最高协商机构，由各省选出的四十名代表所组成。联省议会对外代表整个共和国，决定宣战、国防、外交等事务。各省都享有最大限度的自由和主权，有自己的体制和特权，实际上是相对独立的主权国家。尼德兰联省共和国曾享有半个多世纪的辉煌与荣耀。但从17世纪末至18世纪中期，尼德兰进入连年征战时期，先后同法、英两国开战。战争使共和国民不聊生，内部矛盾激化，加上国家体制松散、机制运转不灵、决策迟缓，它适应不了当时变化了的国内外形势，从而日益走向了衰落。1795年，内外交困的

【1】 参见吴志成著：《当代各国政治体制：德国和瑞士》，兰州大学出版社1998年版，第221－230页。

尼德兰联省共和国终于被推翻了，取而代之的是一个统一的、单一制的荷兰王国。[1]

3．美国邦联

即从1781年到1789年的“美利坚合众国”，它是北美大陆的十三个殖民地在反抗大英帝国的独立战争中建立起来的。为联合各殖民地的反英力量，1777年的大陆会议就签署了一项使北美十三个殖民地联合在一起的《邦联条例》。[2] 该条例规定：美国是由各独立州组成的邦联制国家，邦联议会的主席只能通过各州当局行使权力，各州仍保留自己的“主权、自由和独立”。在事实上，当时的美国只是由十三个独立的“小国”组成的松散的“国家联合体”。因为从当时的情况来看，“中央政府只有一个一院制的立法机关；在这里面，各州拥有平等的表决权。没有执行机关，也没有总的司法机关；中央政府无权节制商务或直接征税。由于缺乏这些权力，政府各部遂陷入无助状态。”[3] 由于邦联的权力弱小，独立后的美国邦联随时面临倾覆的危险。面对这种情况，美国资产阶级迫切要求建立一个强有力的中央政府来维护他们的利益，解决日益严峻的政治和经济危机。1787年5月，美国邦联召开全国制宪会议，讨论修改《邦联条例》，并于同年9月签署了取代《邦联条例》的宪法草案。1788年7月宪法草案正式生效成为美国宪法。1789年4月，华盛顿就任美国联邦的第一任总统，标志着美国完成了由邦联到联邦的转变，也标志着一个完全意义上的、新的现代主权国家的诞生。

【1】 参见张东升著：《当代各国政治体制：荷兰》，兰州大学出版社1998年版，第11－24页。

【2】 “The United States of America”（简称USA或者US，口语中也简称The States），如果直译就是“联合起来的美洲国家”或“美洲联合国”或者“美洲国家联合体”，“美利坚合众国”的翻译已经被广泛接受。从国名也可以看出这个国家在早期就是由一些国家组成的一个新国家。

【3】 [美]查尔斯·比尔德著：《美国宪法的经济观》，何希齐译，商务印书馆1984年版，第45页。

4．德意志联盟

它建立于1815年，在联邦形成之前，德意志分裂为大大小小数百个各自为政的封建邦国。1806至1814年，莱茵地区的德意志各邦国处于拿破仑军队的控制之下。拿破仑在欧洲的统治被推翻之后，德意志境内三十九个完全独立的邦国，于1815年组成了“德意志联盟”，史称“德意志邦联”。德意志联盟的建立后，其唯一的组织机构是设在法兰克福的同盟议会。“同盟”只是作为德国统一的替代品，并没有从根本上解决德意志的统一问题。三十九个邦国都享有完全独立的主权，因而割据一方、各行其事。“同盟”实际上只是一个徒具统一形式的虚拟国家。[1] 1848年，德意志各邦国爆发了资产阶级民主革命，这是通过“自下而上”的方式来统一德国的一次尝试。革命失败后，随着资本主义经济的发展，德意志四分五裂的状况日益成为资本主义道路上的障碍。因此，消除分裂、统一德国，成为十九世纪中期德国民众的强烈要求。1862年，俾斯麦担任普鲁士宰相后，先后击败丹麦、奥地利、法国，统一了整个德国。1866年奥地利退出德意志同盟，标志着德国邦联的解体。在战胜对德国统一战争进行干涉的法国后，1871年1月俾斯麦宣告统一的“德意志帝国”诞生，开辟了帝国霸权式联邦体制的先驱和范例。

通过以上历史考察，我们发现，尽管这四个邦联的具体情况有些差别，但从总体上来说大致相同。在形成原因上，这四个邦联的建立都是出于共同安全和防卫的需要。老瑞士邦联、尼德兰联省共和国和美国联邦都是在反抗外来统治的斗争中建立起来的，新瑞士邦联和德意志同盟也都是在推翻拿破仑的统治之后，为维护封建王朝统治，防止爆发新的革命而建立起来的。[2] 在失败和解体的原因上，无论是老瑞士邦联、尼德兰联省共和国，或是新瑞士邦联和德意志同盟，都是因为邦联制本身所固有的缺陷

【1】 参见吴志成著：《当代各国政治体制：德国和瑞士》，兰州大学出版社1998年版，第10－22页。

【2】 [苏]费多罗夫著：《外国国家和法律制度史》，叶长良、曾宪义译，中国人民大学出版社1985年版，第295页。

而导致内部冲突激化、国家机器运转失灵，不能有效地应付危机，最终因外部革命思潮的冲击而导致内部的分裂，进而走向了解体。美国邦联也不例外，它被联邦所取代，虽是一种和平过渡的方式，但归根结底也是由于邦联制已无法维持国家的运转和保证国家的统一。所以，早在两个世纪以前，汉密尔顿和麦迪逊等美国联邦党人，就已对邦联制进行过严厉的抨击："他们似乎仍然盲目崇拜主权内的主权这种政治上怪物。这就必须充分指出邦联政府的主要缺点，以便证明我们所经历的祸患并非来自局部的或细小的缺点，而是来自这个建筑物结构上的基本错误，除了改变建筑物的首要原则和更换栋梁以外，是无法修理的。"【1】

（二）20世纪的塞内冈比亚邦联：诞生与解体

塞内冈比亚邦联是由塞内加尔和冈比亚两个国家组成的联合。塞内加尔和冈比亚是非洲海岸上最西部的两个国家，在历史上曾长期同属于一个整体，有着共同的文化、传统和语言。沃洛夫族和曼西哥族等都是两国主要的民族。他们的分裂完全是英法殖民主义瓜分的结果。1783年《凡尔赛和约》把冈比亚河两岸一带划分英国，把塞内加尔划给法国，从此这个整体就被人为地割裂了。这种人为的割裂，有碍两国政治和经济的发展、更为重要的是，1980年10月和1981年7月冈比亚连续发生了两起有"外国背景"的未遂政变。这两次政变都是由塞内加尔出兵协助冈比亚平息的。正是这种休戚相关的共同安全感促使两国于1982年正式建立了邦联关系。客观地讲，邦联的建立对于两国政治、经济的发展以及两国的安全防务都起到了积极的作用。但是这个邦联仅延续到1989年就解体了。这是20世纪里唯一出现的邦联制，它从反面又一次向人们昭示：邦联制不具有稳固性，无论其存在的历史或长或短，最终都是人类历史上不成功的尝试。

三、邦联制模式在两岸统一问题上的不可行性

进入20世纪80年代以来，有关邦联制的讨论和研究有复生的迹象，

【1】［美］汉密尔顿等著：《联邦党人文集》，程逢如等译，商务印书馆1997年版，第73页。

因为西方一些历史学家和政治学家针对当代国际政治的现实，希望借助于邦联制的理论来解释当前全球化、区域一体化和民族国家融合的现象，也希望通过运用邦联制的制度框架来解决当今世界范围内存在的民族矛盾、种族冲突和分离主义问题。在此背景下，有些海外学者纷纷提出以所谓的邦联制模式去实现两岸统一。如：美国对外政策全国委员会发表的政策报告建议：从长远来看，双方可以最终考虑组成一个共同体或邦联；[1]美国乔治华盛顿大学沈大伟教授曾撰文认为："邦联"观念是最有希望成为解决海峡两岸问题的方案。在台湾岛内，主张用邦联制模式来处理两岸关系的更是大有人在。如：台湾"立法委员"费希平早在1983年10月对国民党"行政院"的总质询中就提出过"大中国邦联"（Confederation States of China）的模式；[2]台湾学者沈君山在1990年初与江泽民会晤时，也曾提出过邦联的构想；1994年时任台湾行政院长的连战曾在"立法院"答询时表示不排除邦联制和联邦制。2001年7月，台湾国民党为打破两岸关系的僵局，又公布了"邦联"说帖，强调国民党的大陆政策为：依循"国统纲领"，在"一个中国，各自表述"的九二共识基础上，追求两岸关系的和平稳定发展，并在台湾优先的前提下，通过阶段性"邦联"来迈向统一。

那么，两岸统一问题上的邦联制模式主张，究竟包含着那些具体内容呢？或者说，邦联制模式架构下的两岸关系是个什么样子呢？笔者在对有关邦联制模式主张进行概括的基础上，将其内容归纳为以下几个方面：

（1）主权对等。强调两岸是"对等政治实体"，不是"隶属"或"主从"关系，隔海而治，平起平坐。说到底，两岸都是独立的主权国家。如果台湾不先成为一个主权国家，邦联的构建就无从谈起。

（2）先分后统。为实现统一，两岸先分裂为两个独立的主权国家，以此来组建邦联；等条件具备时，两岸再以联邦制实现统一。联邦为长远目

【1】Donald. S. Zagoria, Cross-Strait Relations: Breaking the Impasse, A National Committee on American Foreign Policy Project, October 2000, p.25.

【2】参见张富美主编：《台湾问题论文集：台湾现状与台湾前途》，台湾前卫出版社1988年版，第29页。

标，邦联为现实目标，邦联是走向联邦的必经阶段。

(3) 双重承认。彼此承认对方在各自有效管辖的范围内拥有主权，彼此承认对方的合法地位，彼此以“对等的政治实体”或国家并存于国际社会，双方在外交上接受双重承认，分别奉行各自的“外交政策”。

(4) 和平渐进。两岸对等共存，和平共处；从长远看，两岸自然是统一；而从现实看，目前两岸只能是两个“对等政治实体”；条件成熟时，两岸以和平的方式实现由邦联制向联邦制的转型。

(5) 虚置中国。两岸在分治的基础上，建构“共同的屋顶”，“同一屋顶”下事实上存在着“两个中国”，[1] 这样一来，“一个中国”原则就被虚置化了，中国真正变成了一个“地理、历史、文化、血缘上的中国”。

很显然，对于具有上述内容和意蕴的邦联制模式主张，大陆方面肯定不会接受。为进一步说明该问题，下面笔者结合邦联制的结构特征、功能缺陷和历史实践，以及中国国情、两岸分离现状和国际政治现实，来具体分析邦联制模式行不通的原因。概括起来，主要原因如下：

(1) 邦联制模式主张的前提不能成立。从邦联模式的主张来看，尽管它们在表述上有这样或那样的不同，但都是以台湾是一个独立的主权国家作为前提或基础的。这样的前提或基础既不尊重历史，也不尊重现实。从历史上看，台湾自古就是中国的领土，1943 年《开罗宣言》以及 1945 年《波茨坦公告》，作为国际社会公认的法律文件，从根本上解决了台湾的归属及法律地位问题，即台湾是中国的一部分，中国政府对台湾享有不可侵犯的主权。从现实来看，中国政府在与世界上一百多个国家的建交公报中都明确载明：中华人民共和国政府是代表中国的唯一合法政府，台湾是中国领土的一部分；联合国及其他政府间国际组织的有关决议和日常运作同样支持着这样的现状。“主权独立”仅仅是台湾当局的政治诉求或价值追求，而不是既存事实，所以单就邦联制模式主张的前提来说，大陆就不能

【1】“屋顶理论”原是用来描述东西德分裂形态的理论。台湾学者借此理论来定位两岸关系，认为“一个中国”是屋顶，屋顶下面同时存在着“中华民国”和中华人民共和国两个分治的国家。详见本书第 248 页关于“屋顶理论”的注释。

接受；那么，依据这个前提所引出的内容和结论，就自不待言了。这就从根本上决定了邦联制模式的不可行性。

（2）邦联制模式同“一个中国”原则相矛盾。如果用邦联制模式来处理两岸关系，实际上就是在先赋予台湾以独立主权国家的地位的基础上，再使两岸形成一个比一般的国家间的关系更为紧密的联盟。这个联盟即“邦联中国”本身不是一个国家，它对海峡两岸的公民不具有管辖权；对外也不能代表两岸政府行使主权，“邦联中国”只具有政治团结的象征意义而不具有实质性的法律内容。这样一来，海峡两岸实际就变成了固定化的一边一国。这与我们所一贯坚持的、并为国际社会所认可的具有实质性内容的“一个中国”原则是相矛盾的。也就是说，如果用邦联制模式来处理两岸关系，实际上是将目前海峡两岸的分裂扩大化、固定化和合法化了，这在事实上就造成了“两个中国”。

（3）邦联制模式是两岸统一道路上的倒退。假如“海峡两岸均是两个独立的主权国家”这个命题能够成立的话，那么，通过邦联制模式将两岸统合为一个新的政治共同体，这无疑是在朝着统一的方向迈进，也无疑是一个进步。然而，这个命题却是错误的，现实的情况是，台湾不是一个独立的主权国家，而是中国的一部分。按照主权构成学说的观点，海峡两岸的分裂是主权所有权统一之中的主权行使权分裂，即统一之中的分裂，是不完全分裂，这与以前东、西德和现在南、北韩的分裂是不同的。[1] 两岸复归统一的任务仅仅是实现主权行使权的统一，而不涉及实现主权所有权的统一问题，因为台湾的主权所有权在1945年日本将台湾交还中国时就解决了，无需再统一。如果按照邦联制模式的构想，两岸先将中国的主权所有权一分为二，变为两个独立的主权国家，然后再去实现主权所有权的统一和主权行使权的统一。很显然，在这个过程中，邦联制模式把中国统一的起点由本来的主权所有权统一变成了主权所有权分裂，即把“一个中国”分成了“两个中国”。因此，我们说，邦联制模式是两岸统一道路上的倒退，而不是进步。

【1】 关于该问题的详细分析，请参见本书第三章的有关论述。

（4）邦联制模式不能确保中国走向统一。2001年7月国民党提出“阶段性邦联”，主张两岸应借邦联制“和平渐进”地走向统一，其重要历史依据就是历史上的个别邦联制演化成了联邦制。当然，我们并不排除两岸借着邦联模式作为过渡最后走向完全统一的可能性。但是，即使通过邦联模式走向统一，那也一定是通过由邦联到联邦的途径来实现，因为从历史上看，邦联制大都变成了联邦制，但从邦联制过渡到单一制的先例，除了荷兰邦联外，还从未有过。至于联邦制在那时的中国是否具有可行性，又是一个未知数。根据目前两岸的关系现状和岛内的种种情势来分析，两岸借以邦联制最终以联邦制形式走向统一的可能性很小，几乎为零。如果搞邦联制，最终的结果很可能是，两岸不仅不能真正走向统一，反而为“台独”势力提供了方便之门。况且，有些人主张邦联制模式，其真正目的不在于“统”，而在于借“先分后统”的招牌，实现“先分后独”的图谋。因而，对于大陆方面来说，为什么不去采取一种稳健可靠且又能确保中国能真正走向统一的模式，而采取一种具有高度“分裂风险”且又不能确保中国最终走向统一的模式呢？简言之，邦联制模式的不确定性和不必要性也决定了它的不可行性。

（5）邦联制模式不符合中国的国情。国家形式的选择不是任意的，它受到历史背景、现实条件、文化传统、民族关系特点等多方面因素的制约。在国家统一问题上，由于各国的国情和条件不同，任何国家都不能生搬硬套他国统一模式。中国自古以来就是一个统一的、多民族的、单一制国家。中国历史上的各民族都希望国家统一而不希望国家分裂。中国历史上所谓的分裂时期，也仅仅是政权上的割据，而不是国家的分裂。台湾自古以来就是中国领土不可分割的一部分，它从来就不是一个独立的主权国家。邦联制模式从理论上说虽可用来解决多民族国家或地区的民族矛盾和种族冲突，但却不适宜解决中国的统一问题。因为台海两岸同胞，同文同种、同宗同祖、同为中华民族的成员，尽管“台独”势力不肯承认“一个中国”的原则，但台湾人就是中国人的事实却是无法改变的，台湾与中国大陆的分离，既不是两岸同胞之间的对立，也不存在类似印度和巴基斯坦的宗教对立或魁北克与加拿大之间的语言文化矛盾，更不存在类似巴尔干半岛的民族纠纷和种族冲突。中国人民期盼的是在保证国家领土与主权完整的基础上，去实现国家的完全统一。所以，从中国的历史背景、现实条件、文化传统和民族关系特点等几个方面看，邦联制模式无法满足两岸人民要求国家真正统一的愿望。

（6）邦联制模式是人类历史上不成功的尝试。从历史上看，邦联因其聚合程度很低，并不适于作为长久结合的模式，多作为向联邦制国家的过渡形式。即使这样，经由邦联而建立起来的联邦制国家，也只有美国和德国。从这两个国家的情况来看，其由邦联向联邦的转型过程也不是一蹴而就的。单就美国来说，从1775年4月19日列克星敦打响美国独立战争第一枪到1865年4月9日南部叛军投降的近一个世纪里，美国一直存在着分裂成两国或多国的危险，直到发生了南北战争，才消除了这一隐患。美国这段百年历史表明，软弱分权的邦联不能保证和维护国家的统一。为了保证和维护国家的统一，美国才实现了由邦联制向联邦制的转型。[1] 这也从另一个侧面告诉我们，台湾方面所谓的通过“阶段性邦联”来“和平渐进”地迈向统一的构想，是很难实现的。另外，通过前面对历史上的五个邦联国家的考察，我们可以清楚地看到，这五个邦联国家都是在反对外来统治和共同敌人的斗争中建立起来的，是特定历史条件下的产物。在邦联形成之前，它们的各成员国本身就是互不隶属、各自独立的殖民地或邦、州。从这五个邦联国家历史考察来看，邦联只是一种国家间的、松散的政治联盟，成员国享有最大的自由和完整的主权，邦联只是一个形同虚设的架构。当邦联成员国的共同安全和共同利益受到威胁时，各成员国可协作起来一致对外。可一旦威胁消除，邦联内部的各种矛盾便会不断发生。当成员国之间、成员国与邦联之间发生利益冲突时，由于邦联缺乏有效的制约和调节手段，而最终使内部矛盾激化并导致分裂。可见，这邦联国家自其建立之日起，其内部就存在着各种矛盾和纠纷，直至邦联分裂或解体。正因如此，邦联制作为一种非严格意义上的国家结构形式，常常遭到政治家和政治学家们的批评。

【1】 参见杨洁勉著：《世界格局中的台湾问题——变化和挑战》，上海人民出版社2002年版，第246页。

在这五个邦联国家以后，世界上没有其他国家再采用邦联制作为国家的结构形式。若以邦联制作为解决中国统一的模式，只能重蹈历史的覆辙，给中华民族带来不可估量的后患。

（7）邦联制模式可能会诱发国内分裂活动的加剧。如前所述，邦联制下的各成员国（邦）保留有“脱离权”，其成员国随时都可以宣布脱离其加入的联合体，不管对此项权利有无明文规定，只要是邦联，都概莫能外。假如我们在台湾问题上同意搞邦联模式，就等于在法理上默认了台湾保留有“脱离权”，那么，台湾就可以在任何时候找任何一个借口宣布脱离中国而独立。在此情况下，大陆方面将束手无策，因为在邦联制的架构下，邦联政府对于各成员单位并不享有强制管辖权。到那时，中国大陆同胞和绝大多数台湾同胞就只能坐视“台独”势力把台湾从中国分裂出去而无能为力。更危险的是，由此将不可避免地诱发国内民族区域自治地区的邦联倾向，从而导致国内民族分裂活动的加剧。何况目前的“台独”、“藏独”和“疆独”已有合流趋势，如果这种局面真的出现，接踵而来的将是中国的内战和分裂。所以，我们对台湾方面的邦联诉求必须与其“后遗症”结合起来通盘考虑，才能进一步认清其不可行性。

第二节 欧洲统合模式与两岸统一

所谓欧洲统合模式，亦即欧洲一体化模式或共同体模式。按照美国学者多伊奇的观点，“实行一体化通常意味着由部分组成整体，即将原来相互分离的单位转变为紧密系统的复合系统。”[1]就欧洲一体化的路径来看，它的确是一种由分散走向集中的模式。现实中，它在欧盟成员国之间产生了令人瞩目的积极效应，同时它也产生了深远的国际影响，并成为众多区域性组织走向一体化的重要参照物。为此，近些年来，海内外不断有人主

【1】［美］卡尔·多伊奇著：《国际关系分析》，周启明等译，世界知识出版社1992年版，第267页。

张仿照欧洲统合模式来处理海峡两岸关系，如留美学者江美球主张两岸应采用“可分可合的邦联式和联邦式的国家形式”，建立“一个类似于欧洲共同体形式的统一的中国”。[1] 台湾岛内也有学者撰写文章和专著来论证欧洲统合模式的可行性。那么，欧洲统合模式究竟是一种什么样的模式？能否用之来解决海峡两岸的中国统一？本节欲作如下探讨：

一、欧洲统合模式之特色

（一）创建了超国家机构（supra-nationality）

作为欧洲一体化标志的欧盟区别于其他地区性国际组织的一个主要特征，就是它从一开始就创建了一套较为完备的超国家组织机构，并在尔后将近五十年的发展中对之进行了不断的改革与完善。现行欧盟体制中，欧盟一级的组织机构主要包括：

(1) 部长理事会。是欧盟的决策机构，拥有绝大部分立法权，其下又分总务理事会和专门理事会。前者由各国外长参加，讨论决定欧盟的各项重要问题；后者由各国其他部长参加，只讨论一些专门性问题。理事会具有双重性，既是欧盟机构，又是成员国政府间机构。理事会根据条约的规定，分别以简单多数、特定多数与全体一致三种方式议决。

(2) 欧洲理事会。即成员国首脑会议，自1975年起规定每年举行二至三次会议，讨论决定共同体内部建设、重要对外关系及重大国际问题。理事会主席由各成员国轮流担任，任期半年。轮值主席国对外代表欧盟，对内则主持所有由成员国代表参加或组织的会议或机构。轮值主席国的能动作用，已成为欧盟体制的一个特色，但它是非常设机构。在比利时布鲁塞尔设有秘书处。

(3) 欧洲联盟委员会。是常设执行机构，在欧盟体制中它与理事会处于同等重要的地位，它主要负责执行欧盟条约和理事会作出的决定和规定，处理欧盟内部各项日常事务，向理事会和欧洲议会提出报告和建议，

【1】 江美球：《联邦中国的行政区划》，载于美国加州大学圣迭哥分校政治学系编《当代中国研究中心论文》第3卷第11期，1992年11月。

代表欧盟对外联系和进行贸易方面的谈判，委员会采用国家代表制。委员会在某些领域，如竞争政策，还享有广泛的决策权。

（4）欧洲议会。欧盟体制中唯一由直接选举产生的机构，其选举制度是比例代表制。经《单一欧洲法令》、《欧洲联盟条约》与《阿姆斯特丹条约》的数次修改后的规定，欧洲议会的主要职能是：一是咨询；二是审议；三是监督；四是预算；五是参与立法。从欧洲议会的这些职能来看，它已由最初的咨询机构，逐步扩展为一个享有监督权、决定权和参与立法权的机构，但距离一个真正意义的议会，还有很长的路程。[1]

（5）欧洲法院。是仲裁机构，其建立是欧盟区别于其他国际组织的又一个重要标志。法院由若干名法官组成，他们由成员国共同协议任命。就其性质来说，欧洲法院更类似于一个国家的最高上诉法院，其基本职责是保证“在解释和实施条约时，法律得到遵守”[2]，法院对条约有最终的解释权，而且它的判决与初步裁决具有法律效力。

（6）审计院。初建于1977年，“马约”后将之升格为共同体一级的机构。为此，有的学者将审计院视为欧共体的第五大机关。[3] 审计官由理事会在征询议会意见后，以全体一致议决的方式任命，除了必须有从事外部审计的资格与能力外，其任命与任职的规定类似于法院的法官。审计院的职责是审核欧盟所有的收入与支出账户，不仅是总预算的收支，还可以包括各机构的收支。[4]

此外，欧盟还设有经济和社会委员会、欧洲煤钢共同体咨询委员会、

【1】虽然欧洲议会的名称在法律上已得到确认，但是它并不是通常国内意义上的“议会”。首先，欧洲议会不具有民主议会的基本职能——立法权，尽管后来修订的欧盟基本条约在一定程度上进一步扩大了它的权力，尤其是加强了它在欧共体立法方面的作用。其次，欧洲议会并不像人们所想象的那样在欧共体中行使类似于国内议会的民主监督权。正因为如此，仍有许多学者认为现行的欧洲议会是有其名而无其实。

【2】参见《欧共体条约》第220条（原《罗马条约》第164条）。

【3】P. S. R. F. Mathijsen, A Guide to European Union Law, sixth edition, 1995, p.114.

【4】参见《中国大百科全书》政治学卷，中国大百科全书出版社1992年版，第277页。

欧洲投资银行、欧洲中央银行等机构。

（二）以理论创新引导制度整合

欧洲统合的一个重要特点就是面对现实，勇于理论创新，然后以创新的理论去指导和推动一体化的政治、经济实践。这一点是欧洲一体化与其他国际区域一体化的一个显著区别，下面我们以欧洲一体化过程中先后出现的三大理论及其与实践的互动来对此作进一步的说明。

1．联邦主义（federalism）理论与实践

联邦主义是历史最久的欧洲一体化理论，它主张欧洲一体化采取联邦制的形式。该理论认为，采取联邦的方式可以使组成联邦的各个单位或国家在一种既联合又独立的系统内维持权力的制衡局面，能够在确保联邦的统一性的同时，还能保持多样性，在多数统治下也能保护少数的利益。联邦主义者设计了欧洲一体化的两种路径。第一种路径就是通过制宪大会的方法。战后初期的联邦主义者关于建立联邦的清晰战略，是通过召集普选的立宪大会，为新的欧洲联邦起草一部将被欧洲各民族国家批准的宪法。立宪会议是战后初期联邦主义者所选择的一体化制度，并希望当时的欧洲委员会能够充当或创设这样的一个制度。随着欧洲委员会创立联邦努力的失败，赞成这种一体化手段的联邦主义者开始把他们的注意力转向了欧洲议会。他们希望通过拥有一个普选产生的欧洲议会，分阶段创立一个普选的立宪会议，使欧洲议会担负起草《欧洲联盟条约》的重任。[1] 第二种路径就是通过政府间协议的方法。随着欧洲委员会创立联邦的初步失败，一些联邦主义者仍然赞成立宪会议的模式，但是其他一些联邦主义者（主要以意大利的阿尔蒂罗?斯皮内利为代表），转而采纳了共同体的方法作为实现联邦主义目的的手段，即通过直接的政府间协议。这些联邦主义者的思维逻辑是：创立一个联邦国家，必然涉及成员国把有关主权让渡给中央政府的问题，因此联邦制国家的形成只能在政府间的讨价还价中才能实现。联邦主义者的这种信条使他们的关注点集中到了欧共体委员会和部长理事

【1】 参见房乐宪：《联邦主义与欧洲一体化》，载《教学与研究》2002年第1期。

会上，而不是在欧洲议会上。[1] 总之，联邦主义所主张的欧洲一体化途径是一种由上而下的统合途径，倡议者认为仅靠经济领域里的功能合作，并不能够达到统合。如果要使各成员国间真正的相互依存，应该以建立超国家（supranational state）的宪政体制为统合目标。[2] 从统合的程序来看，联邦主义者认为政治统合应为优先，因为政治统合可以促进经济统合，但是经济统合却不必然促成政治统合，所以先建构一个超国家的“自主性中央机构”实属必要。

2．**功能主义（functionalism）理论与实践**

与联邦主义相比较，功能主义更强调经济统合，它认为通过相互竞争的经济与贸易政策的逐渐和谐，最后这种和谐将会“溢出（spillover）”到政治领域。在功能主义者看来，政治逻辑与经济逻辑是平行的。这种方法是渐进的和务实的，并对民族国家管理者的理性给予了极大的信任。[3] 米特兰尼于20世纪三四十年代就提出了其功能主义一体化理论。米特兰尼认为国家间避免战争、获得和平的途径有三种：一是实现“国家联合”；二是建立地区性的“联邦体系”；三是通过功能合作途径。其中第一种途径并不必然导向一体化，第二种则不能保证消灭民族主义，只有第三种功能性的合作既可以避免国际机构过于松散的弊端，同时又能在公共生活的某些领域建立广泛而稳定的权威。值得注意的是，米特兰尼认为，只要主权与领土同时存在，矛盾就不会得到解决。按其功能主义理论，主权需要从地域单位转移到功能单位。[4] 与联邦主义相比，功能主义是一种迂回的方法。体现在：功能主义者认为从各方具有的共同利益出发，积极合作建立共同的认知后，统合才可能完成。与联邦主义主张的由上而下的统合相

【1】 Hans J. Michelmann, Panayotis Soldatos ed., European Integration: Theories and Approaches, New York: University Press of America, Inc., 1994.

【2】 参见张亚中著：《两岸统合论》，台湾生智文化事业有限公司2000年版，第248页。

【3】 Philomena, Murray and Paul Rich, “Introduction”, pp.2-3.

【4】 Peter Wilson , “The New Europe Debate in Wartime Britain”, in Philomena Murray and Paul Rich, eds., ibid.p.49.

反，功能主义认为统合应该是一种由下而上的统合途径。功能主义视统合为一个过程，在这个过程中，公众的态度将随着跨国界功能组织的合作而逐渐增强他们对统合的看法。因此，功能主义不主张一开始就直接进入政治领域里的统合，并认为建立统一的联邦并不见得就优于现有的民族国家体系。按照功能主义的首位倡导者梅传尼的观点，新的区域性集团的建立只不过是“改变民族主义的面向，并非其根本”。[1]

3．新功能主义（neo-functionalism）理论与实践

20世纪60年代，哈斯（E.B.Haas）等学者通过总结一体化的实践，在功能主义的基础上提出了新功能主义一体化理论。新功能主义认为欧洲一体化是一个渐进的、自我发展的过程，在一个政策领域的一体化会产生“溢出（spillover）”压力，从而“扩溢”到其他领域。因此，一体化是一个不断演进的过程，目前无须指明其终极目标。在敏感的主权问题上，新功能主义提出了“超国家”的概念，以“主权的分享”代替“主权转移”的说法。在超国家性主张上，新功能主义与功能主义有着重要区别：新功能主义强调超国家机制，主张通过外溢机制使一体化从技术性部门逐渐扩展到政治性部门，最终建立制度化的区域性超国家机构；功能主义更多地注重政府间合作，偏重内部结构不太紧凑的共同体形式，主张通过建立使民族国家权力逐渐流失的功能性组织，最终建立非政治化的功能性组织的集合体。可见新功能主义所谓的共同体是更具政治性的超国家机构，而功能主义所说的共同体更强调的是一种纯粹功能性的政府间合作机构。此外，新功能主义和联邦主义虽然都主张设立超国家机制，但二者也有差别：新功能主义所主张的超国家性机构是指各成员国通过部分主权的让渡与共享，在某些部门建立起来的、对成员国具有一定指导性和制约性的机构；联邦主义则主张通过各政府间的章程性谈判或立宪大会等宪政措施，最终建立一个统一的联邦国家，从而完成一体化进程。认识这些理论主张

【1】 Stephen George, Politics and Policy in the European Community, Oxford: Clarendon Press, 1985, p.20.

的差别有助于我们从另一侧面加深对新功能主义的理解。

联邦主义、功能主义以及新功能主义作为三种重要的一体化理论，其内容既有联系又有区别，对欧洲一体化实践的影响在时间上和结果上也存在差异。自从二战结束后欧洲正式启动一体化进程以来，联邦主义虽然不是一体化发展的主要推动力量，但联邦主义对政治人物和许多政府的观念的影响却非常明显。在新功能主义出现以前，功能主义对欧洲一体化建设的影响最大。欧洲煤钢共同体、欧洲经济共同体从一开始就体现了功能主义的一体化主张。在20世纪60年代新功能主义产生之后的二十多年，欧洲一体化进程受到了新功能主义的重要影响，欧共体在共同的关税同盟、共同的农业和渔业政策、政治合作、统一的汇率制度等方面取得很大进展。20世纪90年代以来，欧洲一体化因里程碑式的《马斯特里赫特条约》的签署而进入了一个新阶段，联邦主义理论也因欧洲一体化不断深入与扩大的要求而成为人们关注的焦点。实际上，在欧洲一体化的进程中，联邦主义、功能主义与新功能主义对一体化进程的影响是很难区分开来的。如果说某一特定时期内某一种理论与其他理论相比占主导地位，那么在很大程度上是因为这一理论更贴近于当时的现实，或更容易为当时的人们所接受。[1]在一体化的过程中形成创新的理论，运用这些理论反过来推进一体化的实践，是欧洲一体化与其他区域一体化的重要不同。

（三）出现了第三国际法人

国际法是一个不断演进的法律体系，在传统的国际法中，国家是国际法的唯一主体，但是随着国际关系的变化，当今的国际法已经否定了这种看法，认为国家固然是最重要的国际法主体，但它绝不是唯一国际法主体。国际组织、争取独立的民族也被认定是国际法的主体，其中特别令人瞩目的，就是欧洲共同体以国际法人的身份出现在国际舞台。换言之，以欧盟的成员国法国为例，有两个法人在国际社会代表法国与维护法国的权益

【1】参见王丽萍著：《联邦制与世界秩序》，北京大学出版社2000年版，第230页。

并承担义务：一个是法国本身，另一个是欧盟。对欧盟现有的二十七个成员国而言，在国际间事实上有二十八个法人。[1]在国际法上，具有完全行为能力和权利的能力并能承担国际义务者，称之为完整国际法人。仅具有部分行为能力和权利能力且仅承担部分国际义务者，称之为不完整的国际法人。目前，国家仍是唯一完整的国际法人。

欧洲共同体以国际法人的身份出现在国际社会，首先从政治方面来看，它所碰到的问题是第三国或其他国际组织对欧洲共同体的独立人格是否承认的问题。在冷战期间，欧洲共同体在国际组织中的地位会引起东西方的政治角力。例如欧共体参与联合国大会的权利曾久议不决，直到1974年当经互会享有同样的权利时，它才如愿以偿。现在绝大多数的国家已经正式承认欧盟的法人地位，随着冷战的结束，欧盟在国际间的法人地位更被广泛承认。但是，从法律方面来看，绝大多数国际组织章程规定，其成员资格只对主权国家开放。此意味着，如果欧共体要加入这些国际组织就必须对有关章程做修订。不过，一般国际章程修改程序比较严格，通常需要得到原有成员国的特定多数或全体一致同意方可，更何况，目前欧盟虽然拥有广泛的对外关系，但仍然不能够取代其成员国的国际法主体资格，而后者又是有关组织的正式成员，第三国很难接受欧盟与成员国同为成员所引起的在代表权或表决权方面的不平等结果。因此欧盟也是自我克制，不会急于在一般国际组织中取得完整的成员资格，而只是力争比其他国际组织更多地参与有关组织的活动的权利。[2]

在一些重要的国际组织中，欧盟设立观察团，例如欧盟现在联合国大

【1】从历史上看，欧盟成员国的数目是不断扩大的。截止到2007年底，随着罗马尼亚和保加利亚的加入，其成员国的数目达到二十七个。

【2】欧盟既不是一个国家，也不是一般的国际组织，它以特有的形式出现于国际社会，对于它为何拥有国际人格，为一国际法人，学术界的看法并不一致。分别有超国际组织理论、国家拟比理论、主权转让理论、功能联邦理论、统合理论等不同的学说，来为其特性作解释。

会、经济社会理事会、欧洲经济委员会、国际劳工组织、联合国教科文组织、世界卫生组织、国际货币基金组织、联合国工业发展组织、联合国粮食及农业组织、世界知识产权组织、国际原子能机构等主要机构与组织中，都设有常驻观察团。另外，需要指出的是，在关税及贸易总协定(GATT)时代，欧盟即已像缔约成员一样参与了GATT各机关（预算委员会除外）的活动，甚至以独立的名义行使有关的权利并承担有关的义务。从20世纪60年代初开始的历次多边贸易谈判中，均由执委会代表欧盟各成员国与GATT其他成员国进行交涉与磋商。虽然欧盟不是GATT的正式成员，但是在多数情况下同样能参与决策。从其参与GATT的"子协定"来看，绝大多数都是欧盟所单独缔结的，例如"东京回合"中的反补贴协定、反倾销协定、政府购买协定、关税估价协定、出口许可证协定、贸易技术壁垒协定和民用航空器贸易协定等等。其次，从GATT解决争端的程序来看，都由欧盟参与解决，而且绝大多数都将欧盟列为争端的当事方，尽管其中许多争端是因为欧盟的某成员国的国内措施而造成的。总而言之，欧盟在GATT内的地位极为特殊，虽然它并不是正式的会员，但在实际上已逐渐取代成员的若干地位。[1]

（四）性质界定：介于联邦与邦联之间

对于欧洲一体化进程中产生出来的欧盟体制的性质，建立欧共体与欧盟的各个条约均未做出确切的定性。"马约"第A条将欧盟表述为"欧洲各国人民间创建一个日益紧密联盟进程的新阶段"，这是各条约中唯一接近于定义的语言，但它显然并不说明任何问题，"日益紧密联盟"可以是任何东西。由于行为人本身未予以定性，学术界的讨论也就更加众说纷纭了，目前所能达成共识是一个很低层次的抽象，即国际法所认为的"主权国家联合体"，这是一个相当宽泛的范畴，因为在国际法上，它可以包括

【1】参见张亚中著：《两岸统合论》，台湾生智文化事业有限公司2000年版，第292－295页。

主权国家间已达成某种体制化安排的任何联合形式，从制度化的国际会议，一直到超国家的邦联。

欧盟回避对其体制作任何定性固然有它的苦衷，但另一方面，欧盟作为一种国际体制，确有它的独特性。在欧洲一体化的发展过程中，有关欧洲一体化现行与未来体制之争历来集中于邦联与联邦之间，事实上就欧盟体制而论，它所最接近的也确实非邦联与联邦莫属。欧盟既有与二者相似之初，又与二者有着明显的差异。根据国际法的通常定义，联邦是具有国家性质与职能的政治体制，而邦联只是国家间松散的联合，其本身并不具有实质性的国家职能。如果以这些基本标准来衡量，欧盟同时具有两者的某种特性，但至少在现阶段又很难将其划入两者的哪一类。[1] 应该说，它是介于联邦与邦联之间的一种体制。

若用动态的眼光来分析，则可以看到，欧盟是一个不断演进的区域一体化组织，其所具有的"超国家性"描述了作为一个拥有法律人格和行为能力机构的例外特征。具体而言，例外特征表现在以下几个方面：

（1）成员国间为实现某些特定目标而签订的国际条约，就其内容来说，在某种程度上起到了欧盟"宪法"的作用。主要表现在：第一，建立了包括立法、行政与司法机构的一整套"国家"政权机关与政策机制；第二，制订了涉及经济——社会诸多方面的法律秩序与执法程序；第三，规定了公民的基本权利与保障机制。欧共体——欧盟条约的这些"宪法"性内容与作用，使其体制超越了邦联而更接近于联邦。但另一方面，这些条约不仅在形式上有别于一般意义的宪法，而且在适用范围与程度上受其本身的严格限制（即其向条约规定范围之外的延伸或拓展，必须首先得到成员国的授权），缺乏一般宪法的通用性、自主性与发展性。

(2) 在组织机构方面，欧盟体制形成了较为完整的国家政权组织形态和功能。与一般国际组织不同，欧盟具有相对独立于成员国的立法、行政

【1】 参见戴炳然：《欧盟：一种独特的国际体制》（上），载《欧洲一体化研究》2000年第1期。

与司法机构，在条约规定范围内，行使着国家政权的职能。这也使此体制具有联邦国家的雏形。但此体制的国家职能又显然很不完整，或者说发育尚很不完全，受条约授权的局限，其职能范围与行使方式还远未达到一个国家政权通常应当具有的程度。

(3) 在立法方面，欧盟拥有由公民直接选出的议会，在边界和成员国问题上拥有部分立法权，可以颁布一些法令。其立法权虽然有限，但呈现出正在逐步扩大的趋势。正是由于欧盟在这种与居民相关的事项上有直接的权力，使得其具有超国家实体的特性。[1]

(4) 在外部职能方面，建立欧共体的条约赋予欧共体以法人的地位，它不仅在许多重要的国际组织中有不同程度的代表权，并向各主权国家派驻外交代表，而且更为重要的是它拥有缔约权，可以在许多事务上与国际组织或主权国家谈判和签订双边或多边协定。但与通常的联邦不同，它的代表权与缔约权均不完整。

(5) 欧盟体制不同于一般国际组织的一个重要特征是形成了独立的法律体系——共同体法。共同体法优先于成员国法（包括宪法）、部分共同体立法在成员国中的直接适用以及共同体法院对共同体法的解释权、表明共同体法已超越了国际法的范畴，而具有一些国内法的特征。但其适用范围却严格取决于条约授权，目前还仅限于部分经济事务，其强制方式与手段也不能与一般国内法相比。

(6) 欧盟拥有自己的财政收支，可以确保其财政的独立性。其财政制度也显然超越了一般国际组织，特别是它的预算，它的筹措方式及其在成员国间进行资源再分配的作用与性质，均具有联邦预算的一些特征。

总之，欧洲一体化进程中形成的欧盟体制，是一个尚无先例的体制。[2]尽管由于一些成员国的坚决反对，欧盟官方一直回避对其体制的性质作明

【1】 参见肖永平著：《欧盟统一国际私法研究》，武汉大学出版社2000年版，第37页。

【2】 参见戴炳然：《欧盟：一种独特的国际体制》（上），载《欧洲一体化研究》2000年第1期。

确表态，但就其实体的特征而论，它是处于国际组织和主权国家之间的组织；就其结构特征来说，它应被认为是介于联邦与邦联之间的一种独特的体制。这也是人们谈论统一问题时为什么把欧洲统合模式作为一种单独的模式主张提出来的原因所在。

二、“欧洲联邦”能否出现？

早在1795年，康德就曾在《论永久和平》一文中提出过通过建立泛欧洲的政治组织实现和平的思想。联邦主义在美、加、澳等国的成功实践使欧洲的联邦主义者受到启发，试图将美、加等国的联邦制模式应用于欧洲各民族国家间的地区一体化实践，建立“欧洲联邦”。当时的美国人也试图向欧洲推销这一政治经验，就在美国宪法获得通过后的1788年，本杰明·富兰克林在给他欧洲朋友的信中写道：“我给你们寄去这些州的新宪法，……如果它能成功，我真的不明白你们为什么不在欧洲用类似协定的办法结成一个联邦同盟（federal union）和一个所有国家与王国组成的大共和国。”[1]早在第一次世界大战结束前后，欧洲一些著名的政治家，如奥地利的泛运动领袖库登霍夫·卡勒格伯爵，法国外长阿里斯梯德白里安等人就提出所谓“欧洲合众国”（United States of Europe）的构想。英国首相温斯顿·丘吉尔在1946年9月作了题为“欧洲的悲剧”的著名演说，其中也提出建立“欧洲合众国”的设想。二次大战后，欧洲的联邦主义者们以整个欧洲为目标，他们最初期望通过一个西欧联邦逐步和平地在整个欧洲实现和平与民主。但随后爆发的东西方冷战，使得战后联邦主义者的目标仅限于在欧共体及其机构的基础上最终形成一个“欧洲合众国”。

目前正介于邦联与联邦之间的欧盟，能否最终走向“欧洲联邦”？是一个学术界争论很激烈的问题，有些学者认为，“欧洲联邦”将是欧洲一体化的最高形式，但大部分学者对“欧洲联邦”的出现还是持怀疑态度，甚至认为这根本不可能。他们的理由大致有：

【1】 Clifford P. Hackett, “Subsidiarity and American Experience”, a ppaper presented to 2nd Essa World Conference, Brussels, 5-6 May, 1994.

（一）超国家权力与国家主权的冲突

“欧洲联邦”的建立无疑要求成员国更深层次的主权转让，但欧盟超国家权力的形成终究是对成员国国家主权的一种侵蚀。虽说欧盟现行体制维护了成员国国家主权的独立与平等以及它与超国家权力之间的某种平衡，然而它们并没有结束或缓解超国家权力与国家主权间的斗争与争夺。在欧洲一体化进程中始终并存着两个平行发展的趋势：一方面，成员国间发展更紧密联合的客观需要推动着一体化不断“深化”，迫使成员国继续向一体化组织让渡职能与权力；另一方面，成员国间政治、经济、社会、文化发展的绝对不平衡，使得伸张国家主权、维护本国利益与价值的民族主义情怀不仅没有减退，反而表现得更加强烈。欧洲一体化进程中的两个趋势看似相悖，其实有着内在的必然联系：前者的进程越是深入，后者的抵抗越是顽强。决定这两个趋势平行发展的根本原因，在于欧洲一体化结构内利益的不平衡：首先，一体化所体现的共同利益并不能完全替代或满足（有时甚至还会排斥）成员国的个别或特殊利益；其次，在一体化结构内存在着成员国间利益与负担的分配不均。因此，在一体化的共同利益还不足以涵盖或取代成员国本国利益的情况下，本国的主权以及历史、文化和传统等得不到应有的照顾，从而拉大了它们同欧盟建设的距离。欧盟各成员国的主权情结仍是建立“欧洲联邦”的重要障碍，削弱民族国家并不是欧洲共同体创立者的目标。[1]

（二）各国对建立“欧洲联邦”的不同态度

虽然西欧各国对欧洲联合已取得共识，但在联合的目标和建立何种一体化组织方面却存在着很大的分歧。具体来说，欧洲的政治一体化的未来模式从一开始就卷入了“联邦”与“邦联”的论争，“联邦主义者”(federalist)主张超出政府间合作的方式而建立起超国家权力机构，形成一个“欧洲联邦”，而“联盟主义者”(unionist)倾向于建立主权国家合作的邦联性质的联盟。具体到欧盟成员国来说，法国主张在保留国家主权的前提下，建立

【1】参见王丽萍著：《联邦制与世界秩序》，北京大学出版社2000年版，第242页。

一个“欧洲邦联”，这样，法国就可以利用其战后欧洲政治大国的地位来操纵这样一个联盟。在欧洲政治联盟的建设上，德国主张建立一种权力集中的联邦式欧洲，以便利用德国的经济实力影响欧洲事务的发展。1965年共同体历史上最严重的一次危机实际上反映了法国民族利益与共同体共同利益的一种冲突，后来的《卢森堡妥协》(Luxembourg Compromise)[1] 向法国做了让步，使共同体发展中的超国家因素有所削弱。《马约》关于建设欧洲政治联盟的计划出笼后在欧洲国家中引起不小的震动。一些主要国家（如法、德、意）都希望将“联邦”结构纳入未来欧洲政治联盟，英国和丹麦则主张建立较为松散的“邦联式欧洲”，因此在政策实施中，采取抵制欧盟向联邦制方向发展的措施和行动，主张对欧洲一体化采取“刹车”的态度。20世纪80年代，“撒切尔主义”的影响加剧了对联邦制的反对。[2] 意大利则总是处于与联邦观念紧密联系的政治创意的最前列。[3] 欧洲不同国家对“欧洲联邦”的不同态度则使得最后只能用“国家联盟”代替“联邦”的提法。

（三）疏离的欧洲政治文化

一般认为，联邦制作为解决社会异质性问题的一种办法，其有一个预

【1】 亦称《卢森堡协议》或《卢森堡一致》(Luxembourg Accords)，是原来的六个创始成员国于1966年1月在卢森堡举行的特别理事会会议上所达成的一项政治协议，其目的是解决发生于1965年6月的欧共体历史上最长且最严重的一次危机。由于该文件不是按照欧共体的立法程序而形成的文件，有关改变表决规则的内容从未被欧共体委员会所接受，在理论上一般认为它只是一种政治妥协文件，不具有法律约束力。但这一“妥协”也从未被正式取消或宣布无效。此外，这一“妥协”也从未在欧洲法院被援引或被指控。参见 A. G. Toth, The Oxford Encyclopedia of European Community Law, vol. 1, Insttitutional Law, Oxford University Press, 1990, pp.364 – 367.

【2】 Geoffrey Denton, Federalism and European Union After Maastricht, January, 1993, Wilton part Paper 67, London: HMSO, 1993, p.13.

【3】 Michael Burgess, Federalism and European Union: Political Ideas, Influences and Strategies in the European Community, 1972 – 1987, New York: Routleedge, 1989, p.76.

设的前提，那就是：联邦制赖以存在的社会是一个“有着像美国那样的经过一致地、有意识地训练的共识精英的社会”。[1] 欧洲缺乏认同的文化特性孕育了疏离的欧洲政治文化。在欧洲，各国公民并未因地缘上的接近或毗邻而产生亲近感，相互之间的猜疑、妒忌与不信任使“我族”与“他族”界线分明。欧洲各国以邻为壑的政治文化为培育不同民族间的文化认同设置了障碍。这种疏离的政治文化使“欧洲联邦”的建立缺乏必要的社会基础。另外，在欧洲一体化的整个历史过程中，各国政治精英的态度对一体化的速度与方向在某种程度上具有决定性的作用与影响。但是，缺乏共识精英是欧洲政治精英文化的重要特征，也是欧洲疏离的政治文化的一个具体体现。客观地说，在欧洲一体化的问题上，相关各国的政治精英是存在共识的，正是由于各国精英存在着共识，才使欧洲一体化进程得以启动。但随着欧洲一体化进程的发展，国际环境的变化以及各国不同政治代表的更替，欧洲精英的共识渐趋稀薄与式微。欧洲各国政治文化之间的差异，是导致欧洲各国对“欧洲联邦”的态度以及国家在不同时期的态度不一的重要原因之一。

（四）Subsidiarity（权力分散）原则的运用

为减轻一些成员国对因组成联邦性质的同盟而造成的主权丧失的恐惧，《马斯特里赫特条约》不用“federal”一词，而采用了“subsidiarity”的概念。Subsidiarity是欧共体演进过程中的一个重要原则，欧盟在《马斯特里赫条约》中将其界定为：“在其权力的非排他性领域中，只有且仅当成员国不足以获得的目标可以被共同体更好地获得时，共同体才会采取行动。”在历史上和逻辑上，subsidiarity与联邦制的关系似乎是：联邦制是一个将其部分主权让与中央权威，同时又保留了有限的政府权力的政治单位组成的同盟，subsidiarity将运用联邦原则使次级单位的可能权力最大化。如果不存在一个现实的联邦制，在宪法意义上讨论subsidiarity是困难的。Subsidiarity不是联邦制的替代品，更不是联邦制的别名。在欧盟内引

【1】 Kousar J. Azam, “Federalism and Good Governance: Issues Across Cultures”, p.226.

入subsidiarity的概念，如果是为了消除一些成员国对主权丧失的恐惧，那它或许是积极的、有效的；如果是为了加强欧盟中央权威，使欧盟的未来发展更趋近“欧洲联邦”的目标，那么这一概念是让人失望的，甚至是与这一目标背道而驰的。实际上，subsidiarity作为一种原则，体现了分散权力的一种要求，其结果明显有利于较低层级的政府而不利于欧盟机构的权力集中，从而与“欧洲联邦”建立的目标不相适应。在《马斯特里赫特条约》中将subsidiarity作为federal的替代词，实际上也不符合联邦制的本质特征。Subsidiarity原则应用的另一个后果是，它允许成员国保留其决策的完整主权，同时却将可能的外部成本转嫁于共同体，因而严重损害了欧盟权威。[1]

（五）欧洲地区主义的影响

欧洲地区主义是影响欧洲联盟进一步深化和扩大的一个重要因素，它与欧盟subsidiarity原则的运用有着重要的关联。同时也受到了各国经济与政治的影响。欧洲联盟为地区主义提供了发展空间，subsidiarity无疑是倾向于地区权威的，从而使地区成为政治对话与行动的关键层级，以及促进相互适应和妥协的层级。欧洲一体化对各地区的影响也通过对欧盟成员国中央——地方关系的影响表现出来。在英国、西班牙、意大利等权力较为集中的国家，地方没有参与共同体事务的权力；在比利时，地方拥有与欧共体直接打交道的权力；在德国和法国，各地方对于在共同体事务中的立场与态度具有重要的发言权。如果说民族国家主权是阻碍欧洲一体化深入发展的重要因素，而且subsidiarity及地区主义所造成的对民族国家主权的削弱却并不必然带来有利于欧洲一体化进一步深化的进展。尽管欧洲许多地区已在很多领域与欧盟机构直接打交道，谋求对欧洲事务的更广泛的参与，但在特定的政策领域，它们反对共同体的介入。德国各州都表达了反对欧共体进一步介入其特定政策领域的要求。这一现象表明地区在与欧盟分享权利的态度上更谨慎、更保守。同时，地

【1】参见王丽萍著：《联邦制与世界秩序》，北京大学出版社2000年版，第244－245页。

区主义使欧洲各国的公民更牢固地扎根于他们本地的同一性中，使他们逃避与其他地区的合作，从而使疏离的欧洲政治文化更趋于分散。此外，欧盟各成员国复杂的利益要求难以聚合，使欧洲束缚于间断的政府间共识，也为短期的政府间利益所困；同时，各成员国要求联合的内在要求缺乏连续性，即联邦化动力不足，在很大程度上也使欧洲联邦的建立非常困难。

由于以上这些原因，使得欧盟通向“欧洲联邦”的道路十分艰难，甚至有些西方学者坚决不相信将来会出现“欧洲联邦”。例如，亚历克西·雅克曼和戴维·怀特认为未来欧洲“并不是变为一个超级国家，也不是形态发生了变化的民族国家”。不少政治家似乎对联合远景都有这样一种共识。德国的基民盟/基社盟议会党团主席朔伊布勒是统合的积极支持者，他认为：“欧洲将既不是国家联盟，它也不是像美国那样的联邦国家。”【1】欧共体委员会主席雅克·桑特尔也持同样的看法，他说：“我认为建立一个传统的联邦国家是不现实的。我们将不会在欧洲取消总统、联邦总理和国王。”【2】

关于欧洲的统一与分裂问题，我们以为，从长远观点看还不能把欧洲统一说得绝对化。欧洲联盟的建立，是国际社会发展中的一个具体现象，它的发展要受到经济基础和上层建筑的各种因素的制约。历史本身是一种合力。现今欧洲仍存在统一和分裂的两种趋向。对这两种趋向，都要给予认真地研究和分析。并不是说只有一种统一的趋向。从欧洲问题的深层次看，欧盟也存在着若干可能导致其分裂的因素。

三、欧洲统合模式在两岸统一问题上的不可行性

由于欧洲一体化的发展过程是从分散趋向集中的过程，所以有人主张海峡两岸应借鉴欧洲统合模式的经验来处理双方的关系。如：台湾学者张

【1】《明镜》周刊，1995年3月27日。

【2】《明镜》周刊，1995年3月13日。

亚中教授认为，两岸在迈向未来的过程中，应先以“统合”作为必经的途径。在“一个中国”的基础上，两岸以“合中有分、分中有合”的“共同体”方案来建构双方的合作关系。待时机成熟后再经“邦联”走向“联邦”。并认为这种无时间表的循序渐进的发展方式，最能消除两岸人民的疑虑和满足两岸人民的利益。[1]笔者认为，欧洲统合模式固然是欧洲国家走向一体化的一种模式，但不适用两岸关系，这是因为：

（一）“欧洲联邦”出现的不可能性使其借鉴意义大打折扣

欧洲统合模式给两岸关系的发展提出了一个问题，那就是两岸统合的意义和目标是什么，这种模式能否提供一个必然走向统一的制度框架。面对这一问题，我们可以认为，既然欧洲联邦不可能出现，这就说明欧洲统合模式并不能使欧洲由统合变为统一，从而使该模式对两岸关系的借鉴意义也大打折扣。因为，我们需要的是一种能够真正走向统一的模式，既然该模式不能保证最终走向统一，那么该模式也就不值得被效仿了。退一步讲，即使欧洲联盟能从邦联最终走向联邦，其间也要经过复杂的整合过程，这个整合过程也是相当漫长的。欧洲一体化走过了半个世纪尚不见其“统一国家”的影子。若用该模式处理两岸关系，这与大陆方面的对台政策即台湾问题不能无限期拖延下去的政策相冲突。因此，在众多统一模式的选择中，我们为什么不去选择一种更直接的统一模式，而去选择一种在事实上并不能保证最终走向统一或者即使走向统一，也要付出相当代价的模式呢？另外，若依照欧洲统合模式来处理两岸关系，还隐含着承认台湾是一个独立主权国家的意蕴，这也是大陆方面不可能接受的。

（二）并存三个国际法主体的设计缺乏可行性

台湾学者张亚中教授认为，欧盟在国际间作为十五个成员之外的第十六个法人的出现，对两岸有一个很大的启示，就是“整个中国”这个

【1】参见张亚中著：《两岸主权论》，台湾生智文化事业有限公司1998年版，第151页。

观念，[1]可以在实际的操作上以一个不完整的法人在国际社会出现，他在其论著《两岸统合论》中对此作了详细的阐述和论证。他首先将"第三个主体"作为其"统合论"的立论基础，然后主张在"中华民国"和中华人民共和国之外，再建构一个被称之为"整个中国"或"两岸共同体"的第三主体，台湾是整个中国的一部分，大陆也是"整个中国"的一部分。"整个中国"的主权属于海峡两岸全体中国人。张亚中认为两岸是"整个中国"内部的两个平等政治实体，两岸须经由一项"基础协定"，即以文字相互承诺不分裂"整个中国"这一必要的法律步骤。在相互以法律作承诺后，彼此再相互接受对方的"主体论"，同意共存于国际组织，就不会在法律意义上造成两岸已经分裂的推论。为了使"整个中国"（第三个主体）不只是停留在法律意义上的"法人"概念，两岸宜逐渐将"整个中国"实体化。方法有二：一是"统合"的方式，在一些相关领域内，

【1】"整个中国"这个概念是台湾张亚中教授对于"整个德国"这一概念的借用，它与"一个中国"的涵义是不一样的。按照张亚中教授的解释，任何文字都有其局限，中文也不例外。当我们谈"一个中国"时，自然就会出现"是否有两个中国"，或者"是指哪一个中国"的自然联想。因此也就掉进了"谁代表一个中国"或"谁属于谁"的争议。事实上，中国的主权属于海峡两岸的全体中国人，不是哪一个政权可以独占。当我们说"中国"的时候，这应该指的是包括两岸共同在内的"整个中国"(China as whole)。两岸都是"整个中国"的一部分，双方或许有大小之别，但却没有主从之分，"整个中国"所具有的内涵应该不是指"谁代表整个中国"，而应该指的是"中国作为一个整体，主权和领土不容分割"，两岸在各自的领域内享有完整的管辖权，但两岸都不能真正地代表"整个中国"。将"一个中国"还原为"整个中国"的本意时，"一国两制"的意涵应为"整个中国内部的两种制度"，它应该是目前两岸的定位表述，而不是统一后的制度安排。该表述等同于台湾"国统纲领"中的两岸定位，也是笔者（张亚中）长期从法理上主张两岸目前定位为"整个中国内部的两个平行政治实体"的表述方式。由于两岸都是"整个中国"内部的部分秩序主体，因此，彼此之间的关系并不是国际法上的一般国家间的"外国关系"，但也不是两岸各方宪法管辖权内的"内政关系"，而是"整个中国"的"内部政权"。双方的法律关系是一种"既非国际法，又非国内法"的"特殊关系"。（详见张亚中在"2002年两岸关系（深圳）论坛"研讨会上提交的论文）

例如农业、南海、台海社会安全范畴内建立两岸共同体，其成员与运作可以由两岸人士共同负责。二是除在国际组织内两岸各有代表以外，再共组“整个中国”或“两岸共同体”的代表团，担任观察员。这些“共同体”的职权将随着两岸合作的逐渐深化而增加。

张亚中教授认为两岸统合，一则可以使两岸超越“统独”思维，找出“统独”、“维持现状之间的第四条道路，”二则可以消除两岸之间发生冲突的可能性，节省资源，并使两岸经济相互促进。张亚中认为两岸统合是“主权共储与共享”，统合将扩大两岸人民的主权权力，“整个中国”是两岸的共同资产而不是负债，双方认同“整个中国”将使两岸双赢。

张亚中教授主张两岸采用欧洲统合模式，是试图在“一国两制”与“国统纲领”之间寻找平衡点，使两岸找到一个以统合为目标的互动模式，其最终目标指向是两岸统一，即：使“整个中国”实体化，“两岸以统合的方式来推动彼此的关系，最后的目标是为两岸未来走向统一创造有利条件。”[1] 张教授为推动两岸关系的发展而提出的欧洲统合模式主张，与以往台湾方面“一个中国”概念相比，它使得“一个中国”不是一个历史、地理、文化、血缘上的抽象概念，而是一个作为第三法人的“实”的法律实体。

但是，从现实情况来分析，张教授的欧洲统合模式主张，仍缺乏可行性，这是因为：它与大陆方面的“一个中国”原则相冲突。张教授提出两岸构建“第三主体”或“第三国际法人”的主张，是以两岸已有“两个主体”或“两个法人”为前提的，也就是说，他将台湾作为与大陆对等的政治实体来考量的，这在事实上就是先承认台湾是一个主权独立的国家，然后再与大陆方面仿效欧洲统合模式去建构第三国际法人——“整个中国”。而按照大陆的“一个中国”原则，台湾从来就不是一个国际法人，从来也不是与大陆对等的“第二主体”，它是中国的一部分。在国际上，中国只有一个主体，只有一个国际法人，这个国际法人是由中华人民共和国政府来代表的。“第三主体”或“第三国际法人”的构想，与大陆方面的“一个中国”原则相抵触，大陆方面不可能接受。

【1】 张亚中著：《两岸统合论》，台湾生智文化事业有限公司2000年版，第258页。

另外，即使经由欧洲统合模式最后走向了统一，那也一定是如张亚中教授所描述的统一程式，即“共同体→邦联→联邦”的统一路径。至于最后用联邦制模式来统一中国的不可行性，在后面“联邦制模式与两岸统一”的研究中将作详细的论述，因为普遍认为，中国缺乏实施联邦制的条件。也许有人会说，到那时中国可能就具备了实行联邦制的条件。如果有人这样说，那我就会告诉他，“那时”可能是指无限的未来，这与大陆方面关于“台湾问题不能无限期地拖下去”的设定相冲突。因为根据“统合”理论的说法，统合本来就是一个困难而漫长的过程，欧盟与会员国间有关加强合作的提案过程，有的长达十四年之久。至于两岸统合过程的漫长性，我们就可以见微知著了。这又从另一个方面告诉我们，欧洲统合模式在两岸统一问题上不具有可行性。

四、欧洲统合模式对两岸统一的启示

笔者认为欧洲统合模式不能直接适用于两岸统一，是因为我们反对借用欧洲统合模式来将两岸关系定位为主权国家间的关系，或借此将两岸统一无限期拖下去的立意。但是对于运用欧洲统合模式来处理两岸关系的主张，我们也应予以辨证的分析。欧洲统合模式作为一种区域性国际组织从“分散”走向“集中”的成功范例，虽然不可直接套用与两岸统一，但就目前海峡两岸的情形来看，吸取欧洲统合模式的某些精神或优点，作为两岸统一前的一种过渡形式，亦不失为打破两岸僵局的借鉴方案。但吸取“某些精神或优点”必须基于这样的前提，即两岸必须以法律保证“一个中国的领土主权”不可分割，以保障两岸最终必然走向统一。离开了这一前提，欧洲统合模式对发展两岸关系就失去了意义。因此，我们下面探讨的欧洲统合模式对两岸的启示意义，是在这一前提下展开的。概括起来，这些启示意义主要有：

（一）应以非政治领域的功能主义合作为两岸互动的切入点

欧洲在统合的过程中，针对当时的国际政治现实，绕过政治和意识形态的分歧，先从经济贸易方面加强往来与合作，以稳步、渐进的和平方式实现统合。其经验可启示我们：两岸可考虑通过较不具有争议性的经济、技术与社会层面的合作，以渐进的方式，逐渐消除双方的疑虑，双方在了解、互信和共识的基础上，先进行经济统合，然后再适时考虑政治统合，为双方最后走向统一创造条件。两岸功能合作应坚持如下原则：第一，基于“一个中国”的共识，第二，基于共同利益。双方合作的具体领域可首先考虑粮食、能源、运输、通讯、金融等经济领域和教育、卫生、劳工、人口、法律、文化、环保等社会领域，然后以此为基础再扩及其他领域。这种功能合作可以收到“双赢”的功效。同时，我们应该看到，统合是一种动态和有意识的过程，需要双方的配合与参与。参照“统合”理论的有关规则来衡量，两岸关系仅处于初始的经济“合作”阶段，离实现两岸统一还有相当的历程，我们切不可急躁冒进，应以稳步、渐进的方式推动两岸统一。但是统合的目标不能有偏差，统合不能代替统一。我们要正确处理经济互动与政治互动的关系，经济合作可以促进政治统合，但并不必然地导致政治统合，这方面，我们还应认识到单纯功能合作的局限性。

（二）应尽快构建超两岸的协调机制

通过对欧洲一体化理论的分析，我们可以将欧洲一体化的路径概括为国家间由“合作→统合→统一”的程式。从欧洲一体化的目前状况来看，欧洲一体化进程目前正处于“统合”阶段，结合上面的程式设计，我们认为，欧洲一体化进程已经历了“合作”阶段；但尚未到“统一”阶段。按照经济学家贝拉萨（Belassa）在建构其“统合（integration）”理论时对“合作（cooperation）”与“统合”做的区分：“统合”与“合作”的不同在于它有超国家机构的建立，即“统合”不仅寻求经济之间的互动，更注重政治上的互动。而“合作”一般只寻求经济上的互动，不谋求政治上的互动。[1]如果借以贝拉萨（Belassa）的观点反观两岸关系，我们只能说两岸目前正处于有限度的经济“合作”阶段，尚未达到政治“统合”阶段。所以，

【1】 Bala Belassa, The Theory of Economic Integration, Homewood IL: Richard Irwin, 1961, pp.220-228.

为促进两岸关系的向前发展，两岸应在共同奉行“一个中国”原则的基础上，首先向统一的方向努力，双方领导人应定期或不定期举行会谈，在一定的条件下双方组建两岸统一问题的对话、协商和协调机制，经由这些机制，双方可就有关问题进行商谈、处理和决策，并通过这些机制化解冲突、强化合作。这些机制可先从容易的做起，如：“三通”、降低关税、形成“中华自由贸易区”等。当然，笔者主张建立超两岸的协调机制并不是要照搬欧洲统合的模式，在两岸间确立像欧盟那样的超国家机制，也不是要确立像台湾张亚中教授所主张的“第三国际法人”，而是要借鉴欧洲统合模式中的整合精神来营造两岸的统一基础。至于如何来营造超两岸的协调机制（即营造的具体原则、步骤、方式等等），那是一个操作层面的问题，需要海峡两岸的中国人来认真地思考。

第三节“国协”模式与两岸统一

一、统一与统合的比较

本章前两节所研究的两岸统一模式，从严格意义上来说，充其量只能是促进国家统一的模式，即统合模式，其本身并非是国家统一模式。笔者在这里之所以把它们作为统一模式来研究，是因为现实中经常有人主张用它们来解决两岸统一问题，如台湾的吕秀莲和张旭成就曾分别于1978年和1982年提倡过该模式。2000年台湾的陈水扁又提出用统合论的架构来处理两岸关系。那么，什么是“统合”呢？它与“统一”的关系如何？为澄清“统合”的本质含义以及在两岸统一模式问题上的有关误区，下面将“统合”与“统一”的异同作一比较。概括起来说，两者的不同主要有：

（1）涵义不同。“统一”一词在英文中是“unification”，是指“统而合，且合而为一”；而“统合”一词在英文中是“integration，牛津字典将其解释为各个部分结合成为一个总体（the combination of parts into a whole）。香港学者翁松燃将“统合”描述为“统而不一”及“分而不独”，且认为统合的主要精神在于求同存异，为共存共荣而对统辖之范围、方式或权限作部分的整合。统合既是一个过程，一种整理综合的程序方法，也可以是一种国家地区及人民之归宿状态。[1] 中国人民大学张同新教授也对“统一”与“统合”作了区分，他认为：“不同的物体合在一起叫统合。统合的个体均有自己的独立性。合起来是一个集合体，分开来又恢复不相关的个体。统也好，分也罢，其成员都是独立的。如兄弟，虽属同一血缘，合起来过日子，就是一家人；分家另过，就是两家人。统一体则完全不同，它的特点是各组成部分的不可分割性。如，一个人是完整的整体，头脑与四肢都是不可分割的组成部分，而不是可拆可拼的统合。”[2] 我们认为上面几个学者的描述基本上揭示了“统合”的涵义。总之，不管人们如何来定义它，“统合”的基本的内涵应该是虽然“统而合”，但“合而不为一”。

（2）主体不同。实现国家统一的主体，既可以是独立的主权国家，如两德；也可以是独立主权国家内部的不同政权，如中国历史上的历次统一。而实现国家统合的主体，则只能是独立的主权国家，一个国家内部不同政权之间或不同地区之间的联合不能算是统合。简言之，统一既可以发生在主权国家之间的国际场合，也可以在主权国家内部；而统合只发生在主权国家之间的国际场合。

（3）结果不同。统一的最终结果是一个国家，在主权上体现出来的特征是主权所有权的唯一性；而统合的结果却不是一个国家，而仍是几个国家的联合体，在主权上所体现出来的特征是主权所有权的多元性，“统合后即使交出部分主权，但并不改变统合双方完整主权国家的地位”。[3]

“统合”之所以被有些人当作统一模式而提出来，是因为两者具有某种程度的相似性或关联性，那就是：它们都是由分散走向集中的制度模式安排。从这一点上看，它们只是在走向集中的程度上有所不同；当“统合”走向集中的程度达到能体现出主权所有权的唯一性时，“统合”就变成了“统一”。但是，统一并非统合的唯一结果。也就是说，国家统合虽然可以

【1】参见翁松燃：《统合模式初探》，载台湾《新世纪智库论坛》第13期，2001年6月30日。

【2】张同新：《统合论是两国论的新包装》，载《统一论坛》2001年第2期。

【3】上海市台湾研究会编：《世纪之交的台湾问题》（内部资料），第150页，2001年12月。

作为走向国家统一的过渡，但统合的发展趋向是开放的，其走向统一的系数是待定的，即国家统合并非必然地走向国家统一，历史上的大量事实已证明这一点。所以厘清“统合”与“统一”的异同及其关系，对于我们认清“统合论”的实质及选择海峡两岸未来的统一模式具有重要的意义。

二、“国协”模式之解析

谈到统合模式，不能不提及到“国协”模式，因为目前学术界大都将“国协”模式归入统合模式的行列，还有个别学者将其纳入统一模式的行列。事实上，国协模式既不是国家统合模式，也不是国家统一模式。但台湾方面不断有人主张用“国协”模式来促成两岸统一，如：1982年1月，在美国纽约亚洲协会举办的“中共与台湾的统一”讨论会中，有人说，在许多解决中国台湾问题的方案中，“中国国联”或“中国国协”模式最值得进一步讨论。此后，关于运用“国协”模式来处理两岸关系的主张不断出现。

那么，何谓“国协”模式呢？这还得从什么是“国协”说起。国协，在英文中称之为“commonwealth”，常被译为“英联邦”。但由于“英联邦”一词容易同“联邦制”一词相混淆，于是我国台湾学者将“commonwealth”译为“国协”。“国协”主要是指我们常说的英联邦和法兰西共同体之类的政治联合体，以“大英国协”最为典型。下面以“大英国协”为实例来分析其模式特征。

“大英国协”之原始英文全称是“The British Commonwealth of Nations”，[1] 第一次世界大战前，“国协”内的自治领如加拿大、澳大利亚、新西兰、南非等，并无任何国际地位，从国际法的角度来看，它们只是母国的殖民地，虽然它们有自己的货币、国旗、邮票，但均不足以为其获得国际地位而产生效果；也不因它们与其他国家同时加入行政性联盟，

【1】最初的“大英国协”是由大英帝国及原来属地国澳大利亚、新西兰及加拿大所组成，但是，“大英国协”和大英帝国在本质上，有重大差异：前者由独立自主国家所组成，内部关系是平等的；后者则由英国宗主国与其自治领、殖民地及附属国组成，内部关系是从属的。

如万国邮政联盟，而成为国际法的主体；甚至当母国授权它们与外国缔结某些次要的条约时，它们也不能因此而成为国际法主体。

第一次和第二次世界大战期间，自治领的地位发生了明显的变化，成为完全独立的主权国家。1931年英国《威斯敏斯特法案》的制定，是自治领地位发生改变的决定性依据。《威斯敏斯特法案》取消了自治领形式上依赖英国国会的一切残余痕迹，从而体现了各自治领地位平等与完全自主的国家资格原则。它们的地位已和完全国际人格者的地位毫无区别，享有一切主权对外特征的法律权利。虽然在第二次世界大战中，各自治领在原则上均采取了与英国相同的立场与行动，分别行使其宣战权，有些自治领（以及已经成为“国协”成员的一些国家）与英国枢密院司法委员会保持联系，并将其作为这些国家的最终上诉法院，但这些事实均不影响“国协”成员国或自治领的独立地位。[1]

1945年以后，各自治领相对独立，它们可自由选择是否加入“国协”。如：1947年的缅甸，1961年的喀麦隆和1967年的南阿拉伯联盟，即在独立后未再加入国协。一些已经加入“国协”的国家也可以中止成为成员国。如：爱尔兰共和国、1961年的南非、1972年的巴基斯坦和1987年的斐济等即中止成为国协成员国。截至2001年1月底，“大英国协”共有五十四个会员国，[2]大部分会员国过去曾经为英国的属地或殖民地。“大英国协”会员国分散于全球五大洲及各大洋，涵盖十七亿人口，约占世界总人口的

【1】 参见张亚中著：《两岸主权论》，台湾生智文化事业有限公司1998年版，第136页。

【2】 “大英国协”五十四个会员国包括：Antigua and Barbudu , Australia, the Bahamas, Bangladesh, Barbados, Belize, Botswana, Brunei Darussalam, Cameroon, Canada, Cyprus, Dominica, Fiji, The Gambia, Ghana, Grenada, Guyana, India, Jamaica, Kenya, Kiribati, Lesotho, Malawi, Malaysia, Maldives, Malta, Mauritius, Mozambique, Namibia, Nauru, New Zealand, Nigeria, Pakistan, Papua New Guinea, St Kitts and Nevis, St Lucia,St Vincent and the Grenadines, Samoa, Seychelles, Sierra Leone, Singapore, Solomon Islands, South Africa, Sri Lanka, Swaziland, Tanzania, Tonga, Trinidad and Tobago, Tuvalu, Uganda, United Kingdom, Vanuatu, Zambia, Zimbabwe.

30%。“国协”于1965年在伦敦设立秘书处，但其主要为一协调机关，对各成员国并没有法律上的效力。各成员国领袖或部长的定期会议也是属于咨询协商性质。“国协”各成员国享有完全的国际人格，但其成员国间并不视彼此为“外国”。“国协”各成员国间相互派遣常驻代表，但他们通常被称为“高级特派员”，而非称之为“大使”，然而其享有的地位与外国使节并无不同。作为“英国臣民”或“国协公民”共同国民地位的概念，并不具有在“国协”所有领土内均为平等地位的全部涵义。[1] 以前“国协”成员国之间的协定是内部事务，因而严格地说，不算是国际法上的条约。不过这种见解现在已经为一般承认这种协定为条约的见解所取代了。

对于“国协”的性质，至今学术界也尚未定论。事实上，也难以做出定论。大家所熟悉的英联邦，虽然有某些邦联的特征，但它在法律性质上既不是联邦，也不是邦联，它之所以不是联邦，是因为它没有一个对各成员国及其公民拥有约束权力的机构。它之所以不是邦联，是因为它没有一个把各成员国联合在一起的条约，也没有一个在事实上对成员国拥有权力的机构。英联邦事实上只是一个由具有共同的来源、历史和法律传统的一些国家组成的联合体或共同体，在这个问题上，国际法专家周鲠生教授的观点值得参考，他认为“国协”不是邦联，也不是国家或其他国际法主体。[2] 对“国协”不应从它是否为邦联的角度去考察，而应当把它作为与邦联并列的一种政治实体结构来看待。历史地看，无论是英联邦，还是法兰西共同体，它们从来就不是国家。它们的前身分别是以英国和法国为宗主国的庞大殖民帝国，其中有的殖民地还处在民族国家形成前的发展阶段，在它们作为“国协”成员存在期间，其实是宗主国逐渐失去对其殖民地的控制和这些殖民地在逐步摆脱宗主国的控

【1】 根据《奥本海国际法》，1962通过的“国协移民法”，连同1968年的“国协移民法”和1971年的“入境移居法”，限制了与英国没有特定联系的英国臣民移入英国的自由。国协其他成员国在多数情况下，不许可在移民和政治选举权等事务方面给予平等待遇。

【2】 参见周鲠生著：《国际法》上册，商务印书馆1976年版，第97－101页。

制而形成民族国家的过程。这一过程完成后，所谓“国协”基本上就成了一个有名无实的架构，它能表明的主要不是现实，而是殖民帝国的一种历史陈迹，一种心理上、历史上和文化上的联系。1960年以后的法兰西共同体和现在的英联邦都是这样。[1]

“国协”对国际法的贡献在于，它提出了国家与国家间可以比照国际法的规则发生关系，但彼此不是外国的概念，成员国之间可有着特殊的法律关系，打破了一律用传统主权国家间关系来定位国与国关系的思维定式。这种见解对分裂国家各主体间关系的定位，有着非常大的借鉴意义。西德学者在面对德国问题时，也借鉴了“国协”间的法律关系，建构出自己的理论基础。正因为如此，台湾学者认为，对于中国而言，“国协”成员国之间的法律关系也有高度参考价值。

三、“国协”模式在两岸统一问题上的不可行性

应该说，“大英国协”的建立对于加强国际间“南北合作”，推进全球化进程，发挥着重要作用。它对于其会员国来说也具有积极的沟通、联系作用。其合作模式，甚至整合模式，的确有诸多启示意义，值得世人重视。但如果因此而将其套用于两岸统一，则是根本行不通的。这是因为：

（一）该模式展示了一条与国家统一方向相反的路径

从“国协”的发展脉络来看，它是由集中走向分散的一种形式安排，因为它是宗主国逐渐失去对其殖民地的控制和这些殖民逐步摆脱其宗主国的控制而形成民族国家的产物。如果不是由于二战后宗主国政治经济实力的大幅度衰退，则不会有“国协”的产生。正是从这一意义上说，它走的路径与国家统一即由分散走向集中的路径是方向相反的。大多数“国协”模式主张者，大概只看到了它作为一个联合组织的外观，却忽视了它的生成、演变所体现出来的另一层更为令人深思的意蕴。从实现国家统一的意义上说，“国协”模式连邦联模式和欧盟统合模式都不及，因为邦联模式

【1】参见童之伟著：《国家结构形式论》，武汉大学出版社1997年版，第141页。

和欧洲统合模式至少都是由分散走向集中的模式，在方向上与国家统一的方向是一致的（至于这两种模式的不可行性，那是另外一个问题，前面已有论述）。另外，从“国协”成立和发展的目标指向来看，其会员国从来也没有意向要成立一个新的国家，它们也不可能发展成为一个新的国家。在这一点，若与邦联、欧盟相比较，它又进一步失去了其积极意义。历史上的邦联，有些还发展成了一个主权国家；对于欧盟来说，不管未来的“欧洲联邦”是否会出现，起码现在有些欧盟成员国的政治精英在为之而奋斗。反观“国协”的情况及会员国的态度，我们没有理由认为它在国家统一问题上会给我们提供多大的借鉴意义。

（二）该模式并非真正意义上的国家统一模式

如前所述，“大英国协”是英国为了加强与其有特殊历史渊源国家之关系，所成立的一个自愿性协会，它根本就不是一个国家，而仅仅是一个比邦联、欧盟更为松散的联合体，这个联合体实质上是一个分散的集团体系。[1] 在这个集团体系中，其成员单位都是主权独立的国家。诚然，“国协”模式是一种特殊的合作模式，甚至可以说，它也是一种不错的整合模式。但是，从目前的现状来看，如果用“国协”模式来处理与安排两岸关系，则意味着大陆与台湾同为独立的主权国家，这对大陆方面来说，首先要承认台湾是一个主权独立的国家，在此基础上，两岸再借鉴“国协”会员国之间的关系模式来发展两岸的互动。亦即先独立然后谋求某种形式的联合。在这种架构下，海峡两岸成为一边一国，除了外交关系外，两者并无内政上的联系，所谓“某种形式的联合”，也只是偏向于一种经贸性质

【1】 Holsti将国际组织分为五种不同模式：（1）层级式；（2）分散式；（3）分散集团式；（4）两极式；（5）多极式。Holsti研究并列举说明中国西周时期是属于层级式国际体系模式；东周时期则属分散式国际体系模式。第二次世界大战后，美国与前苏联集团之对抗属于两极式模式；前苏联解体后，虽然美国取得独霸地位，不过国际体系已逐渐朝向多极式模式发展。按照Holsti的分类规则，“大英国协”应属于分散集团体系模式。

的组合，而非政治性者。因此，如果将“国协”模式运用于两岸，至多只能在大陆与台湾之间建立起一种经贸关系，组成一种经济共同体。但要促成两岸的政治统合，则恐怕“国协”的安排难以达到目的。所以，从统一的角度来看，“国协”模式既不符合两岸中国的社会实际，也不符合不完全分裂国家走向统一的模式。[1] 况且，“国协”模式并没有使“国协”会员国由合作走向统一的指向（至少至今“国协”模式未展示出这样的指向）。借鉴该模式，很可能使中国走向永远的分裂。从这一意义上说，它很可能是使两岸走向分裂的模式，而不是使两岸走向统一的模式。对大陆方面来说，这是根本不可能接受的。

值得注意的是，“国协”模式虽然不宜直接作为两岸统一的模式选择，但作为两岸统一前的过渡安排（前提是两岸共守“一个中国”的原则），并非毫无意义。尤其是目前两岸处于僵持状态，“国协”这种倾向经贸性交流的模式，如果在两岸间加速其进行，必能通过市场运作解决目前海峡两岸经济上的互相需求，从而使两岸关系有所改善。最起码它对于打破目前的两岸僵局，促进两岸“大三通”的到来具有积极的意义。因此，对于“国协”模式在制度架构及其运作方面的某些价值和意义，两岸在坚持“一个中国”原则的前提下，可以借鉴用来建构两岸统一前过渡时期的某些制度安排。

【1】 参见黄石华、郑海麟：《两岸和平统一所应采行的基本架构及各种模式之检讨》，“2002年两岸关系（深圳）论坛”研讨会论文。

第六章　海峡两岸统一模式研究（下）

第一节　联邦制模式与两岸统一

一、1949年以前的中国联邦制构想

在中国建立联邦制的构想并非始于今日，可以说已有一个世纪的历史了，特别是从清朝末年到中华人民共和国成立前的半个世纪中，几乎各种重要政治力量的代表人物都提出过实行联邦制的主张。戊戌变法前后，陈宝箴被授湖南巡抚，与署理按察使黄遵宪“励行新政”，试图通过在湖南建立地方自治政权，继而向全国推广，最终建立联邦制，以取代传统的专制主义中央集权统治。近代史上最早也较系统地论述在中国建立联邦制的思想家是黄遵宪，而非如有些论著所称是梁启超或孙中山。1902年，黄遵宪在给梁启超的信中首次提出了在中国建立联邦制的构想，其具体改革方案是：“‘取租税讼狱警察之权’，分之于四方百姓，欲取学校、武备、交通之权，归之于中央政府，于古今之督抚、藩臬等官，以分巡道为地方大吏，其职在行政而不许议政。上自朝廷下至府县，咸设民选议院为出治之所。而又将二十一行省分划为五大部，各设总督，其体制如澳洲、加拿大总督。中央政府权如英主、共统辖本国五大部，如德意志之统率日耳曼全部，如合众国统领之统辖美利坚联邦，如此则‘内安民生，外联与国，或亦足以自主’。”[1]

从以上的五点制度设计来看，黄遵宪的联邦中国构想吸收了日本的地方自治政制、英国（含当时属英国管辖的澳洲、加拿大等英联邦国家）的

【1】　转引自[加]郑海麟著：《黄遵宪与近代中国》，生活·读书·新知三联书店出版社1988年版，第429页。

英联邦统制，在中央与地方的关系方面，则参照美国的垂直统合模式，即允许地方政府（五大邦）有治权而无主权，但地方政府的治权来自地方百姓的授予，而不是来自中央政府的授予，这是民主政制与专制政制（中央集权制）的最本质的区别。中央政府专门负责涉及国家主权的国防、外交及电信、交通运输等事务。黄遵宪的联邦中国构想，不管其是否可行，在当时的历史条件下，无疑具有进步意义。

1911年的辛亥革命虽然结束了满清帝制，建立了“中华民国”，但在推翻清朝的革命过程中，湖南、江西、云南、四川等十五个省及上海等一些大城市都先后爆发起义，宣布独立，于是出现地方割据及各省权力互不统属的局面。而当时的“中华民国”虽然在湖北武昌组成了军政府，但并不是能够统辖各省的中央政府，因此有人提议在中国实行统一的“联邦政体”，将各省自行订立的“咨议局章程”作为“省宪法”，在各省自治的基础上，通过各省派代表集议制订联邦统一宪法，效法美国的制度建立联邦制。在这一时期，孙中山的联邦制主张最有代表性，他的建议如下：“中国于地理上分为二十二行省，加以三大属地蒙古、西藏、新疆是也，其面积实较全欧为大。各省气候不同，故人民之习惯性质亦各随气候而为差异。似此情势，于政治上万不宜于中央集权，倘用北美联邦制度实最相宜，每省对于内政各有其完全自由，各负其整理统领之责；但于各省上建设一中央政府，专管军事、外交、财政、则气息自联贯矣。”[1] 孙中山的联邦中国构想，是纯粹参照了美国的垂直统合联邦模式，即各省在内政上有一定的自主性，但代表主权的军事、外交、财政则由各省联合组织的中央政府专管。按照今天国际法上的观点来说，联邦成员（省）仅仅具有内政管辖上的自主权，但没有对外交往权，不是国际法的主体；由联邦成员（省）组成的统一的中央政府，才能代表联邦行使外交权和国防权、财政管理权，所以联邦本身才形成一个统一的国际法主体。

辛亥革命后，中国国家政权数度更迭，而每一次的政权更迭都会引

【1】《孙中山全集》第1卷，中华书局1981年版，第561－562页。

发对于联邦制的新的关注。这种关注或是表现为对联邦制的赞成，或是表现为对联邦制的否定，再加上倡导联邦制的政治人物在政治实践中更多的只是把联邦制当作政治斗争的一种策略，当作抗衡独裁统治的一种制度设计与安排，因而联邦制始终只是一种政治主张，或只是政治批评的靶子。辛亥革命后十多年来，政权更替仍在客观上为联邦制成为现实的国家结构形式提供了较多的机会，而联邦制却始终未能真正实行，再加上这一时期先后出现的袁世凯大权独揽和军阀割据局面的加剧，使得知识界关心政治的人们开始从理论上思考联邦制是否适合中国国情的问题。于是，戴季陶的《中华民国与联邦组织》、章士钊的《学理上之联邦论》以及张东荪的《联邦立国论》等关于联邦制的著名文章成为从理论上对联邦制进行探讨的先导。与此同时，梁启超等人加入了关于联邦制的讨论并以《大中华》杂志为阵地与张东荪主编的《新中华》杂志就联邦制问题展开了激烈的争论。在中国是否应该实行联邦制的问题上，争论双方的分歧主要表现为统一国家的建立与实行联邦制的先后顺序，中国的国情是否适于联邦制，以及国家统一与联邦制的关系等方面。

首先，对统一国家的建立与实行联邦制的先后顺序的讨论，是与对世界上联邦制国家的历史考察联系在一起的。反对者认为，世界上实行联邦制的国家如美国、德国都是“先分后合”，即先有各邦，各邦又依据实际需要联合起来，组成一个联邦制国家，中国本来就是一个单一制国家，如实行联邦制，就是“先合后分”，这一顺序有悖于世界上联邦制国家的形成路径。主张者则认为，中国在武昌起义之后出现了各省分别宣布独立的情况，如“合各省之机关以组织共和政府”，同样是“由分而合”，与世界上的其他联邦制国家是一样的。

其次，对于中国国情是否适于采取联邦制的问题。反对者认为，中国文化落后，不具备实行联邦制的社会基础，如果在这种情况下推行联邦制只会导致政治的不稳定，而主张者则认为，中国地域广大，各个地方的情况千差万别，只有联邦制才能照顾到各地的具体情况，因地制宜地把本地政治搞好。

再次，对于国家统一与联邦制关系问题。反对者认为，中国只有传播既有的统一外形才能在世界上保持大国形象，如果实行联邦制则势必造成“藩镇割据”的局面。主张者则从中国的时局出发，认为实行单一制便是加强中央集权，为卖国的北洋政府大开方便之门；中国地域广阔，只有先实行地方分权，培养人民之自治能力，建设好各省，尔后才能建设新中国，“惟真分权始能真统一”。[1]

1916年6月袁世凯政权覆灭后，中国政治又进入了一个大变动时期，出现了各种各样的试图改良中国政治的方案和实践。到1920年前后，关于联邦制的争论已经与来自实际政治中的地方制度问题、宪法问题、联省自治等联系在一起。这既是知识界对现实的关注的进一步深入，也是在既有争论的基础上提出的新课题：学者们不仅要研究中国是否宜于实行联邦制，还将与联邦制相关的其他问题也纳入其研究范畴。于是，有关联邦制与自治问题、联邦制与宪法研究等方面的论文纷纷问世。《太平洋》杂志第三卷的“联省自治专号”、《改造》杂志第三卷的“自治问题研究”与“联邦问题研究”两个专号以及《东方杂志》连续两期的“宪法研究专号”等刊载了大量的这方面的长篇文章。杨端六的《时局问题之根本讨论》、蒋百里的《同一湖谈自治的一封信》、蓝公武的《我的联邦论》、章士钊的《造邦》、李剑农的《民国统一问题》（三篇）、孙几伊的《自治运动与联邦》和《制宪问题的理论和实际》、宁协万的《宪法应采联省民主制》、陈启修的《我理想之中国国宪及省宪》等是这一时期影响较大的文章。

应该说，中国资产阶级知识分子关于联邦制的这场争论既没有输家，也没有赢家。这是因为：第一，双方强调的都是联邦制中“分权”的一面，只是围绕分权是利大于弊，还是弊大于利问题进行争论，却都忽略了联邦制的本质是“合”而不是“分”，在“分权”的背后，隐藏着“集中”的本质。第二，在中国国情与联邦制是否相宜的问题上，反对者认为中国文化落后，民智未开，因而不适应实行联邦制。支持者则认为中国地域广阔，

【1】 圣心：《联邦立国论》，载《新中华杂志》第21卷，第2期。转引自徐矛著：《中华民国政治制度史》，上海人民出版社1997年版，第433页。

各地情况迥异，因而应该采取联邦制。这里，反对者对联邦制的反对找错了依据，支持者对联邦制的支持则证据不足。第三，关于联邦制与统一的关系问题，联邦制的反对者认为联邦制会导致“藩镇割据”局面的形成，危害国家的统一。支持者认为联邦制可以通过先分权于地方，培养人民的自治能力，建设好各省，进而建设好中国。双方争论的根据都是站不住脚的：反对者没有认识到联邦制所特有的整合国家的功能，而支持者显然还缺乏对世界各个联邦制国家建国历史的深入、细致的考察，因而没有看到地方自治与实行联邦制之间孰因孰果的真实联系。

尽管如此，这场争论为如何解决中国社会问题、实现政治发展开辟了新的思维空间，双方在争论中所表现出来的对联邦制和中国国情的可贵的探索精神，以及对联邦制和中国国情的一些客观、准确的认识，也成为日后相关讨论和研究的重要依据和基础。[1]

二、当代两岸统一问题上的联邦制主张

在联邦制思想沉寂了近一个世纪后，又有人主张用联邦制架构来促成海峡两岸的和平统一。概括近些年来两岸统一问题的联邦制主张，主要有以下三个代表性的构想：

（一）严家其的“联邦中国”构想

严家其在其《联邦中国构想》中提出：“现在的中国，处于分裂状态，在这种情况下建立联邦，将存在两种不同的整合趋势：对大陆部分来讲，将从中央集权状态下走向联邦，这是一种‘从合向分’的过渡；对港、台部分来讲，将从分裂状态下走向联邦，这是一种‘从分向合’的过渡。因此，未来中国的联邦将由两类成员邦组成：一类是‘松散成员邦’；另一类是‘紧密成员邦’。在松散成员邦与联邦的关系上，带有邦联的特征。”[2]

所谓“松散成员邦”是指港、澳、台及西藏等地，需要用联邦下保持

【1】 参见王丽萍著：《联邦制与世界秩序》，北京大学出版社2000年版，第183页。

【2】 参见严家其著：《联邦中国构想》，香港明报出版社1992年版，第45页。

各成员邦自主性的统一来代替传统中国的、中央集权的“大一统”的统一，这类成员邦由于其自身的历史、经济、文化发展具有一定的特殊性，因此，必须带有邦联的特征加入联邦中国，即允许其有较多的自主性。所谓“紧密成员邦”是指目前大陆管辖下的各省及直辖市，需要在联邦下保持各成员邦经济的自主发展的同时，顾及其历史沿革和有利于不同成员邦之间的文化发展，以及保持与联邦中央政府的紧密联系，即属于中央与地方分权制衡的联邦。[1]

（二）“中华联邦宪草”对联邦中国的设计

“中华联邦宪草”的全名为“中华联邦共和国宪法”（建议性草案），于1994年1月31日在美国旧金山由“联邦中国宪法工作会议”定稿。在此之前的1993年夏天，美国21世纪中国基金会在夏威夷举行过一场“中国统一模式和宪法结构学术讨论会”，[2]邀请海内外政法学者近二十人参加。台湾方面参加的学者包括胡佛、明居正、朱云汉；香港则有翁松燃、张鑫，海外方面则有吴元黎、赵穗生等。会议讨论的结果即是这部“宪草”。

根据“宪草”，“中华联邦共和国为自由、民主、法治的联邦共和国”，“联邦共和国的主权属于全体国民”。至于联邦的组成单位，则包括自治邦、自治省、自治市和特别区。台湾作为自治邦，其地位与内蒙、西藏、新疆、宁夏、广西并列，与内地的“自治省”有别。香港、澳门则为“特别区”。上海、天津、北京三市划为自治市，其余的行政区域单位依制划分为三十二个自治省。

“宪草”对各“自治邦”给予自行制定宪法的权利，并有权以“中国某自治邦”的名义与外国缔结非军事性协定，有权决定参加各种国际组织、设立驻外代表机构，而“台湾自治邦”则享有如下特别的权力：发行货币、签发证照、签证、设立终审法庭、财政独立、免征联邦税、可维持武装部队、有权拒绝联邦驻军，以及航天、航空、海运、邮政、电信、知

【1】参见严家其著：《联邦中国构想》，香港明报出版社1992年版，第46－50页。

【2】参见台湾《联合报》1994年4月27日版。

识产权等的管辖权。联邦共和国总统由国会两院（国民院与联邦院）议员及各邦、省、市、区行政首长组成之选举人团体选举产生，每届任期四年，连选得连任一次，总统当选人须在宣誓就职前退出政党，总统颁布法律、发布命令须经国务院总理之附署；联邦共和国设国务院为最高行政机关，设总理一人为机关首长，有主持国务会议、制定行政法规、发布决定和命令、向国会提出议案、统帅并指挥联邦军队，任免联邦官员等权利。联邦的实际政务由总理负责，政体为内阁制；联邦设置普通法院、上诉法院和最高法院，独立行使司法权，各邦、省、市、区自行立法组织司法机关行使本邦、省、市、区之司法权，各邦、省、市、区应互相尊重司法管辖权。[1]

（三）陶百川的“二元合作联邦”构想

1992年11月12日，时任台湾“国策顾问”的陶百川在一次讨论会上着重阐述了以“二元合作联邦制”来统一中国的观点。他强调统一的中国在自由、民主、均富三要素外尚须具备均权，意指中央与地方都应享有适当程度和幅度的权力，各取所需，各得其所。陶百川认为：“苏联之所以解体，便是因为联邦政府过分侵占了加盟共和国的权力和利益，我国规划统一，应以苏联为借鉴”。于是他提出“二元合作联邦”的十项构想：

（1）统一后，联邦政府不派军队进驻台湾，也不调走台湾的军队，台湾可以向外国购买并自制武器，以维持自卫兵力。（2）统一后，台湾可保持其经济和社会制度，生活方式和党政军特有各项组织。（3）统一后，台湾可在一个中国的原则下行使外交权，包括参加国际组织，并与他国签订经贸协定和处理领事业务。（4）统一后台湾将有独立的立法权，在不违背联邦宪法的原则下，可制定自己的法律，作为管理台湾的基础。（5）统一后，台湾将有独立的司法权和司法机关。大陆的法律规章不适用于台湾；台湾的最高法院拥有最终审判权，不必上诉到联邦最高法院。（6）统一后，

【1】 参见陈志奇主编：《台湾两岸关系实录》上册，台湾两岸关系研究中心出版，第328－344页。

台湾可用青天白日满地红的旗帜，并用“中华”或“中国”（China）的称号；如果将来另定新国号和国旗，则应一体使用。（7）统一后，联邦政府设两院制的联邦国会，它的上议院由各省议会选派代表二人参加组成，下议院议员则由各省人民普选产生。上议院独自享有联邦任命同意权，凡联邦政府派往各省联邦人员，必须先征得该省所派上议员的同意。（8）统一后的联邦政府设宪法法院，享有联邦及各省法律之审查权，其法官人选须得联邦上议院的同意。（9）联邦与各省如有争执，应以和平方式协调解决，不得使用武力。其争执如涉及宪法或法律者由宪法法院判决之。[1]（10）各省得经省民直接投票决定退出联邦，但其投票须由联邦政府派员监察。

陶百川的“二元合作联邦”，突出的是“统中有独，独中有统”，具体内容为：各州政府与中央政府处于平等的地位，各自行使宪法赋予的权力，享受各取所需的利益。实现“统一而不集权，分治而不分裂”，也就是不集权的统一，不分裂的分治。概而言之，陶百川关于用“二元合作联邦制”统一中国的构想，基本上是打算借助于邦联作为过渡安排最终以联邦制中国实现两岸统一的思路。

三、联邦制模式在两岸统一问题上的不可行性

联邦制模式究竟能否适于两岸关系？为深入探讨这一问题，笔者现将海峡两岸建构联邦制的所有模式类型设计出来，逐一分析。

对于大陆方面和台湾方面来说，通过联邦制实现两岸统一无非有两种模式类型，我们为了研究的方便起见，分别将它们称之为模式A和模式B。

（一）模式A

1．模式特点

是将大陆现有的省级地方行政区域与台湾都变成地位平行的联邦成员单位，或者将目前中国所有的省级行政单位（包括台湾）重组，再分成若

【1】参见陈志奇主编：《台湾两岸关系实录》下册，台湾两岸关系研究中心出版，第53－58页。

干个联邦成员单位。前者如图6－1，后者如图6－2。

图6－1　联邦制适用于两岸统一的结构示意图（一）

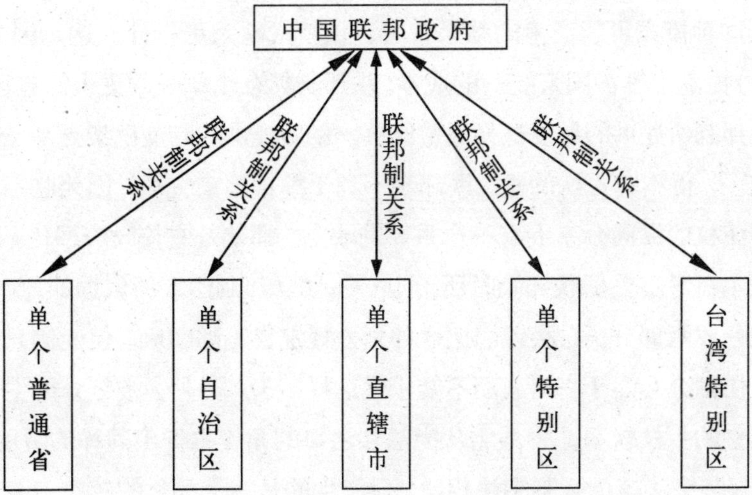

（备注；箭头“⟷”表示双向互动的对等关系）

图6－2　联邦制适用于两岸统一的结构示意图（二）

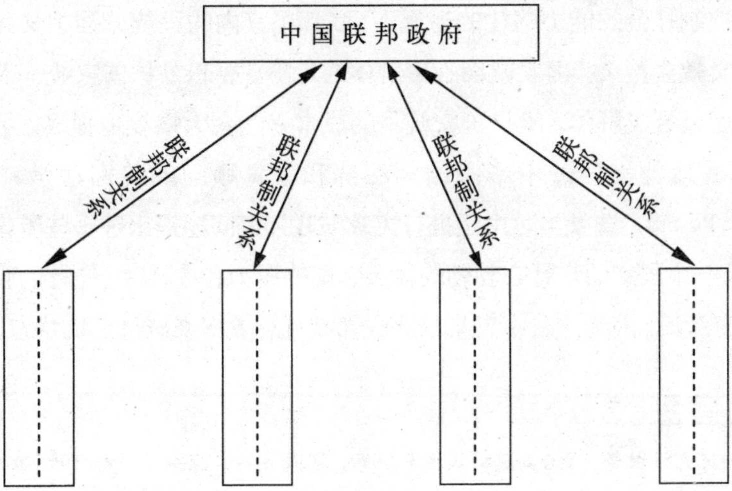

（备注：①箭头“⟷”表示双向互动的对等关系，②“-----”表示成员单位的名称待定，数目待定）

2．可行性分析

图（1）、图（2）所反映的模式A的这两种情形都是从根本上改变中国现行的国家结构形式，都将使中国现有的中央与地方关系的性质发生变化。从这种模式可能产生的结果来看，该模式缺乏可行性。这是因为：

（1）提高了维护国家统一的成本。联邦制具有比单一制更大的包容性，所以联邦制所提供的制度框架通常比单一制所提供的制度框架更易于实现国家统一，但不容否认的是，联邦制不利于维护国家统一，因为联邦制因主权行使权的纵向分享而有一个重要的缺点，那就是它使政府弱化，正如托克维尔在考察美国联邦制时所指出："一切联邦制国家所依据的原则，是把主权分成两部分。立法者们把这种划分规定得不够明确，但他们只能在表述上使划分含混于一时，而不能永远这样下去，另外，被划分的主权永远比完整的主权软弱。"[1]戴雪从宪法和法律的角度也得出同样的看法。他说，联邦制宪法与单一制宪法相比，它产生的是一个弱化的政府……一个真正的联邦政府是基于权力划分而形成的，这就意味着政治家要为平衡联盟内一个州和另一州的关系作出不断的努力。[2]尽管现在世界上各联邦制国家都有中央集权的倾向，但是整个政府体系对社会的作用还是弱化的。在政府控制社会的能力弱化的情况下，联邦国家内的民族分裂主义和地区分离主义就会抬头，国家就面临着解体的危险。要想维护国家统一而避免国家再度分裂或解体，维护国家统一的成本必然会大幅度地提高。第二次世界大战后曾担任过中华民国司法部和教育顾问的美国法学家庞德（Roscoe Pound）曾就当时中国推行宪政与联邦制问题提出过一些警告，他说，如果一个国家面临野心勃勃的强大邻国的压力和威胁时，纯粹的联邦制是难以存续的。因为这时中央集权比联邦制更有效率来应付危机状态。[3]当

【1】［法］托克维尔著：《论美国的民主》上卷，董果良译，商务印书馆1996年版，第186－187页。

【2】［英］戴雪著：《英宪精义》，雷宾南译，中国法制出版社2001年版，第58页。

【3】Roscoe Pound, The Chinese Constitution, New York University Law Quarterly Review 22, 1947, pp.214-219.

今的中国虽然不再直接面临外部的军事威胁，但周边的国际局势也时常会对中国国内中央与地方关系产生重要的影响，进而会影响到中国的稳定和统一。这样一来，势必会提高我们维护国家统一的成本。

（2）中国目前尚不具备通过联邦制统一中国的政治条件。“联邦制无论做什么都有一套复杂的理论。这套理论的运用，要求被统治者每天都得运用他们对这套理论具有的知识”，“在这样的政府中，一切事情都要经过反复协议和复杂的手续，只有长期以来惯于自治和政治知识普及到社会下层的民族，才适于采用这套办法”。在美国实行联邦制以后，墨西哥也于1824年通过了一部联邦制宪法，但其结果至少在整个19世纪不太理想，正如托克维尔所言，“墨西哥人希望实行联邦制，于是他们把他们的邻居英裔美国人的联邦宪法作为蓝本，并几乎全部照抄了过来。但是，他们只是抄来了宪法的条文，而无法同时把给予宪法以生命的精神移植过来。因此，他们的双重政府的车轮便时停时转。各州的主权和联邦的主权时常超越宪法为它们规定的范围，所以双方总是冲突。”[1] 墨西哥的联邦制到20世纪30年代之后才逐步成熟起来。墨西哥的早期联邦制实践向我们昭示：联邦制的成功运作需要有一个成熟的政治生态环境。像中国这样有几千年中央集权制传统的国家，即使为实现国家统一而人为地去构建一个联邦制，那么，这样的联邦制与西方那种经过几百年的人文整合和历史演进，在法治和民主的追求中所形成的内生型“联邦制”相比较，也只能属于“外生型”联邦制。在这种联邦制下，国民缺乏联邦主义意识，因没有得到过联邦制下的政治训练而缺乏联邦政治的操作技巧，从而很容易导致国民政治心理的错位。换言之，中国目前不具备通过联邦制去实现国家统一的应具要素。在这种情况下，单单为了国家统一而不考虑其他要素，人为地去移植联邦制，它也很难在中国扎根开花，即使能够扎根开花，从移植到扎根开花的这个过程也会相当的漫长。在这个过程中，理念冲突，制度碰撞，极易引发政治和社会不稳定；加之，这个过程与我国的社会转型过程相重

【1】［法］托克维尔著：《论美国的民主》上卷，董果良译，商务印书馆1996年版，第186页。

叠，众所周知，社会转型期是社会问题的高发期，这样一来，就更增加了不稳定的可能性。而与此同时，用联邦制统一后的中国，一方面由于制度本身的原因必然会造成中央权威的部分流失，这是因为在联邦制的结构中，其主权行使权是由联邦中央政府与联邦成员政府分享的；另一方面联邦制的生成条件非常复杂，对于这种“外生型”的联邦制来说，其联邦中央政府的权威一时很难形成，即使能够形成，其维持也比单一制更复杂、更困难。在这一点上，它与“内生型”联邦制会自然生成法理型中央权威是不一样的。如果这样，便使得中央政府控制社会的能力大大减弱，一旦出现政治或社会的动荡，联邦中央政府则难以驾驭局势，到那时，中国很可能不是统一了，而是四分五裂了。[1]

基于以上原因，大陆方面不宜做出模式A的目标选择，至少在体制转型时期不宜采用这种模式来实现两岸统一。

另外，从台湾方面来讲，也可能因自己被当作与其他省级行政单位平行的一个联邦成员单位而拒绝接受。为此，我们不妨借用台湾学者张亚中教授对“中华联邦”的分析和判断来进一步说明这一问题。张教授将联邦制模式不适于目前两岸统一的理由列举为以下四个方面：第一，在联邦制下，各邦虽有高度自治，但不论其联合的松紧程度如何，各邦均非国际法主体，外交与国防均由联邦政府负责。宪法仍由联邦最高法院或宪法法院解释，虽然宪法可明文保障各邦的独有权利，台湾若变成大陆十几个省或联邦中的一个，大陆一旦扩大中央职权，台湾地区将事实上丧失大部分的自治权。第二，成立联邦势必取消“中华民国”的国号及目前所拥有的国际人格，其现有武力亦将交由联邦政府指挥，此点对“中华民国”而言，是没有信心接受的，亦不太可能为台湾现有的政治生态所认可。第三，各成员国的体制宜相近，方可顺利组合为联邦制国家，如果极不相容的两种制度勉强结合在一起，很容易就发生问题。例如即使以联邦制的范本国家美国为例，1789年美国邦联改为联邦，将南部维持奴隶制度的各邦与北部

【1】参见王英津：《联邦制模式不适用于中国统一》，载香港《中国评论》2004年3月号。

禁止蓄奴的各邦合成为联邦共和国，1861年就爆发南北战争，直到南方失败，全国禁奴，美国联邦才顺利维持下去。目前，两岸对有关自由、民主或人民基本权利等价值观念的差距仍然很大，共组联邦之论恐为时尚早。第四，意大利前属地厄立特里亚（Eriterea）战后处于联合国监督下，后与埃塞俄比亚（Ethiopia）在1952年组成联邦，但1962年埃塞俄比亚国的皇帝背信将其合并为一省，引起厄人群起反对，埃塞俄比亚出兵镇压，战祸连连，伤亡惨重。倘若台湾与大陆共组联邦，将来一旦大陆方面单片面废除协议，届时台湾已无有效武力可对抗。[1]

（二）模式B

1．模式特点

将大陆与台湾作为法律上对等的两个联邦成员实体，可图解为：

图6－3 联邦制适用于两岸统一的结构示意图（三）

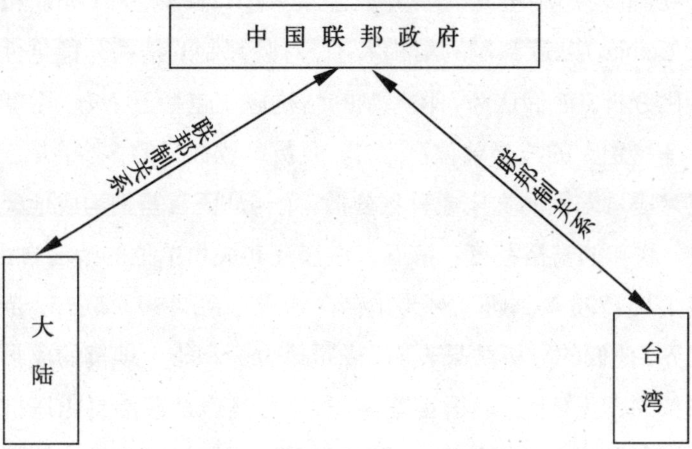

（备注：箭头“⟷”表示双向互动的对等关系）

2．不可行性分析

该模式也不具有可行性，这除了由于模式A不可行的原因同样适用于

【1】参见张亚中著：《两岸主权论》，台湾生智文化事业有限公司1998年版，第130－131页。

该模式之外，还因为该模式反映的关系虽然对等，但不对称。这就从根本上影响了该模式的可行性，因为根据一般的联邦组成原理，组成联邦的各成员单位之间在土地面积和人口上应尽可能是大致的平衡，否则，其最终结果是难以想象的。因为一般来说，土地和人口均占优势的成员，也将有更多的经济资源，因而，它可能会寻求对力量薄弱的小的成员的控制。如果真出现这种情况，那将是非常糟糕的。但是，各成员之间在土地面积和人口上有着完全的平等，在现实中是不可能的，任何一个联邦，其成员单位间均会有实力大小的差别，美国和印度的事实就是一个有力的说明，因为在它们那边有非常大的州（邦），也有非常小的州（邦）。但是，“最主要的是，不应有任何一个邦比其余各邦强大到能有力量对抗许多个邦联合在一起的力量。假如有这样一个邦，而且是唯一的一个，它坚持要控制共同的讨论；假如有两个这样的邦，在它们意见一致时那将是无法抵抗的；而一旦它们意见不一致，一切将取决于它们之间的权力斗争。”[1] 20世纪80年代，从事联邦制研究的学者里克（William H. Riker）和莱姆科(Jonathan Lemco)从联邦制的结构入手，对联邦制的结构与稳定性的关系进行了量化分析。他们认为，联邦制的结构应该包括五个方面：第一，是否存在一个特别大的成员单位；第二，成员单位数目的多少；第三，是否存在表现为语言差别的文化或种族分散，尤其是语言差别构成地区性的区别；第四，联邦的富裕程度；第五，联邦及其成员单位的政治自由度。[2]他们考察了从1798年到研究时为止存在着或存在的40个联邦，范围覆盖了整个世界。他们的分析结果表明，成员单位少和特大规模的成员单位的存在是联邦的真正危险，而语言差异、贫富程度以及政治自由压抑与稳定性之间都不存在较大的相关性。大陆与台湾之间无论在自然资源还是社会资源方面都存在着高度的差异性，由二者组成的联邦必然是一个高度非均

【1】 [英]密尔著：《代议制政府》，汪煊译，商务印书馆1982年版，第231－232页。

【2】 William H. Riker and Jonathan Lemco,The Relation between Structure and Stability in Federal Governments, in Riker, ed., The Development of American Federalism, Kluwer Academic Publishers, 1987, pp.113 － 129.

衡的联邦。因此，即使两岸以联邦制的方式实现了统一，这个统一后的联邦也会因同时具备了导致联邦不稳定的两个因素而从一开始就注定了失败的命运，最终导致联邦解体。另外，该模式中联邦成员单位的构成数目仅有这两个也影响了该模式的可行性，至今尚未发现世界上存在着仅有两个联邦成员单位的联邦制国家。分析至此，我们认为，这种联邦制模式也缺乏可行性。

第二节　德国模式与两岸统一

如本书的前面所指出，同一模式在不同的发展阶段上具有不同的实现形式，这些形式对于同一主体也可能具有不同的意义，因而同一主体对于同一模式的不同形式持有不同的态度。就“德国模式”来说，台湾方面对于其过程模式和结果模式具有不同的态度。具体来说，台湾方面所主张的“德国模式”主要是指其过程模式，真正意图是借其过程模式将两岸定位为主权国家间的关系。如果按照其结果模式，最终的结果是西德将东德吞并，东德的原中央政府全部解散，以五个州的行政单位分别加入西德。如果采用这种结果模式，应将台湾并入大陆，并对台湾进行一国一制的体制改造。很显然，目前台湾领导人不会接受这种结果模式。由此可以看出，台湾方面所提的“德国模式”有其特定的含义。因此，下面要分析的“德国模式”是专指台湾方面所谓的“德国模式”。

一、德国模式在两岸关系上的提出与发展

台湾并不是从一开始就推崇“德国模式”的。从台湾方面接受“德国模式”的过程来看，大致经历了以下三个阶段：

第一阶段为全面否定的阶段，时间大致为20世纪70年代初至80年代初。早在中美关系正常化时，为了解决中美建交后“中华民国”的国际地位问题，就不断有亲国民党的美国学者和政客提出以“东西德模式”

解决台湾的地位。[1] 1976年，美国乔治城大学战略研究中心主任克莱恩（Ray Cline）在国会作证时，提出以所谓的“德国模式”来解决“正常化”的困局。同年9月，时任美国马里兰大学教授的丘宏达在台报上发表文章，进一步阐述了“德国模式”的涵义。其要点是：统一为长期目标，双方不放弃统一的目标；在最终达成统一之前，“双方独立的宪政体制不受影响”，维持不变；“双方都可与各国建立大使级外交关系，但不涉及到双方权力主张的承认问题”，双方均可加入联合国。[2] 1978年美国卡特总统宣布和台湾断交时，美国参议员高华德再次提出“德国模式”，他认为以1972年东西德双方签订《基础条约》的方式来解决中国两岸关系是可行的。这个模式提出以后，首先遭到了中国共产党和中国人民的坚决反对，因为在大陆方面看来，该模式主张既将两岸统一推向了无限未来，又等于承认了台湾当局的“国家”地位；其次台湾当局也不接受，因为这涉及当时国民党政权的代表性问题和宪政体制法统问题。所以，在这个时期，“德国模式”在台湾岛内被严禁宣传，根本没有存在的市场。

第二阶段为部分接受阶段，时间大致为20世纪80年代中期至90年代初期。在20世纪80年代以后，随着大陆“一国两制”构想的提出和香港、澳门问题的相继解决，台湾当局在两岸关系和对外关系上陷入了日益困难的境地。为了扭转这被动局面，反制大陆的“一国两制”，摆脱“外交”困境，台湾当局在各种统一模式的反复比较中，开始接受了“德国模式”，认为采用“德国模式”既可以应付大陆、美国和岛内的压力，又可在“统”的下面实现“独”的目的。但是，又由于“德国模式”的主张直接涉及“承认中共”、“终止动员戡乱”等一系列敏感而重大的问题，所以在当时的历史条件下，“德国模式”虽然被台湾当局在一定程度

【1】参见张富美主编：《台湾问题论文集：台湾现状与台湾前途》，台湾前卫出版社1988年版，第26－27页。

【2】转引自朱卫东：《“德国模式”不适用于两岸关系》，载《台声》1999年第9期。

上所接受，但并未在台湾岛内产生多大的社会影响，只有“党外人士”和“党外杂志”在宣传。

第三阶段为宣传推崇阶段，时间大致为20世纪90年代初至今。随着蒋经国的逝世和国际形势的重大变化，台湾方面主张“德国模式”的人越来越多，甚至部分决策人士也公开提出“借鉴”和“效法”“德国模式”来处理海峡两岸关系和解决中国统一问题。随着李登辉政治势力羽翼丰满，“德国模式”得到了他的认可。1990年5月6日，李登辉公开声称：“对话必须在一个中国、政府对政府和双方地位平等的基础上进行，一个国家、两个政府，这是现实。”特别是两德在1990年10月实现统一后，岛内主张以“德国模式”来解决两岸关系问题的论调陡然升高。台湾当局还多次派党政要员赴德国进行实地考察。一时间，学术界、舆论界以及政界的高层人士也公开宣扬“德国经验”具有“启示性”和借鉴意义。1991年2月，时任台湾“国策中心”研究员的张五岳，在台湾《中国论坛》杂志上发表了题为《寻求两岸关系最佳模式——分裂国家的出路》的文章，将“德国模式“视为“分裂国家”的典范，并认为“德国模式”适用于海峡两岸。1991年8月23日，李登辉在接见一些学者时，发表谈话称：“两岸统一需要一个漫长的过程，从德国统一过程来看，双方首先经由交流互动，在人民之间建立起某种程度的共识，并且在国际社会上形成对等的政治实体。德国的统一经验显示，两个政府进行统一并不容易，对等政治实体的架构必须先确立。”1992年5月，台湾“总统府”副秘书长邱进益在一次座谈会上，以“个人身份”提出，海峡两岸应效法东西德签署“基础条约”的模式，签订类似“互不侵犯协定”，双方相互约束不使用武力，借以达到“双方相互承认对方为对等政治实体，共存于国际社会，两岸关系即可由近程阶段进入中程阶段（即可以“三通”），推动中国统一。”宋楚瑜也明确表示：“分裂国家的发展模式值得我们参考”，“要选择统一的方式，但不是越南方式”。1998年4月，海基会秘书长许惠佑也强调：“德国模式中的相互承认对方为政治实体，在国际上互不代表对方，应该是当前处理‘一个中国’争议的重要方式。”与此相对应，台湾朝野出现了仿照德国提出的

“屋顶理论”[1]，“多体系国家理论”[2]，以及要求签订“互不侵犯协定”和“基础条约”等等。这些所谓的“理论设想”有一个共同点那就是抛弃了“一个中国”原则，按照“完全分裂国家模式”来为两岸关系定位。这样一来，台湾当局不仅在理论上接受了“德国模式”，而且还在实践中修补和发展这一模式，在对两岸关系的定位上，逐步由“一国两区”变为“一国两体”、“一国两府”、“阶段性两个中国”，直到推行“两个中国”。

【1】“屋顶理论”又称之为“部分秩序理论”，其主要内容是：原分裂前的母国虽然已无行为能力，但作为国际法人而言，它的主权仍存在，只是被冻结了。原分裂前的母国的国家权力交由各分裂国家行使，分裂国家各方在其各自所管辖的领域内享有完整的主权，是一个完整的国际法人，但对于原国家的事务均无完整的管辖权，是一个不完整的国际法人，是一个“部分秩序主体”国家。部分秩序主体国家间的关系，不是一般国际法上的国家间关系，而是所谓的“特殊关系”或“兄弟关系”。（参见张亚中：《两岸主权论》，台湾生智文化事业有限公司1998年版，第65页）原西德法学界依此理论来解释东、西德的法律关系，认为在“德国”这一“屋顶”之下，存在着两个部分秩序主体，即西德和东德，东、西德主体地位平等，且两者的存在并不会影响到德国的国际法地位，但此两者均非与德国为一致。台湾学者借用此理论来定位两岸关系，即“一个中国”是屋顶，屋顶下面同时存在着“中华民国”和中华人民共和国两个分治的国家。

【2】“多体制国家理论”是台湾学者魏镛博士提出来的，该理论认为，所谓“分裂国家”中的国家及民族均未发生分裂，只是在一个原有国家（民族）领域中，产生了不同的政治体系。这些政治体系将统一问题与国际承认问题混合在一起，使得其他国家只能承认分裂国之一方。魏博士认为，这些分裂的政治实体不能称之为“分裂国家”，应称之为“多体制国家”。该理论的基本内容包括：“多体制国家”是分开的两个或多个国际人格；可双重承认；在国际组织中可有双重会籍、双重代表制或多重会籍与多重代表制；不同体系国家间的关系是管辖权分开而主权未分割之体系间特殊关系。该理论在两岸关系上认为，在“一个中国”下存在着两个政治体系；双方在国家统一前各享有完整的国际人格；双方在国家统一前均可与其他国家建立外交关系；双方均可成为国际组织的会员；两岸关系是不同体系之间的特殊关系（非国际关系），主权未分割而管辖权分开之关系；双方不一定需要承认对方的法律地位。（参见魏镛：《两岸关系、双重承认与多体制国家》，载《如何进入国际社会论文集》，如何进入国际社会研讨会，中华会主办，1994年4月）

二、德国模式在两岸统一问题上的不可行性

德国是完全分裂国家，中国是不完全分裂国家。完全分裂国家复归统一的模式不能直接套用于不完全分裂国家，这就从根本上决定了“德国模式”的不可行性。具体说来，原因如下：

（一）两岸问题上“德国模式”主张的实质决定了它的不可行性

通过以上对“德国模式”在两岸关系上的提出及其在台湾被接受过程的历史考察，并结合台湾学术界、舆论界、政界人士、有关党派的表述，可以将台湾方面所谓的“德国模式”的基本主张，概括为以下几个方面的内容：第一，在国家统一问题上，主张先分后统，在统一以前，双方要正视当前的国家分裂状态，彼此相互承认和尊重对方的对等地位，彼此以“对等的独立和政治实体”或国家并立共存于国际社会，等条件具备时，两岸再实现统一；统一为长期目标，分裂为现实目标；分裂是走向统一的必经道路。第二，两岸双方在外交上接受双重承认，在国际社会上分别奉行各自的“外交政策”，双方都可以与他国建立大使级外交关系，双方均可以成为联合国成员国。第三，两岸双方应遵守联合国宪章规定的和平解决争端的原则，坚决反对大陆采用武力手段达到统一的目的。第四，两岸双方应互相承认各自在有效管理领土上拥有主权，主张中华人民共和国政府对大陆拥有主权，中华民国政府对台湾及附近岛屿拥有主权。第五，两岸双方通过签订条约或协定来规范彼此的关系。

从上述台湾方面关于“德国模式”的基本立意可以看出，这些有关“德国模式”的主张始终秉持三个基本原则：其一，“主权”原则。海峡两岸各有自己“独立的主权地位”。台湾当局不再坚持自己为“中国唯一合法政府”，但仍坚持自己在国际上还是一个“主权完整的国家”。其二，“对等”原则。认为海峡两岸双方应是对等的“政治实体，”不是“隶属”或“主从”关系。中华人民共和国管辖“中国大陆”，中华民国管辖“台、澎、金、马”，平起平坐，隔海而治，同具有“合法性”。其三，过渡原则。从长远目标看，两岸自然是统一，而从现实目标看，两岸只能是“两个中国”。

从表面上看，台湾方面提出以“德国模式”来实现两岸统一，不再自称“代表全中国”，确认“中共政权的合法性”，未放弃两岸最后统一的目标，似乎较过去更理性，更务实。其实问题远不是这么简单，对于有些人士来说，他们主张“德国模式”，或许真是为了给两岸统一而提供一种积极性的思路，而对于另外一些人士来说，他们推崇“德国模式”，其真正目的是在“先分后统”的招牌下，实现“先分后独”的图谋，前者是虚，后者才是实，这正是台湾一部分人士，特别是“暗独”分子玩弄“两德模式”的真正用意之所在。

（二）两岸关系与两德关系的不同决定了“德国模式”的不可行性

“德国模式”的内涵表明，德国之所以会走出这样一条统一之路，是由于其特殊的分裂原因、分裂性质、实力对比，以及历史传统和文化背景等诸多因素所决定的，可以说这一模式具有鲜明的“德国特色”。除了本书第三章从主权构成的视角对两德关系与两岸关系进行的宏观比较以外，两德关系与两岸关系还存在着以下具体的不同，这些不同决定了德国模式不能直接适用于中国统一。主要表现在：

1．分裂的原因和背景不同

德国的分裂是国际势力操纵的结果。德意志“第三帝国”战败覆灭后，美、苏、英、法等战胜国出于“绝不允许德国再成为统一”的中央集权国家之目的，以德黑兰会议和雅尔塔会议所达成的一系列国际协定为依据，对德国实行分区占领，进而操纵德国内部不同的政治势力相继成立联邦德国和民主德国，从而制造了德国分裂。海峡两岸的分裂状态则是国共两党内战的产物。抗战胜利后，中国又爆发了第三次国内战争。最后，国民党统治集团所控制的中央政权被推翻，中华人民共和国中央人民政府成立，国民党残余势力退据台湾，在美国支持下与大陆形成了对峙的局面。由于德国的分裂主要是国际因素造成的，所以德国统一与国际形势变化密切相关。没有20世纪80年代中期以后东西方关系的缓和，德国统一是不可想象的。海峡两岸的分裂状态主要是由于国共内战造成的。当然，也有美国的干预等国际因素的影响，但这不是主要因素。

2．分裂的性质和程度不同

如前所述，德国从一开始便以“完全分裂国家”的面貌出现，它不仅在地理上被分割成两部分，更重要的是国家主权所有权也被一分为二。东、西德自成立之日起，即均属独立的主权国家，在性质上是“主权所有权分裂”。自德国分裂后，原德国的国际人格自然消失。正如奥本海国际法所指出：“当一个国家分裂为两个或两个以上部分而各部分自成国家……时，这个国家的国际人格就消灭了”。[1] 海峡两岸的分裂性质则不同。中华人民共和国中央政府是在中华民国中央政府被推翻后成立的，依据国际法上的继承理论，这属于政府继承而不是国家继承，中国的国际人格没有变化。这一点，不仅得到了绝大多数中国人的承认，也得到了国际社会的普遍承认。联合国之所以驱逐国民党政权、恢复中华人民共和国的合法席位和安理会常任理事国地位，世界上绝大多数国家之所以先后与中华人民共和国建交、与国民党政权断交，其基础和根据就在于此。中国的主权所有权是统一的，中国只有一个，台湾是中国的一部分。所以说，海峡两岸的分裂不是完全意义上的分裂，而仅仅是主权所有权统一之下主权行使权的分裂即主权行使权同所有权的暂时被动分离，是统一之中的分裂，属于“次分裂”的性质。由分裂的性质所决定，德国统一的实质是两个主权国家的合并，是主权所有权分裂再到主权所有权统一。中国统一只需结束两岸主权行使权的分裂状态。至于主权所有权无需再统一，因为它本来就是统一的。

3．分裂形态和力量对比不同

德国的分裂属于整体性的分裂。一个国家被相对均等地分成两部分，双方在领土、人口、自然资源各方面虽然存在着差距，但对比并不悬殊，因而，并不能由此确定由谁来主导德国的统一。西德在德国统一的过程中居于主导地位并吃掉了东德，其根本原因在于，经过五十余年的发展，西

【1】［英］詹宁斯、瓦茨修订：《奥本海国际法》第一卷（第一分册），王铁崖等译，中国大百科全书出版社1995年版，第143页。

德在政治、经济、军事、科技、教育各方面的综合实力远远超过了东德。海峡两岸的分裂则是局部的分裂，大陆是一个统一的“主体”，台湾是“支体”，大陆与台湾在土地、人口、资源各方面相差十分悬殊。这种分裂形态决定了在中国统一过程中，大陆必然居于主导地位。[2]

4．统一前所遇问题不同

德国分裂后，东、西德并存于国际社会，且不存在战争状态，其“敌对性”主要来自于它们分别所属的东西方两大敌对阵营，彼此之间是否使用武力，并不取决于它们，而是取决于华约和北约两个军事集团。所以，东、西德迈上统一之路前所遇到的问题相对简单，只要彼此承认对方为独立主权国家这一事实，其他问题可迎刃而解。海峡两岸由分裂的性质所决定，在迈上统一之路前所遇到的问题则十分复杂。“一个中国”、谈判形式、“政治实体”、“外交空间”、使用武力、直接“三通”、双向交流等问题交织在一起，盘根错节，“牵一发而动全身”。现在又有“台独”活动，使得两岸关系更加复杂。由于东、西德的问题比较简单，所以1967年双方开始接触，1970年实现了高级会晤，1972年底便以处理国与国关系的方式签订了《基础条约》，从而实现了两国关系正常化。由于两岸的问题十分复杂，所以自中共提出和平统一方针迄今，几十年来双方仍在前述各项问题上周旋，目前两岸连最起码的正式结束敌对状态都未能实现。

5．统一的风险系数不同

就德国统一的过程来看，“德国模式”是一种风险性统一模式。1972年东、西德签订《基础条约》无疑是走向统一的第一步，但就当时情况而言，其直接后果则是彼此承认对方为独立主权国家后，德国的统一可能变得遥遥无期。因为自20世纪60年代开始，东德已经降低了统一的调门，转而强调两个德国长期并存。1961年东德统一社会党“六大”时，东德领导人明确表示“统一是不现实的”，公开放弃了统一的口号。1971年昂纳

【2】 参见王升：《关于“德国统一模式”与中国统一问题的思考》，载《台湾研究》1993年第1期。

克在“八大”上进一步提出了“两个民族论”，说西德“存在着资本主义民族”，东德“正在形成社会主义民族”，两者之间的矛盾是不可调和的，要求东德在社会生活的一切领域同西德“划清界限”。《基础条约》签订后，东德更加认为东、西德是两个民族、两个国家，称“德国问题已以德国的最终分裂而获得解决”。[1] 如果没有国际形势的巨大变化和东德国内局势的急剧恶化，东、西德长期并存的局面将很难打破。可见，“德国模式”是一种风险性模式。就两岸关系的现状而言，虽然经济交流日益密切，但政治上的紧张对立依然没有转机，交流往来也仍备受限制，加之岛内“台独”势力十分嚣张，活动猖獗；这都给中国统一增添了难以把握的变数。中国统一被永久性的拖延，或者台湾走向独立，都是全体中国人民所不愿见到的。从这一点来看，东、西德的做法也不值得效仿。

三、德国模式对两岸统一的启示

德国从统一到分裂，再从分裂到重新统一，是20世纪的一个重要历史事件。这一历史事件将留给人们许多可供思考、研究的价值，学者们总结这一过程及其模式是必要的、有益的。尽管“德国模式”之不适用于中国统一问题已如前述，但必须承认，两德的统一与中国海峡两岸的统一毕竟都是国家统一，实现统一的过程中也会遇到相似的障碍和问题，正是从这个意义上讲，研究德国统一的模式，对我国有着现实意义；况且，德国统一毕竟是古今中外唯一的以和平方式完成国家统一的实例，其对中国的统一无疑具有重要的启示意义。我们可以把德国统一的模式作为一种特殊的参照系，使我们通过比较，从更广阔的视野来观察问题，从更深的层次分析我们面临的任务，为我国海峡两岸的统一提供借鉴。

（一）要始终坚持“一个中国”原则

在两岸处于分裂状态后的一个相当长的时期内，双方都一致认为世界上只有一个中国，反对任何旨在制造“两个中国”或“一中一台”的

【1】参见世界知识出版社编：《德国统一纵横》，世界知识出版社1992年版，第117页。

言行。尽管双方敌意很深，但在追求国家再统一目标上却是共同的。在这一方面，海峡两岸的情况类似于早期的东、西德。然而近些年以来，随着国际形势的变化和“台独”势力的蔓延，台湾当局放弃“一个中国”原则，以“两个中国”、“一中一台”等来定位两岸关系，德国统一的一条最基本经验是，西德始终一贯地坚持国家再统一的目标，认为分裂是暂时的。它从成立一开始就坚持只有一个德国的原则，并做出了具体努力来贯彻这一原则，这种做法在维护“一个德国”的法理和心理方面确实起到了重要的作用，并为后来德国重新统一保存了一脉生机。当实现统一的历史机遇到来时，西德适时地抓住机会，促成了两德的统一。在海峡两岸特殊的分裂状态下，坚持“一个中国”的原则，是坚持国家统一的最基本要求。

（二）要以扩大交流与合作来营造和平统一的基础

通过为两个德国居民之间的往来提供便利和建立贸易关系，来推动东、西德之间的相互接近，促进双方的相互了解，增进民族共属感和凝聚力，为最终实现统一的目标创造条件，是德国统一的重要经验之一。据统计，到1989年双方贸易额已接近六百亿马克，西德每年向东德提供优惠贷款二十多亿马克。1982至1989年间，西德有两千多万人次前往东德探亲，东德赴西德探亲的人数也达一千多万，占东德总人口的三分之二。频繁的交流往来，拉近了延缓彼此的距离，在物质上和精神上都为统一积累了必要的条件。但是，受台湾当局关于民间、间接、单向政策的限制，两岸关系的发展仍不尽如人意，直接“三通”和双向交流迄今未实现。鉴于德国统一的经验，在政治争议一时难以解决的情况下，从国家统一的长远目标和两岸人民的现实利益考虑，海峡两岸应该搁置政治争议，将非政治领域的交流与合作作为两岸互动的切入点，以非政治领域里的交流与合作去促进和带动将来政治领域的交流与合作，为两岸的最终和平统一奠定基础。

（三）强制性体制改造并非统一后进行制度整合的最佳途径

两德统一是用一种体制作为范式去改造另一种体制，尽管有强大的财力作后盾，但这种改造过程仍非常艰难。这也提醒我们，当两种体制的运行方式差距太大，而体制主体的信息能力、行为方式又彼此格格不入时，实施强制性的改造必然要花费很大力气。由是反观港澳回归后的制度整合模式，我们就可以发现：它们在回归后所实行的“一国两制”的体制安排可使两种体制避免暂时的硬性碰撞，以及由此带来的社会动荡；而是让两种体制下的人们有更多的相互了解，相互接近的机会，两种体制在和平共处、相互竞争和相互融汇之中，自然地成长出更多的共同点。随着这种共同点的扩增，两种体制主体的思想观念、行为方式也会逐渐一体化，等发展水平、运行机制以及体制主体的素质和能力逐渐趋同时，正式制度的一体化将更容易实现。

（四）应在统一前设定一个过渡时期和一套过渡机构

德国的决策者能适时把握国家统一的历史机遇，迅速有力地以西德吞并东德的方式实现了历史性的统一，这是造福于两德人民的幸事。但这次统一来之突然，其统一速度之快，是德国人也没有预料到的。这种激变式的统一模式使本来应该在统一前准备好或解决好的许多问题没有来得及准备或解决。又加之统一后又对东德进行了体制改造。所以，统一后德国的社会问题特别纷繁复杂，失业率剧增，种族主义和排外思潮加剧，使统一后的德国政府面临着空前的压力。这启示我们，两岸统一前应安排一个和平过渡期，在该过渡期内应作好相关的制度安排，解决好相关的矛盾，协调好相关的利益，以渐进的方式去迎接两岸的最后统一，这样可以避免激变式统一所带来的一系列社会问题。

第三节　“一国两制”模式与两岸统一

一、大陆方面预设的“一国两制”台湾模式

如前所述，“一国两制”最早是大陆政府为解决台湾问题而提出来的构想，后来却首先应用于解决香港和澳门问题，从而形成了“一国两制”的港澳模式。这便使得“一国两制”的港澳模式与其台湾模式具有很大的

相似性。大陆方面在描述“一国两制”的台湾模式时，总是谈及其港澳模式。这可使我们通过现实的港澳模式来体现抽象的台湾模式。从1979年邓小平提出“一国两制”构想至今，通过大陆领导人发表的一系列谈话和官方所宣布的有关规范性文件，对“一国两制”的台湾模式进行了比较全面、系统、深刻的阐述，其大致框架是：

（一）港澳模式的扩大版本

由于两岸政治谈判没有正式启动，所以到目前为止，大陆方面没有一个完整而系统地宣布两岸统一后台湾方面应享有哪些权力的法律文书，现行“一国两制”模式拟赋予台湾方面的权限，只是香港、澳门特别行政区所享权力的进一步扩大。因此，我们要研究现行“一国两制”模式拟赋予台湾的权限和地位，须先研究一下港、澳特别行政区目前的权限和地位。香港基本法和澳门基本法对港、澳特别行政区所享有的权力作了详细规定，主要如下：

(1)特别行政区有权自行处理有关的对外事务。即可以在经济、贸易、金融、航运、通讯、旅游、文化、科技、体育等领域，同世界各国、各地区及有关国际组织保持和发展关系，签订和履行有关协议。可以根据需要在外国设立官方或半官员的经济和贸易机构，报中央人民政府备案。中央人民政府负责管理与特别行政区有关的外交事务，外交部在特别行政区设立机构处理外交事务。特别行政区政府的代表可以作为中华人民共和国政府代表团的成员，参加由中央人民政府进行的同特别行政区直接有关的外交谈判。对以国家为单位参加的、同特别行政区有关的、适当领域的国际组织和国际会议，特别行政区政府可以派遣代表作为中华人民共和国代表团的成员或以中央人民政府和上述有关国际组织或国际会议允许的身份参加，并以特别行政区的名义发表意见。中华人民共和国缔结的国际协议，中央人民政府可以根据情况和特别行政区的需要，在征询特别行政区政府的意见后，决定是否适用于特别行政区。(2)特别行政区政府自己负责本地区的社会治安。中央人民政府负责特别行政区的防务。特别行政区不负担驻军费用。驻军不干预特别行政区的地方事务。驻军人员除须遵守全国性的法律外，还须遵守特别行政区的法律。(3) 特别行政区的行政长官在当地通过选举或协商产生，由中央人民政府任命。主要官员由行政长官提名并报请中央人民政府任命。特别行政区享有行政管理权，依法自行处理特别行政区的行政事务。(4) 特别行政区享有立法权。特别行政区的立法机关制定的法律须报全国人民代表大会常务委员会备案，备案不影响该法律的生效。特别行政区原有的法律、法令、行政法规和其他规范性文件，除了同特别行政区基本法相抵触或经特别行政区的立法机关做出修改者外，予以保留。(5) 特别行政区享有独立的司法权和终审权。特别行政区法院除继续保持原有法律制度和原则对法院审判权所作的限制外，对特别行政区所有的案件均有审判权。特别行政区法院对国防、外交等国家行为无管辖权。特别行政区法院在审理案件中遇到涉及国防、外交等国家行为的事实问题，应取得行政长官就该类问题发出的证明文件，上述文件对法院有约束力。行政长官在发出证明文件前，须取得中央人民政府的证明书。(6) 特别行政区不实行社会主义的制度和政策，保持原有的资本主义制度和生活方式五十年不变。特别行政区依法保护私有财产权。(7) 特别行政区保持财政独立，财政收入全部用于自身需要，不上缴中央人民政府。中央人民政府不在特别行政区征税。(8) 特别行政区的法定货币继续流通，自由兑换。特别行政区不实行外汇管制政策。特别行政区为单独的关税地区。

香港基本法和澳门基本法规定的“高度自治”具体法律规则只适用于香港特别行政区和澳门特别行政区，但是其法理自然同样适用于将来和平统一后的台湾。按照大陆方面所预设的“一国两制”台湾模式的框架，港澳特别行政区所享有的上述权力，在两岸统一后，台湾同样是享有的。除此之外，台湾还可以享有比港、澳特别行政区更高程度的自治权。邓小平在1983年的《中国大陆和台湾和平统一的设想》一文指出，“统一后，台湾特别行政区可以有自己的独立性，可以实行同大陆不同的制度。司法独立，终审权不须到北京。台湾还可以有自己的军队，只是不能构成对大陆的威胁。大陆不派人驻台，不仅军队不去，行政人员也不去。台湾的党、政、军等系统，都由台湾自己来管。中央政府还要给台湾留出名额。"[1] 邓小平在这里所说的"高度自治"的"度"显然高于香港、澳门特别行政区所享有的"度"。但是，大陆方面反对台湾"完全自治"，因为"自治不能没有限度，既有限度就不能'完全'。'完全自治'就是'两个中国'，而不是一个中国。"[2]

（二）对"一个中国"的新解释

由于台湾问题不同于港澳问题，"一国两制"在适用于解决台湾问题时，其具体模式自然就与港澳模式不同。就"一国"来说，在香港模式和澳门模式中，它是指一个中华人民共和国，香港和澳门都是中华人民共和国领土不可分割的一部分。对于解决台湾问题来说，"一国"的涵义已由"一个中华人民共和国"变为"一个中国"，不再坚持"一国"即中华人民共和国的表述。这里的"一个中国"，既不等于中人民共和国，也不等于"中华民国"，而是两岸同胞共同缔造的统一的中国。典型的例证是，根据九届全国人大五次会议《政府工作报告》的精神，"一国"的涵义是三句话：世界上只有一个中国；台湾和大陆同属一个中国；中国的主权和领土不容分割。全国人大是全国人民的最高代表机关和最高立法机关，经全国人大全体会议通过的《政府工作报告》对"一个中国"的涵义所作的表述，是具有法律效力的。这表明了国家为实现台湾问题的和平解决，对于"一国"的涵义作了超出一般政治概念的新解释，从而使"一国"的涵义变得更加宽泛。这是根据时代发展和情势变化的需要而赋予"一国"的新涵义。正如恩格斯所说："每一个时代的理论思维，……都是一种历史的产物，在不同的时代具有非常不同的形式，并因而具有非常不同的内容。"[3]

按照大陆方面的上述表述，中央政府与特别行政区的关系在本质上是单一制下中央政府与地方自治政府的关系。早已生效的香港基本法和澳门

【1】《邓小平文选》第三卷，人民出版社1993年版，第30页。

【2】《邓小平文选》第三卷，人民出版社1993年版，第30页。

【3】《马克思恩格斯全集》第20卷，人民出版社1964年版，第382页。

基本法均一致规定：特别行政区是中华人民共和国的一个享有高度自治权的地方行政区域，直辖于中央人民政府。这样就明确了特别行政区的法律地位。按照大陆官方现行“一国两制”模式的设计，未来台湾的法律地位基本上等同于现在港、澳特别行政区的法律地位。它与中央政府的关系，也如同港、澳特别行政区与中央政府的关系一样是单一制下的地方与中央关系。可图示如下：

图6－4　大陆方面预设的“一国两制”台湾模式之结构示意图

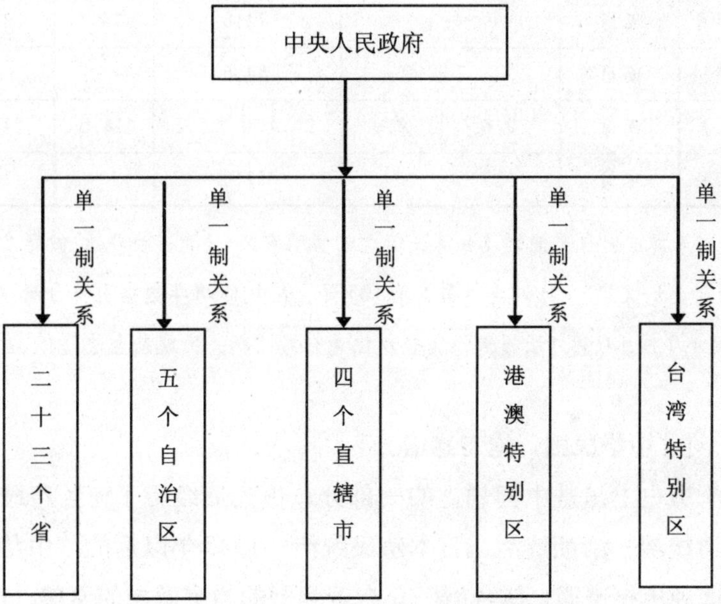

二、“一国两制”模式在台湾：阻力及原因

运用“一国两制”模式，已先后成功地解决了香港问题和澳门问题。为什么在解决台湾问题上一直存在着重重阻力呢？我们可从以下两个方面来分析：

（一）台湾民众不接受“一国两制”的原因

很长时间以来，一直有相当数量的台湾民众不认同大陆的“一国两制”模式（参见表6－1），究其原因，主要有以下几个方面：

表6－1　台湾民众对“一国两制”态度调查表（1991－1998）

调查时间	调查方法	非常赞成	赞成	不赞成	非常不赞成	其他/拒绝	回答人数
1991年1月	电访	2.2	5.5	45.4	28.7	18.3	1067
1992年6月	电访	1.3	3.1	28.0	40.5	27.1	2996
1993年2月	电访	4.3	4.8	43.5	35.4	12.0	1067
1993年9月	电访	5.2		80.3		14.1	1067
1994年1月	面访	4.1		73.8		14.1	1600
1995年	面访	7.8		84.5			
1995年2月	面访	0.6	2.9	26.4	51.3	14.5	1634
1998年7月	电访			77.0			1007

（资料来源：引自吴能远《台湾民情之初步研究》，福建省台联《“做好台湾人民工作”研讨会论文集》，1998年4月，第105页。表中1998年数据引自台湾《中国时报》1998年7月5日第4版报道，调查单位为台湾“新兴民族基金法”。）

1．对“中华民国”抱有感情

台湾历史上虽是中国领土的一部分，但先后经历了荷兰殖民统治、明郑抗清统治、清朝统治、日本殖民统治、1945年以后的“中华民国”统治。这种历史遭遇，使台湾民众有着强烈的当家做主的愿望。这种愿望很容易转化为对国家的崇拜和向往。可以说，台湾的民众大致可分为三类人：一类主要是大陆籍的，在“中华民国”下生活了一辈子，不愿有“亡国之痛”；大部分台湾人民由于经济发展、生活水平与政治民主化程度的提高，已逐渐认同“中华民国”；另一小部分倾向于“台独”的民众，虽不认同“中华民国”，却认同“中华民国”所代表的台湾这个“国家”。真正拥有强烈的统一愿望，并能从民族大义的立场考虑问题的尚属少数，因此，当面临着两岸统一的思考时，大多数台湾人民尚不甚能接受台湾从“中央”降为“地方”，或实行“一国两制”后，“中华民国”将不复存在。

2．担心“一国两制”没有保障

认为大陆目前尚缺乏法治化的环境和资源，基本上是一个人治的社会。在大陆官方拟定的“一国两制”架构下，台湾只是一个特别行政区，即使订有基本法，它也必须要受国家宪法的约束。国家既可以通过宪法来赋予台湾特别行政区地位，也可以通过修改宪法来取消此种地位。一旦发生此种情况，台湾就不能像邦联制下的成员国一样可以自由进退，而台湾以一省之微，自然没有主导修改中国宪法的实力或能力。在“一国两制”下，台湾人民即使可以参与国家事务的管理，但大陆主体实施社会主义制度，按照“少数服从多数”的民主运作规则，台湾人民的意志不可能得到真正体现。所谓的中央政府给台湾留出名额，那也不过是“当官做花瓶”，台湾对大陆事务不可能有真正参与管理的空间，因此形成井水不犯河水，河水却可犯井水的局面。基于此，台湾人民担心“一国两制”只是一种过渡性的制度圈套，“在时间上，不是永久的，终将趋向于‘一国一制’，即一党专政下的社会主义制度”。[1]

3．对“一国两制”缺乏了解

台湾当局长期以来误导宣传及其他一些客观原因，使一些台湾民众对“一国两制”产生了刻板印象和种种误解。台湾当局先是以“统战阴谋”为由拒绝“一国两制”；香港回归后，又提出“台湾不是香港”的说法，继续抵制“一国两制”；后来又声称“一国两制”具有“暧昧性”、“矛盾性”和“不民主性”，因此无法接受。在许多台湾民众的心目中，“一国两制”被曲解为“并吞台湾”、“矮化台湾”等。也有人认为，“一国两制”模式是一种中央对地方的垂直统一模式，体现不出两岸的对等性。当然，这也存在着大陆方面对“一国两制”宣传力度不够的问题，特别是没有大力宣传“一国两制”会给台湾人民带来的好处，使得台湾民众不了解“一国两制”的真谛。

【1】 转引自吴能远：《“一国两制”与祖国完全统一》，载《现代台湾研究》1998年第4期。

（二）台湾当局不接受“一国两制”的原因探析

1. 对两岸统一无诚意

“一国两制”作为实现统一的手段，是基于统一的目的而设计出来的制度安排。如果一方没有统一的意愿或目的，另一方提出再好的手段也会被拒绝。台湾当局缺乏统一的意愿，特别是民进党执政以来，抛弃一个中国原则，不遗余力地推行渐进式“台独”，使得统一变成了大陆的“专利”。这是“一国两制”效果不显著的主要原因。“一国两制”从提出至今已经二十多年，台湾当局主要领导人均持坚决反对和拒绝的态度。由于他们所面临的岛内外环境、两岸关系发展的状况不一样，以及对国家、民族的认同取向的差别，反对、拒绝“一国两制”的手段虽有共同之处，但目的却各自有别。从蒋经国反对“一国两制”的情况来看，由于他一直坚持一个中国的原则，所以他不得不承认“和平统一是中国人民的共同愿望”。但是，由于蒋经国与中国共产党有很深的怨仇，又使他无法轻易地放弃反共心态去接受中共提出来的主张。基于此种认识，他对大陆提出来的任何缓和两岸关系、推进祖国统一的主张都采取断然拒绝的态度，一概斥之为“骗局”、“陷阱”、“统战阴谋”、“诱降的策略运用”，等等。蒋经国当时攻击、反对、抗拒“和平统一、一国两制”，不是不想或不愿意与大陆统一，而是不敢与中共共谋国家的统一。他并没有要把台湾从中国分裂出去的任何想法，蒋经国直到去世为止，一直坚持一个中国原则、反对“两个中国”、“一中一台”、反对“台独”及任何分裂祖国的行径。但是，后来的李登辉及现在的陈水扁反对“一国两制”的目的与蒋经国却有本质的不同。李登辉、陈水扁等人反对“一国两制”的目的实质上是反对“一个中国”原则，是根本不想、不愿意两岸统一，企图要分裂和肢解中国。

2. 对大陆方面不信任

“一国两制”构想提出以后，台湾方面有些人怀疑“一国两制”是中共搞的一个“诱饵”，台湾若吞下这个“诱饵”，则“两制”仍将变成“一制”，持这种观点的人认为西藏和平解放时就是“一国两制”，后来则变成了“一国一制”，[1] 蒋经国生前曾亲自号召全体国民党员和台湾民众“从西藏悲剧中，吸取对付中共和谈攻势的教训。”迄今为止，台湾方面仍不时宣传“一国两制”就是西藏模式，认为它在本质上不过是当年毛泽东、周恩来制定的“和平解放战略”的翻版。中共提出的“一国两制”建议看起来很合理而且很响亮，但是，中共又没有承诺放弃使用武力，如果台湾一旦与大陆统一了起来，台湾便失去了独立自主权，它也就不能再从外国购置武器，而中共到时又改变了许诺的条件，那样台湾就无力扭转这一局面。[2] 说穿了，台湾不相信大陆“一国两制”的制度安排。

3. 对“一国两制”不满意

认为“一国两制”模式将台湾降到了省一级的地位，不能保证台湾与中华人民共和国的对等地位。这实际上是在矮化台湾，降低台湾的国际人格，如果接受大陆的“一国两制”方案，等于向中共递交了投降书。这可从台湾“行政院陆委会”1994年7月5日发表的《台湾两岸关系说明书》中集中体现出来，该《说明书》中称：“中华民国对两岸目前暂时分裂分治认定，与中共“一国两制”的说法，有着绝对不同的内涵。我们认为，传统观念的中国现已分裂成两个政治实体，即实行社会主义制度的大陆地区，以及实行民主自由体制的台湾地区。依照中共的说法，其所称‘一国’是指‘中华人民共和国’，中华民国管辖下的台湾，则只是中共统治的一个‘特别行政区’，虽可在中共的同意下享受有限的‘高度自治’，但不能违背中共的‘宪法’与中共‘中央政府’的旨意。这不但完全无视中华民国的存在，更是假中国统一之名，行兼并台澎金马之实。至于中共所设计的‘两制’，彼此在地位上也不相等，大陆地区所实施的社会主义被其视为主体，而台湾地区实行的三民主义只能为辅，且只能在过渡时期存在，至今两制的内涵与时效，中共当局认为其拥有解释权与最后决定权。因此‘两制’乃是任由中共宰制的一种权宜措施。本质

【1】 参见黄嘉树著：《两岸风云冷眼观》，中国言实出版社1997年版，第3页。

【2】 [美]戴维·W·张著：《邓小平领导下的中国》，法律出版社1991年版，第227页。

上，仍是一种主从关系，一制代表中央，另一制代表地方，在此安排下，台湾地区终须被迫放弃民主自由制度，完全接受中共设定及安排的制度，明确地说，一国两制之目的，是要中华民国向中共全面投降，要台湾地区人民在一定时间后放弃民主自由制度。因此，中共的这项主张，客观上并不可行，主观上我们也绝不接受。中华民国政府认为，就政治现实而言，中国目前暂时分裂为两个地区，分别存在着中华民国政府与中共政权两个本质上完全对等的政治实体。虽然双方所管辖的土地、人口与所推行的制度不同，但两者在互动过程中自应平等对待，并各自在其所管辖的区域内，享有排他的管辖权，任何一方并无法在对方地区内行使治权，也不应该将其意志假主权之名强加于另一方。"[1]

4．对"一国两制"不甘心

台湾在两蒋时期，一直坚持"一个中国"的原则，然而随着形势的发展，这种坚持客观上不仅无助于国家统一，反而沦为"割据偏安"。在台湾，它产生了三项后果：(1) 两蒋的"一个中国"原则是以"反攻大陆"或以台湾统一大陆为目标的，被台湾民众视为"天方夜谭"。(2) 两蒋的"一个中国"声称其政权是"全中国的唯一合法代表"，遭到国际质疑，也被台湾民众视为不现实。(3) 两蒋的"一个中国"原则使台湾"外交萎缩"，国际空间日益缩小，从而危及"中华民国"的生存。因此，李登辉上台之后，就致力于重新定位两岸关系，通过废止《动员戡乱时期临时条款》、四阶段修宪以及多方面的政策，将"中华民国"政权落实于台湾地区，进行法统的重塑，凝聚"新的国民意识"。另一方面，试图凭借台湾的经济实力和国际上美、日等国的支持，极力推动"务实外交"，意欲扭转国际上的被动局势。台湾当局前者取得了相当的成效，后者却遭致挫败，但仍不甘心。几经周折，台湾当局目前将两岸关系定位为"一个分治的中国"，实质上是"两个中国"。由于内有多数民众的认同，外

【1】《台湾两岸关系说明书》，转引自郑海麟著：《海峡两岸关系的深层透视》，香港明报出版社有限公司2000年版，第241－242页。

有美、日等国暗中支持，可能在短期之内，我们尚无足够的力量，迫使台湾当局改变此项政策。

三、港澳和台湾实施“一国两制”的比较：背景与条件

概而言之，“一国两制”在台湾遇到阻力，有两个方面的原因：一方面是客观的，即台湾问题的解决有其特殊的复杂性，这就需要我们对“一国两制”的台湾模式作进一步的深入研究，以求其更容易获得台湾人民的认同；另一方面是主观的，即当政者以及若干政治人物不愿意统一的心理在作祟，这就需要我们继续壮大综合实力，创造更充分的条件。虽后者不属于本书研究的范围，但前者却不能不值得我们注意。或许我们通过将台湾问题与港澳问题作一比较，可对此获得进一步的了解，以进一步理解构建“一国两制”台湾模式的必要性。

经过梳理和研究，我们可以将台、港、澳三地实施“一国两制”的相同背景条件概括为以下几点：第一，都是中国领土不可分割的部分；第二，都因外国势力的染指而造成与祖国内地的长期分离；第三，都存在着与大陆不同的政治、经济和法律制度；第四，三地的主体都是中国人，他们与大陆同文同种，历史文化一脉相承；第五，三个问题的解决，都是为了实现国家的统一。

我们要构建“一国两制”的台湾模式，关键是要搞清在港澳地区和台湾地区实施“一国两制”所面临的现实背景有哪些不同。概括起来，它们的不同主要有以下几点：

（一）问题的性质不同

按照主权构成学说，港澳问题属于主权行使权同主权所有权在国际间的被动分离问题，而台湾问题属于主权行使权同主权所有权在国内的被动分离问题。具体说来，香港与澳门是英国、葡萄牙通过不平等条约，强行割让或租借去的。中国人民从来不承认这些不平等条约，因此，要求与英国政府或葡萄牙政府谈判收回，它们无法拒绝，换言之，香港和澳门问题所要解决的是因外国入侵而遗留下来的领土主权问题，属于收复失地的范

畴；而台湾问题则是历史上国共内战遗留下来的问题，属于中国内政问题，其中没有双方认同的原则作依据，台湾当局除非遭到无法承受的压力，否则，可以用种种借口拖延或抗拒统一谈判。再加上外国势力作为第三种力量来介入，使台湾问题至今没有获得有效的谈判基础。说到底，港澳模式是国家收复失地的模式。香港、澳门问题涉及的谈判对象比较单一，就是英国政府与葡萄牙政府，他国无由置喙，因此，只要双方谈判达成协议，问题就解决了。台湾问题的谈判对象表面上是台湾当局，其实背后有美、日等国家的支持。因此，在短期之内，要它们完全放手台湾问题是很难的。问题的最终解决，将取决于我国综合实力的壮大和外交政策的成功。

（二）问题的难易程度不同

首先，从时间表上来看，香港问题和澳门问题的解决有个明确的限定。[1] 因为我国收回香港、澳门，是属于国际公义，英国政府、葡萄牙政府无法拒绝或拖延，否则我国有权单方面收回。而台湾问题的解决，虽有些学者力主设定时间表，但客观上却不可能，除非陈兵相向，因此，台湾问题的解决即便要设定期限，目前也远非时机。不论从哪一方面看，两岸统一都只能是一项长期的任务。其次，从政治心理来看，香港和澳门多年来没有特别提倡某一种主流意识形态，或者至少不反感、不排斥“一国两制”；而台湾当局在台湾长期宣传和推行三民主义，在民众中产生了对大陆意识形态的怀疑和拒斥心理，进而对“一国两制”无法获得正确的理解和认识。再次，从价值追求来看，在香港、澳门没有“独立”的诉求，没有人想搞分裂，港澳同胞中没有人对“一个中国”的原则有异议。与此相比，台湾当局反对“一国两制”原则，提出要建立“对等政治实体”的主张，以“分裂分治”作为两岸关系的定位。第四，从实力对比来看，我国由于改革开放，经济得以迅速发展，综合国力大为增强，国际地位大大提高，整体实力已非英国、葡萄牙所能比拟；但在台湾问题上，尽管大陆的

【1】 参见潘国华主编：《香港模式与台湾前途》，中国国际广播出版社2004年版，第255页。

整体实力已显著超越台湾，但相较于背后支持台湾的美国、日本，仍有相当的差距。

（三）制度特征不同

按照主权构成学说，港澳无论在回归前，还是在回归后，行使的权力都属于地方治权的范畴；而台湾目前正在行使的权力，尽管不具有合法性基础，但从内容上说，却属于主权行使权的范畴。体现在制度方面，港澳问题没有国家特征，它们是受英国、葡萄牙统治下的殖民地，港澳过去的政权是殖民政权，是外人治理下的政权，我们只需与英国政府、葡萄牙政府谈判，就可以解决问题。香港、澳门两地的居民从来不具备“国家”的意识。因而对于回归，认为是自然而然的事。“一国两制”满足了两地居民维持现状的愿望，更进一步激发了两地居民回归的民族自豪感。而台湾问题则不然，如前所述，由于历史的原因，台湾政权具有一定的主体性，台湾有自己的“宪法”、行政、立法、司法和军队、政党等组成的“中华民国宪政体制”，[1] 台湾人民逐渐形成强烈的“国家意识”。经过长期接受“中华民国”统治，拥有一套完整的“国家机器”，这种“国家意识”已逐渐转化成为一种“独立意识”。一方面，随着战后经济发展，人民生活水准提高，使台湾人民比较满足而且拥有自豪感；另一方面，由于推动政党政治，人民的政治参与率大有提高，更强化了民众对于“海岛国家”的认同。

除此之外，它们对大陆的依赖程度也不相同。香港、澳门紧邻内地，从经济到人民的日常生活，对祖国内地依赖极强，大陆经济的盛衰直接影响到港澳经济的发展，而台湾却与祖国大陆相隔一条一百海里宽的台湾海峡，战后四十余年，台湾在与祖国大陆隔绝的情况之下，发展了自己的经济，因而台湾经济具有一定的主体性，不仅经济门类比较齐全，而且经济结构颇为完整，具备较强的独立性，兼之拥有三点六万平方公里

【1】 参见严安林：《港澳与台湾地区“一国两制”异同剖析》，“2002年两岸关系（深圳）论坛”研讨会论文。

土地，两千三百余万人口，四十余万军队，因此有抗拒大陆和平统一要求的一定资本。

四、港澳模式对两岸统一的启示

众所周知，“一国两制”模式不仅适用于香港、澳门问题的解决，也同样适用于台湾问题的解决。但是台湾问题有其特殊性及复杂性。那么，香港模式和澳门模式为解决台湾问题提供了哪些经验和启示呢？

（一）统一前应安排一个平稳过渡期

在港澳回归的进程中，中国政府积累了“过渡期”的成功经验，许多被认为是十分棘手的问题都在这一时期内迎刃而解。在过渡期内，制定了基本法，成立了筹委会，协调好了有关冲突，解决好了有关矛盾，为香港问题和澳门问题的解决以及它们的回归准备了坚实的基础和充分的条件。这些对于解决台湾问题应当具有借鉴意义。台湾问题较之香港问题和澳门问题更加复杂，同香港问题和澳门问题的解决相比，台湾问题的解决将需要时间更长、涉及面更广的“过渡期”。大陆与台湾之间为解决双方的关系定位、消除彼此的隔阂，将会经过一个磨合的过程。[1] 所以，未来两岸在正式统一前，一定要安排一个统一过渡期。在过渡期内通过两岸的良性互动，求同存异，找到海峡两岸的交集点。同时很好地解决两岸所存在的分歧问题，为两岸的最终统一奠定基础。

（二）具体操作技术要富有弹性

“一个中国”是我们解决台湾问题的原则，这个原则不会变，也不能变。但是，如何实现“一个中国”的途径则要因时因势而异。事实上，我们正是沿着这样的轨迹走过来的。澳门的回归及其“一国两制”的实践，与香港模式具有一致之处，但并不是对香港模式的简单照搬，而是充分体

【1】 参见潘国华主编：《香港模式与台湾前途》，中国国际广播出版社2004年版，第274－275页。

现了澳门的特点。如澳门过渡期所解决的重要问题是公务员本地化、法律本地化、中文的官方地位三大问题，这与香港过渡期不同；澳门基本法也不是对香港基本法的照搬，在行政长官任职资格以及立法机关、行政机关和司法机关产生和设置等方面，都做出了与香港基本法不同的规定。这是我们政府根据情势发展，坚持实事求是方针的结果。这对台湾问题的启示是：世界、中国大陆和台湾已经发生了很大的变化，而且还会发生更大的变化，这些反映到统一模式当中来，就是要坚持灵活性原则，以争取早日实现国家的完全统一。所谓以“和平统一、一国两制”方针解决台湾与大陆的统一问题，并不是把港、澳的“一国两制”模式原封不动地套在台湾问题上，而是要充分重视台湾的历史情况和现实特点，尽可能地照顾各方面的利益，台湾还可以保留军队，台湾人士也可以担任国家的领导职务等。事实上，同解决香港和澳门问题相比，中国政府对解决台湾问题已提出并采取了更为灵活和宽松的政策，在“一个中国”的原则下什么问题都可以谈。由于台湾问题的性质与特点同香港、澳门问题存在着明显的区别，所以解决台湾问题自然需要更加具有特色的作法。在“一国两制”的大框架下，要有针对于台湾社会性的各种具体措施，提出具有操作性的解决方案。

（三）统一后要最大限度地维持台湾的现状

“一国两制”的核心是实现国家统一，它是在强调国家主权不可分割的前提下，允许最大限度地维持港澳的社会和制度现状。回归后的港澳，在特别行政区首长的带领下，在“一国两制”的框架下，根据港澳的实际情况，采取稳健的、以巩固基础为主的施政策略，逐步克服回归前遗留下来的一些困难和新的挑战。居民原有的生活水平不仅没有下降，还取得了稳步的提高。港澳模式的经验，揭示了“一国两制”正是许多台湾同胞希望维持现状的最好的办法。未来按“一国两制”方式实现两岸和平统一，台湾同胞现有的一切权益将继续得到保持和维护，现有生活方式不会被改变，台湾同胞可以真正实现当家做主的愿望，自主选择社会制度和生活方式。总之，我们应意识到，“一国两制”本身不是目的，它是通过最大限度地维持现状来达成国家统一共识的手段。

（四）通过法制化的途径来营造两岸关系的基础

香港问题和澳门问题的解决，有强有力的法律和政策保障，从1982年宪法中关于设置“特别行政区”的条款，到特别行政区基本法，再到驻军法等具体法规及其一系列政策的出台，使香港问题和澳门问题的解决具备了坚实的基础和充分的条件，也具备了较为完备的调节各种行为关系的规范。香港基本法和澳门基本法是“一国两制”的香港模式和澳门模式的法律形式。基本法规定的各项制度是“一国两制”构想的制度化。对于两岸未来统一模式方案也需要通过一定的法律程序和法律形式予以制度化。港澳经验证明，基本法是实现国家统一的法律保障和法律形式。就台湾问题来说，除了考虑采取基本法以外，也可以考虑采取纲领的形式，以《和平统一纲领》的法律形式将两岸统一模式制度化、法律化。为此，两岸可先行订立两岸内部双边和平协定，正式宣告结束内战，规定两岸的统一必须按和平方式进行；继而签署两岸关系和平发展协定，使两岸在“一个中国、和平统一”的方针下实现双边关系正常化，从而建立起两岸良性互动的新秩序。最终在两岸同意、自愿的基础上实现自主性统一。

五、“一国两制”资源的深层挖掘

台湾和港澳的情况不同，决定了我们在台湾问题上不能照搬港澳的做法。我们要构建“一国两制”的台湾模式，必须在现有港澳模式的基础上，最大限度地深挖“一国两制”的可供资源，同时吸收和借鉴其他各种模式或构想中的一切积极合理因素。这就要求我们必须有创新的思维。在以往的研究中，国内外学术界大都认为“一国两制”虽没有改变我国单一制国家结构形式的性质，但却使我国的单一制带有了联邦制的某些特点。为此，国外也有学者称中国是“引入了联邦制安排的单一制国家”。[1] 这一“学术共识”究竟是否成立？“一国两制”的港澳模式的确没有改变我国

【1】［美］丹尼尔·J·伊拉扎著：《联邦主义探索》，上海三联书店2004年版，第53页。

的单一制结构，但是否使我国的单一制带有了联邦制的某些特点？为了清楚地回答这一问题，也为了在此基础上进一步去分析和构建“一国两制”的台湾模式，我们暂时不直接对问题本身进行讨论，而先对与问题相关的一些基础理论进行探讨，然后再反过来用理论分析问题，可能会收到更好的效果。

（一）构建“一国两制”台湾模式的相关工具性理论

从政治学的角度来看，分析“一国两制”的既有模式以及构建“一国两制”的台湾模式，直接涉及单一制与联邦制的区分、国家权力的纵向配置方式、自治权的性质等复杂的国家权能理论。但长期以来，由于人们对这些理论资源的价值存在着误区或认识不足，导致了人们不能充分而有效地利用这些理论资源，进而影响了国家统一模式的创新。基于此，下面对这些理论资源作进一步探讨和挖掘：

1．单一制与联邦制的区分理论

单一制与联邦制的区分标准是我们判断“带有联邦制特点说”能否成立的一个重要依据。由于以往认识上的误区，常常把单一制和联邦制所共有的特征看做是联邦制所独有的特征，以致于混淆了单一制和联邦制的区分标准，从而做出了错误的判断和结论。因此，我们有必要对单一制和联邦制的区分标准作进一步的探讨。对于两者的区分标准，政治学界和法学界主要有以下几种观点：

第一种观点是，中央与地方的权限划分是否由宪法来作出，以及否有宪法保障。如果有，则为联邦制；反之，则为单一制。已故法学家王世杰、钱端生是这种观点的代表人物。这种观点，至今在我国政治学界和法学界仍有相当大的影响。但是它已不符合当今实际，原因是现在已有不少单一制国家由宪法来划分中央与地方的事权。例如西班牙 1978 年通过的现行宪法一方面在其第二条中规定，“本宪法的基础是西班牙牢不可破的团结和全体西班牙人所共有的不可分割的祖国”，同时又规定“承认并保障组成西班牙的各民族和各地区的自治权”，并通过该宪法有关条款分别列举了自治区可行使的职权。再如意大利 1948 年生效的现行宪法专设一章来规定地方行政区域的职权。其实，我国现行宪法关于民族自治地方自治权范围的规定，涉及的也大都是事权。

第二种观点是，二级实体是否拥有自主组织权。德国学者梅叶（G. Meyer）便是主张此说的学者。他认为，联邦各邦之保有“自组织权”，亦为联邦制特性之一。梅叶所谓的“自主组织权”，是指各邦“以邦的法律规定自身组织之权”。[1] 该观点在当时看来有一定的价值，但对当今时代已无多大参考意义。倘若根据该标准来衡量，当今世界上许多重要的联邦制国家都不能算作联邦制国家了。例如，加拿大各省和印度各邦的政权机构的组织权限就都是由联邦宪法明确规定的，它们的省、邦在这些方面从根本上说并无自主组织权。若我们据此来推断，加拿大和印度就不是联邦制国家而应是单一制国家，这显然是荒唐的。这种标准，只有用来说明美国、瑞士等少数传统的分权制衡联邦制国家与单一制的区别是可以的，在更大范围内应用则行不通，因而以此为标准来判断某个国家是单一制还是联邦制则是不科学的。

第三种观点是，主权权力是否由全国性政府独享。我国法学家童之伟教授从社会权利分析的角度认为，单一制与联邦制的根本区别，在于主权权力是由全国性政府独享还是由其与区域性政府分享；由全国性政府独享主权权力的是单一制国家，由全国性政府同区域性政府分享主权权力的是联邦制。一个联邦制国家的区域性构成单位在或多或少的公共事务上拥有主权权力，是该国之所以被称为联邦制国家的原因所在，也是其与单一制国家根本不同之处。也就是说，作为联邦制，不仅联邦国家作为一个整体与成员之间应存在权力分配关系，而且必须存在着主权权力的分享关系，否则就是单一制。[2] 笔者认为，童教授的观点是比较科学的。这里的“主权权力”与本书第一章所提出的“主权构成学说”中的“主权行使权”在此场合下具有相当的一致性。那么，如何判断主权权力（或主权行使权）

【1】 参见王世杰、钱端升著：《比较宪法》，商务印书馆1999年版，第359页。

【2】 参见童之伟著：《国家结构形式论》，武汉大学出版社1997年版，第146页。

是由全国性政府独享还是由其与区域性政府分享呢？笔者认为，关键是看该国家的区域性政府权力的性质和来源。

首先，如果区域性政府的权力是由全国性（中央）政府授予的，是继受的、派生的而不是原始的，区域性政府从属于全国性政府，而全国性政府的权力则是第一位的，是正统的，先于区域性政府而存在，那么，在这种情况下，不管区域性政府享有的权力有多大，这个国家也是一个单一制国家。

其次，如果区域性政府先于全国性政府而存在，其享有的权力和全国性政府享有的权力都直接来源于人民，二者是平行的，在宪法规定的各自的职责范围内分别直接对人民负责，双方的关系是平行的、明确的“分权”关系，没有绝对的上下级隶属关系，那么这种结构就是联邦制。

但是，从现实制度方面看，单一制与联邦制也并不是截然对立、界限分明的东西，都不过是由一系列环节构成的纵向配置和运用国家权力行使权的制度体系，差别不过是若干外在特征而已。更何况，“这个时代一个有趣的趋势是单一制努力向稍带联邦制的方向转变，而联邦制国家则向更加单一的方向缓慢演进。”[1] 所以，一国采用单一制，并不妨碍它同时吸收联邦制的优点，反之也一样。

2．**自治权理论**

自治权是指在未受外来影响或干预的情况下自主作出决定的权力和能力。[2] 该词在不同历史时期、不同场合使用，其涵义不尽相同。自治权是一个历史概念，它最早见于古希腊习惯法，它比主权概念更为古老。在现代政治学中，该概念指在一个主权国家内政府权力分配的特定模式。[3] 自

【1】 [美]迈克尔·罗斯金等著：《政治科学》，林震、王锋等译，华夏出版社2001年版，第274页。

【2】 Anthony Neoh, Hong Kong's Futrue: The View of a Hong Kong Lawyer, 22 Cal. W: Int' lL. J.,1992, pp.332 – 333.

【3】 Albert H Y Chen, Some Reflections on Hong Kong's Autonomy, 24 HKLJ, 1994, p.174.

治权的关键属性是主权国家内的第二级实体在其权力范围内不受中央政府或联邦政府的干预，特别是该自治安排的主要目标是保持该实体独特的文化、宗教、种族、经济和其他认同。同样，自治权的大小也可通过第二级实体受中央政府或联邦政府控制的程度来衡量。在国际实践中，西班牙在恢复民主制度后，重新组成为“自治权的国家”。根据1978年西班牙宪法，西班牙现由主要负责经济和国防事务的国家政府和十七个自治实体组成。在政制良好的国家，如加拿大、法国和英国等，代表语言、文化或区域的团体也提出了自治的要求。此类自治实体不具有任何国际因素，由本国法律确立和规范。[1] 在国际场合，自治权难以定义，因为根据国际法而存在的这种地位有种种形式，如领土（区域性）实体、具有公民资格或不具有公民资格的自由联盟、保护国等，各具不同程度的自治权。此类自治实体可能具有多种国际因素。由国际条约产生的自治实体可拥有某种国际保证，中央政府与自治实体之间的关系受到国际监督，这意味着中央政府不具有单方面改变这种关系性质的权力。1980年国际法程序问题研究所为美国国务院进行了一项有关自治实体的综合性研究。该项研究报告将自治实体分为四类：（1）联邦制国家的成员国，它们平等地联合成为一个国家；（2）国际领土，基于政治考虑，它们在国际监督下产生；（3）联系国，它们较新近产生的领土单位，结成主要国与次要国关系；（4）混合类，即上述各种类型的混合。[2]

实践中，由于对自治实体广泛的、不同程度的承认和有关自治权的制度安排迥然不同，所以在理论上已不可能作出适用于各种场合的自治权定义。有鉴于此，对自治权进行综合研究的各种学者，试图确定作为充分自

【1】 Ruth Lapidoth, Autonomy and Sovereignty: Are They Mutually Exclusive? In New Political Entities in Public and Private International law with Special Reference to the Palestinian Entity, Kluwer Law International, 1999, p.5.

【2】 Brian Z.Tamanaha, Post-1997 Hong Kong: A Comparative Study of the Meaning of ‘High Degree of Autonomy’ with a Specific Look at the Commonwealth of the Nothern Mariana Islands, 5China Law Reporter, 1989, p.166.

治和自行管辖的实体所需要拥有的最低限度的政府权力。他们普遍认为，此类政府权力包括由本地选举产生的能对本地事务独立决策的立法机构、本地选择的负责行政管理和执行本地法令的行政长官、独立的本地司法权以及一定程度的对外交往权。[1]

现代地方自治模式分为联邦制国家的地方自治模式和单一制国家的地方自治模式：[2]（1）联邦制国家的地方自治模式大多以“人民自治”理论为基础。认为自治的权力是天赋的，是人民所固有的，是原始的而非派生的，先于国家而存在。国家出现后，这种固有的自治权仍然存在，国家不但不能干涉，而且还应予以保护。联邦制国家的地方自治机关行使由法律确认的自治权时，中央政府一般不加过问，地方自治机关形式上独立于中央政府之外。自治机关的官员直接或间接地由当地居民产生，他们只具有地方官员的身份，中央政府不得撤换他们。中央政府对地方地方自治机关的监督以立法监督为主，一般避免对其发布强制性的指示。（2）单一制国家的地方自治模式大多以“团体自治”理论为基础。基于民族的、历史的等原因，为了更好地维护国家统一和民族团结或其他特定目的，中央政府授权一定范围内的人民可以自己选举产生自己的代议机关和地方政府，自主管理本地方的地方性事务，中央政府一般不再干预。认为地方自治的权力不是天赋的，不是地方人民所固有的，而是由中央政府所赋予的，中央政府对于自治事务具有最终决定权。地方官员不论为中央直接任命或为地方居民选出，都同时兼具中央官员与地方自治机关官员的双重身份，中央政府有权随时撤换他们。[3] 中央政府对地方自治机关的监督以行政监

【1】参见曾华群：《香港特别行政区高度自治权刍议》，载《比较法研究》2002年第1期。

【2】这里所分析的地方自治是指一个国家的二级实体在国家意义上而非社会意义上的自治，在单一制国家里是指省级行政单位的自治，在联邦制国家是指州级行政单位的自治，而非包括联邦制国家的州以下的“地方”自治。以下所作的分析，都是在这一层级上展开的。

【3】参见《中国大百科全书》政治学卷，中国大百科全书出版社1992年版，第56页。

督为主，中央政府可随时向地方机关发出强制性指令，地方机关必须执行；否则，中央政府可采取强制性措施。

3．授权与分权理论

如果依照自治权的来源或产生方式来进行分类，我们可以将上述单一制国家和联邦制国家的自治权分别称之为授权性自治权和分权性自治权，这两种自治权与主权有着不同的内在关联。按照授权与分权理论，授权与分权是两个不同的概念，表达两种不同的权力关系。其主要区别在于：首先，授权是权力主体将原属于它的权力授予被授权者，被授权者的权力范围以授予的权力为限，未授予的权力仍保留于权力主体。被授权者原本无权，因授权者的授权而享有权力。一般说来，它反映的是单一制下的权力关系。而分权则是两个或两个以上权力主体分割权力，除明确划分归属各权力主体的权力外，需要解决"剩余权力"的归属问题，一般说来，它反映的是联邦制下的权力关系。其次，在授权的情况下，被授权者应当按照授权的规定行使权力，权力主体对被授权者是否按规定行使权力有监督权；而在分权的情况下，两个或两个以上权力主体各自按照分权的规定独立行使其权力，如果发生权力争议，各权力主体之间的争议通常由独立的第三方来协调解决，而不存在一方对另一方的监督。[1]

授权与分权的这种区分，对于界分单一制和联邦制的特点以及单一制与联邦制的区别具有重要意义。一般说来，授权反映的是单一制下国家权力的纵向配置模式，而分权反映的是联邦制下国家权力的纵向配置模式。掌握授权与分权的区别对于我们认识自治权的类型和性质也有重要帮助，一般说来，授权性自治权从属于主权，而分权性自治权本身就是主权行使权的一部分。另外，对于正确认识港澳特别行政区高度自治权，正确处理中央与港澳特别行政区之间的关系，至关重要。首先，由于在授权的情况下，并未产生"剩余权力"的问题，港澳特别行政区高

【1】参见王叔文主编：《香港特别行政区基本法导论》，中共中央党校出版社1990年版，第83－90页。

度自治权以全国人大明示授予的为限，未明示授予的保留于中央。其次，由于中央对港澳特别行政区在其授权范围内行使权力拥有监督权，在这个意义上，中央与港澳特别行政区并非平等的权力主体，两者之间的争端不能诉诸第三方解决。

值得注意的是，授权与分权的区别与自治权的大小或自治的程度的高低，并无必然联系。具体说来，联邦制国家的第二级实体所拥有的自治程度，不一定高于单一制国家的第二级实体。无论是联邦制国家的第二级实体或是单一制国家的第二级实体，自治权的大小或自治程度的高低，取决于相关法律的规定。

4．分权问题与权力的性质层次理论

前面我们论证了单一制与联邦制的区分在于授权与分权之分，以及授权性自治权与分权性自治权的有关问题。针对我们的观点，可能有人会提出一个新问题：单一制下不是也存在着分权吗？横观当今西方法治国家，即使采行单一制国家结构形式的，不是也大都用法律来划分和配置中央与地方的权限吗？为了说明问题还列举实例来加以证明：我国通过基本法对中央与港澳特别行政区进行了权限划分，邓小平在20世纪80年代初也曾说过，我国“过去在中央和地方之间，分过几次权，但每次都没有涉及党同政府、经济组织、群众团体等等之间如何划分职权的问题”。[1] 那么，诸如此类的职权划分算不算是分权？我们认为，这是分权，但这不是联邦意义上的分权。笔者以为，理解这一问题的关键是，必须将作为职权划分意义上的“分权”与作为对应于授权的“分权”区分开来。为了更深入地说明这两种分权的不同性质，笔者认为，还应当对所划分的权力的性质进行进一步研究。否则，就很难将上述问题说清楚。在此，笔者认为我国法学家童之伟教授的有关研究成果可以借用来很好地解析上述问题。童教授认为，国家权力应进一步划分为本源性权力和过程性权力。

【1】《邓小平文选》第二卷，人民出版社1994年版，第329页。

所谓本源性权力，指相对而言处于原始形态的政治结合体从其自身的物质属性和组织结构中产生的一种权力，它属于政治权力，而非法律权力，因为从根本上说它的出现先于现行法律，它不是从任何实在法中产生的，相反它决定和派生出实在法。这点在历史上新兴政治力量通过革命夺取政权，通过制宪和立法建立新的法律秩序的过程中表现得最清楚。在这个时候，制宪者或立法者行使权力没有也不需要有任何实在法根据。如：1789年法国国民议会通过人权宣言时所行使的权力、1912年南京临时参议院制定临时约法时所行使的权力和1949年中国人民政治协商会议通过共同纲领时所行使的权力，都属于本源性权力。本源性权力不仅不受任何实在法的限制，而且还是从此以后一切实在法的渊源和依据。在单一制国家，本源性权力在理论上属于国家所有，事实上它只能属于控制和代表这个国家的中央政权或中央政府。站在中央角度看，它与地方政权之间不存在什么分权问题，只有它向地方政府授权的问题。中央授予地方的权力的数量，完全取决于中央的意愿，属于中央单方面的行为，无所谓权限之争。这种状况的现实表现，就是中央可以单方面修宪或立法，按自己的意愿改变地方行使职权的范围和方式。所以，按照童之伟教授的观点，王叔文教授关于分权与授权的区分的论述，实际上是在本源性权力层面上讲的，其适用范围也限于这一层面。

所谓过程性权力，是指本源性权力的主体通过宪法和法律在国家机构体系内配置的、由不同国家机关和官员掌握和运有的职权。有关政治主体运用本源性权力建立了新国家，形成了新的法律秩序后，本源性权力除一部分以政治权利的形态存在于公民手中外，其余的应当融化在法律中，通过法律规范来自我表现，这样，本源性权力就转化成了过程性权力。在过程性权力层面上，站在宪法和法律的角度来看，中央与地方之间、此国家机关与彼国家机关之间，都有一个分权问题或分权程度大小问题。同理，在这个层面上它们之间也有一个权限及争议的适当解决方式问题。在一个法治国家，过程性权力的现实表现就是法定职权。宪法和法律具有相对的稳定性，中央和地方的职权范围一旦通过宪法和法律确定下来，双方都应该在限定的范围内活动，不得侵越对方的权限，中央与地方国家机关发生权限争议，应当依法解决，而不应当简单地强调地方服从中央。[1] 因而，作为职权划分意义上的分权是指对过程性权力的划分，应将其与对应于授权意义上的分权区分开来。

综上所述，作为对应于授权意义上的分权是针对本源性权力而言的，其所分内容若从主权的角度来看，则是主权行使权的划分；若从自治权的角度来看，则是分权性自治权的划分，它是联邦制国家所独有的特征。而作为职权划分意义上的分权是针对过程性权力而言的，其所分内容不属于主权的范畴，而纯属于授权性自治权的划分，它是联邦制国家和单一制国家所共有的特征。

（二）“带有联邦制特点说”之质疑

基于对上述相关基础理论的探讨，下面我们来分析“带有联邦制特点说”能否成立。首先，让我们来看“带有联邦制特点说”的主要理论根据。概括起来，其依据主要是：

(1) 单一制国家宪法对各地方职权不详列，对未列明的权力一般归属中央。但港、澳基本法改变了这一安排。[2] 其中有关中央权力的条文不多，而有关特别行政区权力的条文却很多，约占三分之二的篇幅，又把有关权力分为高度自治范围的权力和不属于高度自治范围的权力两类。对于高度自治范围内未明列的权力，特别行政区也可享有。由此有人认为，基本法的这种权力规定方式，与联邦制国家宪法中对联邦权力与成员单位权力的规定方式有很大的相似性，进而认为“一国两制”使我国的单一制国家结构形式带有了联邦制的某些特点。

(2)特别行政区享有的高度自治权类似于联邦制国家成员邦所享有的权力，在某些方面如成立单独关税区、单独发行货币、司法终审等，甚至

【1】 参见童之伟著：《国家结构形式论》，武汉大学出版社 1997 年版，第 233 － 236 页。

【2】 该观点同时认为，基本法虽然在名称上不称“宪法”，但却属于类似于宪法的法律，因为基本法在结构上具备了宪法的一般特征，并且在实际上也发挥了与宪法相类似的作用。

超过了联邦制国家成员邦所享有的权力，于是有人就认为特别行政区与中央的关系已经超出了单一制的范畴而带有了联邦制的某些特点。

就依据（1）而言，笔者认为，该观点存在两个误区：其一，它将基本法与宪法等同了起来。在我国的法律位阶中，基本法属于“基本法律”。按照我国法律位阶的等级排序，依次为：宪法、基本法律、基本法律以外的法律、行政法规、行政规章等。可见，基本法与宪法不属于同一位阶的法律，二者既不相同，也不相似，因而基本法也不可能发挥类似于宪法的作用。其二，即使“基本法类似于宪法”的假定能够成立，该观点也是误将“中央与地方的权限划分是否由宪法作出”作为了单一制和联邦制的划分标准。至于该标准的不科学性，前面已有论述，这里不再展开。由此可以推定，基于这些错误依据所作出的判断，也必定是错误的。

就依据（2）而言，这种观点也是不正确的。它是错误地将第二级实体所享有自治权的大小当作了划分单一制和联邦制的标准。考察世界各国，我们可以发现，单一制下的二级实体也可以享有高度的自治权，而联邦制下的二级实体也可以享有较小的自治权，我们不能将二级实体享有自治权的大小或自治程度的高低为依据来衡量某一国家结构形式是否带有联邦制特点。如前所述，我们判断是否带有联邦制的特点，关键是看自治权的性质和来源。港、澳特别行政区享有的自治权是全国人大和中央人民政府授予的，属于授权性自治权。而在联邦制国家中，其成员单位享有的自治权则是联邦政府与其成员分权的结果，这种分权性自治权的实质内容就是主权行使权，即主权权利或主权权力。从权力的层次理论来看，中央与特别行政区之间仍是过程性权力层面上的授权关系而不是本源性权力层面上的分权关系，特别行政区所享有的高度自治权是授权性自治权而不是分权性自治权。至于特别行政区所享有的高度自治权比联邦成员单位所享有的自治权还要大，那是自治程度高低或自治权大小的问题，并不涉及自治权的来源和类型。否则，我们也可以说 1982 年向地方下放权力后的法国的单一制也带有复合制特点，或者说前苏联的联邦制也带有单一制的特点。这表明中央与香港、澳门特别行政区之间的关系仍是单一制下的中央与地方关系。“一国两制”并没有使我国中央与港、澳特别行政区的关系带有联邦制的特点。

我们今后要判断某一国家结构形式是否是联邦制，关键要看其是否在本源性权力层面上存在着分权关系。我们判断某一国家结构形式是否带有联邦制的某些特征，关键要看这一特征是否为联邦制所独有。如果这一特征是联邦制和单一制所共有的东西，那么，我们就不能说它是联邦制的特征。

（三）“一国两制”台湾模式的另一种设计

目前，人们都已意识到“一国两制”的香港模式和澳门模式不能直接套用于台湾。台湾问题的特殊性决定了它的解决必须要有与之相适应的台湾模式。那么，这个台湾模式是个什么样子呢？从1979年邓小平提出“一国两制”构想至今，党和国家领导人通过发表一系列的谈话以及官方所宣布的各种相关文件，对“一国两制”的台湾模式进行了比较全面、系统、深刻的阐述。从目前学术界的研究来看，海内外的学者，特别是国内的学者也从不同的角度对之进行了认真的设计和构想，但这些设计和构想大都没有脱出港澳模式的原形，只是台湾享有的自治程度或行政地位更高一些而已，如李家泉教授等一些大陆学者曾在不同场合提出“台湾大特别行政区”的构想。按照该构想，两岸统一后，不是在台湾设立相当于省一级的特别行政区，而是设立带有建国初期下辖数省的大行政区性质的特别行政区，其行政地位明显地高于普通行政区和港澳特别行政区。但也有些学者从理论上提出了一些新的构想，如王丽萍女士在其《联邦制与世界秩序》一书中提出：“在这种意义上，‘一国两制’中的‘两制’还指单一制和联邦制。因此，只要存在着现实的和理论上的可能性，‘一国两制’和‘一个中国’的原则并不排斥以联邦制实现国家统一。”作者进而又论述到：“在相关‘一国两制’的研究中，一些学者往往急于在‘一国两制’与联邦制之间划清界限，甚至对联邦制草率地加以否定。这一方面体现了对联邦制的误解，另一方面则出于在国家结构形式问题上的僵化思维。”[1]

【1】 王丽萍著：《联邦制与世界秩序》，北京大学出版社2000年版，第216－217页。

依据上述关于自治权的理论，按照李家泉先生的上述构想，统一后的台湾实际上所享有的自治权是授权性自治权，而按照王丽萍女士的构想，统一后的台湾大概享有分权性自治权，事实上，两岸统一后，台湾所享有自治权的类型选择无非就是上述两种。

如果安排统一后的台湾享有授权性自治权，那么该模式构想的内容基本上等同于港澳模式，它与港澳模式的不同仅是台湾的自治程度更高一些。这也是大陆方面对“一国两制”台湾模式的主流构想，也比较符合“一国两制”的传统精神。由于有港澳特别行政区作现实参照，大家对该模式构想比较容易理解，故在此不再展开描述。

如果安排统一后的台湾享有分权性自治权，这实际上是在中央与台湾之间实行联邦分权原则。这一观点尽管已有人提出，但尚没有人深入探讨，为进一步研究该构想可行性的大小，我们下面不妨顺着这一思路走下去，将该模式的内容框架勾勒出来，以供学术界进一步研究。

1．该模式构想的主要特点

与“一国两制”的港澳模式相比较，该模式构想的一个重要特点，就是它使我国的单一制国家结构形式真正具有联邦制的某些特点，即这才是“真正的带有联邦制特点的单一制”。这可从以下两个方面反映出来：

（1）两岸统一方式

该模式构想主张，不再按“一国两制”的传统解释，像“一国两制”的香港模式和澳门模式那样，将台湾方面的有关权力收回中央，[1]再由中央以基本法的形式授权给台湾特别行政区，然后让台湾特别行政区实行高度自治；而是面对现实，承认台湾方面目前正在掌握和运用的是主权行使权。在此基础上，两岸通过协商，台湾方面向中央人民政府交还能体现国

【1】这里所说的“中央”，不是指国内通常所说的中共中央，而是指依照宪法规定，行使最高国家权力的立法机关——全国人大及其常委会，最高国家行政机关——国务院，以及中华人民共和国中央军事委员会。

家统一的部分主权行使权（如外交权），其余未交还的部分由台湾方面作为“剩余权力”予以保留。也就是说，在中央和台湾之间在本源性权力层面上实行分权，而不再是中央对台湾在过程性权力层面上实行授权。换言之，通过某种法律方式，让台湾享有分权性自治权，而不是像港、澳一样享有授权性自治权。

（2）中央与台湾特别行政区的关系

按照联邦主义原理，“在联邦制国家中，国家整体与其组成部分之间的关系不是中央与地方的关系，而是权限范围不同的中央与中央的关系。国家整体与其组成部分的权限范围由联邦宪法规定，它们各自在规定的权限范围内享有最高权力，并直接行使于人民，相互间不得进行任何干涉。在法理上，组成部分的权力并非整体所授予，而是作为政治实体所固有的权力。”[1] 按照该模式构想，在中央和台湾特别行政区之间实行联邦分权原则后，中央和台湾特别行政区的关系，就不再是一般意义上的中央与地方关系，但也不是联邦整体与成员单位意义上的中央与中央的关系，而是一种中央与准中央的关系。换言之，它仅仅带有联邦中央政府与成员单位政府关系的某些性质，但它本身还不是联邦中央政府与成员单位政府的关系。因为在这里贯彻的是联邦原则或联邦精神，而不是联邦制。正因为这样，该模式构想中的中央政府还是以前的中央人民政府。这一点很重要，它是该模式构想与第六章第四节中所讨论的两种联邦制模式的根本不同之处。假如这里贯彻的不是联邦原则，而是联邦制的话，该模式构想中的中央政府就不再是以前的中央人民政府，而是重组的联邦中央政府（这种情况就是第六章第一节中讨论过两种模式）。理解这一问题的关键是从理论上将“联邦原则”与“联邦制”区分开来。

该模式构想也可以图解如下：

【1】《中国大百科全书》政治学卷，中国大百科全书出版社1992年版，第206页。

图6－5 “一国两制”台湾模式的另一种设计之结构示意图

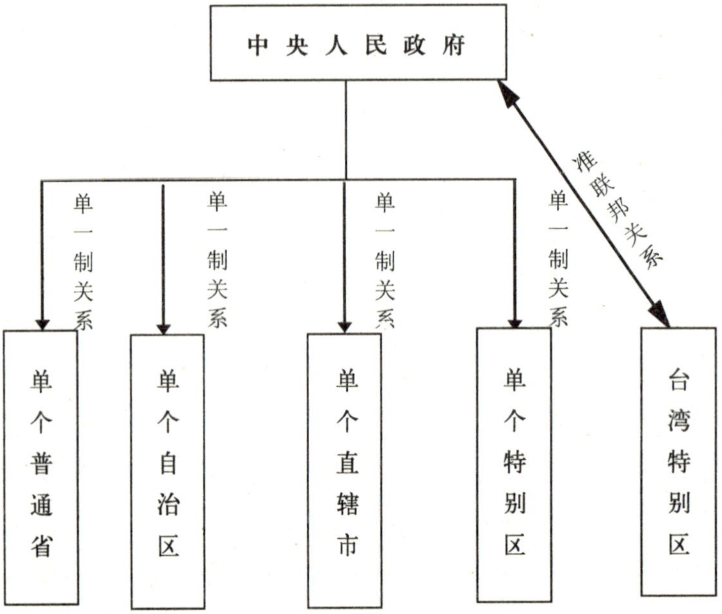

（备注：“⟶”表示单向垂直的权力关系，“⟷”表示双向对等的权力关系。）

2．该模式构想之评析

该模式构想有一个前提性判断，那就是当今世界单一制和联邦制的界限已越来越不明确，单一制借鉴联邦制的优点，联邦制采纳单一制的长处，都是常见的做法。相比较而言，该模式构想的确有其独特之处，主要表现在：

（1）该构想能给予台湾一定程度的对等地位

在这一构想下，中央政府与台湾的关系，不再是一般意义上的中央与地方关系，而是带有联邦中央政府与联邦成员单位关系的性质，大陆方面不再把台湾定位为一般意义上的地方行政单位，台湾方面也不再把台湾定位为同大陆对等的政治实体。通过这种构想，可以模糊地处理两岸关系定位问题上的纷争。加之，该方案意味着大陆方面认可台湾方面拥有并行使部分“剩余主权权力”，即部分主权行使权，这在一定程度上给予了台湾方面某种对等感，避免了“矮化”之嫌，并在一定程度满足台湾方面多年来对有关尊严的政治诉求。从一定意义上说，它是一个界于大陆的“中央—

地方”方案与台湾的“中央—中央”方案之间的折中方案。

（2）该构想仍能体现“一个中国”的原则

这个模式不是统合意义上的统一模式。它贯彻了“一个中国”原则，体现了世界上只有一个中国，中华人民共和国政府是代表中国的唯一合法的政府，台湾是中国的一部分。在国际上，台湾特别行政区不具备主权国家的地位。在该模式下，“一个中国”不是虚拟化了的历史、地理、文化、血缘上的理念国家，而是一个拥有实体性制度架构的现实国家。

尽管该模式构想在理论上有上述特点，但这并不等于说该模式构想因此就具有可行性。有时一种统一模式的可行性或生命力并不完全取决于其自身，更主要的可能取决于该模式构想之外的其他政治因素。就目前海峡两岸的基本态势来看，该模式构想在现实操作性方面仍有其困难之处，主要表现在：

首先，从大陆方面来说，该模式构想与原来“一国两制”的精神不尽相同。对于这些不同，尽管从理论上可以将其解释为是对原来“一国两制”的进一步丰富和发展，但这毕竟涉及对台湾问题有关理论上的新解释以及权力关系的复杂变化。现实中，台湾问题不纯粹是一个理论学术问题，更是一个政治性很强的现实问题。对此，大陆方面不可能不作谨慎考虑。

其次，从台湾方面来说，该模式构想仅能认可台湾方面享有部分主权行使权，但台湾方面目前所追求的却不仅仅满足于掌握和运用台湾领土的部分主权行使权，而是要拥有台湾领土的主权所有权，也就是说，该构想所提供的政治架构可能仍不能满足台湾方面的政治诉求，这又进一步限制了该模式构想的现实可行性。

需要指出的是，不管该模式构想的可行性大小与否，该模式构想的形成可以说是对“一国两制”资源的最充分挖掘。单就“一国两制”模式本身的包容性来说，该模式可能是“一国两制”模式的最大容量。[1]

3．该模式构想需要解决的两个难点问题

（1）台湾地区的名称。在上述框架下，笔者使用的是“台湾特别行政

【1】　参见王英津：《另一种“一国两制”台湾模式的思考》，载香港《中国评论》2004年12月号。

区”这一称谓，但今后到底是继续沿用这种称谓，抑或使用其他称谓（如“台湾省”、“台湾自治区”、“台湾特别政治区”等等，甚至其他更敏感的政治名称），需要通过双方的协商谈判来解决。笔者认为，这个问题不难解决，因为前国务院副总理钱其琛曾公开表示过，只要坚持“一个中国”这一原则，什么问题都可以谈，“谈判的议题是开放的，谈判的地位是平等的，即使是敏感的政治问题，也都可以充分讨论，以找到双方均可以接受的解决办法。”[1] 大陆海协会已故会长汪道涵先生曾讲道：一个中国并不等于中华人民共和国，也不等于“中华民国”，而是两岸同胞共同缔造统一的中国。根据各方面的情况分析，和平统一后的国家很可能重新确定国名，我们对此应留有法律空间，不必明示。

(2) 中央与台湾地区产生冲突后的解决机制。从中央与港、澳两个特别行政区在这个问题上的现行做法来看，它是通过全国人大常委会“释法”的途径来解决双方争执的，也就是说，中央最终掌握着解决问题的主导权。从实践来看，这一做法有利有弊。在上述“一国两制”台湾模式的新框架下，是继续实行中央与港、澳特别行政区的冲突解决模式？还是借鉴联邦主义的有关做法，将冲突诉诸第三方（笔者注：在联邦制国家里第三方通常为司法机关）来解决？这就涉及一系列问题，例如，怎样设立解决冲突的第三方机构？这个第三方机构的成立是由双方共同组成专门司法机构？还是成立由双方共同组成的专门协调和解决双方的政治机构？等等。这些问题极其敏感和复杂，需要我们认真研究。

第四节　两岸统一：考验中国人智慧的政治命题

回顾过去，展望未来，21世纪中国人的智慧面临的最大考验，就是如何促成台海两岸实现和平统一。分则两害，合则双赢，这是每一位正直的

【1】 海峡两岸关系协会编：《两岸对话与谈判重要文献选编》，九州出版社2003年版，第42页。

中国人心里都明白的道理。但是，面对两岸“分治”的状况，怎样促成统一？以什么作为两岸统一的基础？以什么样的模式架构包容两岸人民的利益？这也是每一位关心国家统一和民族命运的中国人都必须冷静思考的问题。笔者认为，设计两岸统一模式是一项艰巨而复杂的政治工程，为减少风险，以最小的代价获取最大的收益，必须认真研究和参考有关理论和政治实践，从中挖掘出有价值的成分和经验，以供我们建构一个让两岸双方都能接受的统一方案。

设计未来统一模式会涉及方方面面的事情，遇到的问题也很复杂，我们也无法预料两岸互动中可能会出现的各种“变数”。所以，对于如何设计未来两岸统一的模式，我们无法（事实上也不可能）谈得很具体。在此，笔者只建议大陆方面在设计未来两岸统一模式时应重点坚持以下几个基本原则。

第一，一个中国原则。邓小平曾指出：“国家的主权、国家的安全要始终放在第一位。”[1] 事实上，一个中国原则问题就是国家主权和国家安全问题。大陆方面的领导人已经表示，只要坚持一个中国原则，什么问题都可以谈，其中包括统一后的国家结构形式问题。笔者认为，两岸统一首先应确立“一个中国”的原则，即“世界上只有一个中国，台湾是中国的一部分，中国的主权和领土完整不容分割”，这是两岸双方都应认同的准则，是两岸关系发展的前提，也是两岸未来统一模式建构的基础。目前，大陆方面把一个中国原则与“一个中国”的涵义分为两个层次的问题。谈判前，必须确定一个中国原则，这是两岸谈判的政治基础。而“一个中国”的内涵，可留待以后讨论。大陆方面认为，只要海峡两岸都表明坚持一个中国原则，努力谋求国家统一的立场和态度，那么就可以在两岸事务性商谈中不涉及“一个中国”的政治含义。换言之，只要台湾方面认可中国的主权和领土没有分裂，台湾是中国的一部分，大陆就认为两岸确立了谈判的基础和前提，而“一个中国”的内涵，可留待两岸在政治谈判中协商解决。在原则性已确立的前提下，进行理论创新，商讨“一个中国”内涵。

【1】《邓小平文选》第三卷，人民出版社1993年版，第348页。

这是一个极其复杂的问题，在理论上没有现成的理论可以依照，在国际社会的现实中这也是一个特例。笔者认为，两岸要在一个中国原则的框架下走向统一，必须坚持彼此让步、求同存异的态度，以积极务实的精神来定位两岸关系，并由此来构建两岸统一的模式框架。

第二，原则性与灵活性相结合原则。鉴于两岸关系的复杂性，对于涉及一个中国原则的问题，我们绝不让步。但是，对于在一个中国原则下的具体问题，我们要做辩证地分析。就未来两岸的统一模式而言，一个国家实行什么样的国家结构形式，关键在于实质，不在于名称，叫做什么是无关紧要的。譬如，美国当时设计联邦体制的先辈们并不知道何谓联邦制、邦联制和单一制，更不可能对它们进行学理概念的明确区分。很多人当时所谈邦联或者联邦其实所指的是一回事，而且即使在主权的划分方面，他们也没有十分有意明确让联邦政府和州政府分享，应该说这些都是后人总结出来，再上升到学理的高度的。他们当时竭力追求的，就是创造一个既能保证人民的基本权利自由不受侵犯，州权得到应有的尊重，同时育有一个较强的全国政府的新的体制，更重要的是为大部分州所接受。只要能达到这些目的，什么样的体制都可以，什么都可以谈，至于名称叫什么，那不是主要的。设计美国联邦制的先辈们当时所关心的主要的问题是这种体制能否解决当时存在的问题并为各方所接受。实际上，美国开国先辈吸收了邦联制和单一制各自的优点，从而创造出这个新的独特的国家结构形式，尽管他们自己并没有意识到这一点。因此，对不同国家结构形式下定义，分析判别不同国家结构形式的标准，对那些开国先辈们、对那些制定宪法的人来说，其意义并不大。其意义在于对后人，对后来新的国家，新的宪法有一定的启发意义。但是对后者来说，千万不可被理论所束缚，以至削足适履，片面追求某种国家结构形式，为了满足形式而损害内容。[1] 美国开国先辈们设计联邦体制的大胆

【1】 参见王振民著:《中央与特别行政区关系：一种法治结构的解析》，清华大学出版社2002年版，第27页。

精神值得我们学习。我们要像他们一样，大胆构思，从我国海峡两岸的实际情况出发，创造性地设计出能够包容两岸差异性和多样性的国家的结构形式。不能为了片面地追求单一制而排斥其他国家结构形式中的有益成分。

第三，创新原则。中国台海两岸“分裂”的特殊性，决定了两岸的未来统一不可能照搬任何一种现有的模式，必须立足于我国现行的单一制，同时借鉴联邦制、邦联制、政合国、君合国等形式的有益成分，进行制度创新，使统一架构具有更大的包容性。要进行制度创新首先要进行理论创新，理论创新是制度创新的先导和基础。在这里，古希腊亚里士多德对城邦的研究方法和经验，值得我们借鉴。他对城邦的研究似乎是对一个整体的研究，实际上却是对一系列没有秩序的个体所组成的世界的研究。这个世界经常因革命、政治冲突以及多种多样的选择而受到震动。亚里士多德在《政治学》第五卷中就描绘了这样一幅图景。因此，“政治学研究成为对潜在的相互冲突着的各个部分的研究。”[1]在与城邦各部分的关系方面，亚里士多德所研究的城邦是复杂的。试图维持一个政体的政治家要受到使各部分适应并调和其需要的挑战，同时还要认识到他永远无法获得一个不可能的一致的完美。亚里士多德所观察到的人类经验和组织的复杂性使他认识到，稳定性并不建立在对差异性的否定上，而是建立在对差异性的包容上。[2]因此，亚里士多德看来，政治的艺术是理解城邦的多样性而不是恐惧它，并承认多样性与相互冲突的政治要求如影随形，只要存在多样性就不可能摆脱政治要求的冲突。所以，好的政体必须具有包容性；要使政体具有更大的包容性，政体间的界限就不可能很清晰。诚如有的学者所说：“亚里士多德在划分政体类型时，在某种程度上淡化了政体间的界限，其目的正是为了使其改革方略获得

【1】 Arlene W. Saxohouse, Fear of Diversity: The Birth of Political Science in Ancient Greek Thought, The University of Chicago Press, 1992, p.213.

【2】 Arlene W. Saxonhouse, Fear of Diversity: The Birth of Political Science in Ancient Greek Thought, The University of Chicago Press, 1992, p. 231.

成功。”[1] 所以，我们在立足于单一制的同时，要大胆借鉴联邦制国家的有益经验，“实际上，国家结构形式没有优劣之分，单一制国家为实现国家主权和领土完整吸收（获得）联邦制国家的某些特征，虽然模糊了国家结构的两种基本形式之间的界线，但其价值在于有利于实现国家的统一和主权的完整。”[2]

社会科学研究要为现实服务，社会科学发展的动力之一就在于它能够不断地回答现实提出的问题和挑战。社会科学研究是否具有生命力，根本标准就是看它能否解决实际问题。某种两岸统一模式的生命力最终取决于它在多大程度上能够解决现实问题。因此，对两岸统一模式的研究不能游离于现实政治生活之外，不能仅停留在对官方所设定的“模式”的解释、宣传和赞颂方面，必须积极参与对两岸统一过程中所遇到的现实政治问题的研究，用学术的眼光，研究统一进程中所遇问题及其解决方案或对策，从而为党和政府的决策提供咨询和指导，这是今后研究两岸统一模式问题时必须坚持和发展的基本方向。

笔者坚信，凭借着十三亿中国人的政治智慧，只要大胆构思，敢于创新，一定能够在一个中国的框架下找到让两岸双方都能接受的解决政治分歧的办法和途径。

【1】 王丽萍著：《联邦制与世界秩序》，北京大学出版社2000年版，第217页。

【2】 王丽萍著：《联邦制与世界秩序》，北京大学出版社2000年版，第217页。

结束语　武力模式：解决台湾问题的保留手段

从前几章所研究的统一模式类型可以发现，它们都是和平统一模式，本书之所以通篇研究和平统一模式，一是因为以和平方式解决有关争端已成为当今世界各国普遍认可的做法。在《联合国宪章》中已原则上宣告废止战争，按照现代国际法的观点，用战争方式解决国际争端已失去了其进步性。当然，台湾问题不属于国际问题，而是中国的内政问题。但是，一旦对台用武，则必然在国际上招致强烈的反响。二是因为和平方式是实现和维护国家根本利益的最佳方式。众所周知，台湾问题不仅仅事关领土主权，而且事关全局，事关长远，在这个问题上，任何短期行为，表面意义的胜利，都是有害的，客观条件决定了我们在台湾问题上所追求的胜利只能是孙子所倡导的"全胜"。[1] 这种"全胜"需要我们尽可能利用和平方式解决台湾问题，只有和平统一，才能避免因武力解决而给两岸带来的巨大的经济、军事和人民生命财产的损耗，才能避免因武力解决而导致两岸人民感情上的巨大创伤和裂痕，才能使台湾问题的解决不带有严重的后遗症，才能保证中华民族牢牢抓住百年不遇的历史性发展机遇，才能顾全亚太的总体和平并为我国的发展争取一个更好的外部环境，从而为中华民族的真正统一与强大提供保证。更为重要的是，和平统一能够更好地实现两岸经济互利合作、科技发展优势互补、文化交流提高素质，从而有效地促进中国发展强大，以最终实现中华民族的伟大复兴。从而保证中华民族最

【1】《孙子兵法》认为："凡用兵之法，全国为上，破国次之；全军为上，破军次之；……是故百战百胜，非善之善者也，""故上兵伐谋，其次伐交，其下攻城。攻城之法为不得已"。引自王建民、萧枫主编：《孙子兵法》，中国文史出版社2002年版，第29页。

终能实现真正的统一与强大。否则，就会全面削弱中国，中止中国成为世界强国的历史进程。况且战争是要付出代价的，尤其是现代化战争，其打击和毁灭程度更惨烈，承受的损失更大。

一、武力模式的再认识：价值和意义

崇尚和平、热爱和平，主张用和平方式解决两岸统一问题是符合海峡两岸人民利益的，是值得肯定的，但是，我们决不能因此而排斥或否认武力模式的价值和意义。这是因为：

（一）和平模式与武力模式并非截然排斥

“战争与和平是相对应而存在的政治现象。在一定条件下，战争可以转化为和平，和平可以转化为战争。战争是和平时期政治的继续，和平是战争时期政治的继续”。[1] 这便是对战争与和平关系的生动描述。和平模式不等于不使用武力，相反，和平统一只有以武力为后盾才有希望实现。和平与战争并不是相互排斥的，和平统一是为了避免战争，战争也是为了和平统一。清朝初年施琅统一台湾的事例可在这方面给我们有益的启示。当时清政府一直希望通过和平谈判的方式达成国家的统一，但是郑氏集团则毫无和谈的诚意，遂使和谈屡屡失败。后来清政府意识到，单靠和平手段并不能使郑氏集团产生归顺之心。在和平努力屡遭挫败的情况下，清政府最后决定武力攻台，郑氏集团面对清政府的武力进攻，最后答应和谈，遂成统一。通过清政府统一台湾的过程我们可以看出，清政府并没有将和平模式与武力模式割裂开来，而是采取较为积极主动和灵活务实的策略，充分发挥和谈、招抚和围剿三种策略的各自效用，使它们之间相互配合，剿抚并举，战和互动，才最后成功地统一了台湾。古今中外，统治者在没有相当压力的情况下，自动放弃既得利益与统治权的，可以说是绝无仅有。中国现代史上如长春、北平、绥远、新疆、西藏等地市的和平解放都是在国民党军队走投无路的情况下实现的。历史学家们的研究表明，中国

【1】《中国大百科全书》政治学卷，中国大百科全书出版社1992年版，第466页。

历代政治家都很注重武力在国家统一中的作用。他们通常以有限战争的方式，以强大的武力为后盾，以军事打击为主导，政治招降为辅助，达致“兵不顿而利可全”的效果。在操作过程中，采取先战后和，以战促和的手段，迫使对手放弃抵抗，完成国家的统一。

（二）武力模式：解决统一问题的主流模式

审视中国历史，国家统一无不通过战争手段，商灭夏、周代殷、显然如此。西周一统天下，以礼治作为治国的指导思想，以分封制组成国家的基本结构，开创了中国历史上存在时间最长的一个朝代。到了春秋，周朝王室衰败之象已呈。到了战国，分裂之局已成，秦灭六国，建立中央集权的郡县制国家，依靠的是武力。秦汉以降，朝代更替，国家由分而合，无不通过战争来实现。三国、南北朝、五代十国、宋辽金元后的中国的统一，莫不如此。北伐战争，国共内战，也无不因袭历史的老路。中国如此，外国亦然。近代欧洲民族国家的统一也大都以武力方式完成。美国的南北统一也是通过战争解决的。通过分析和总结中外历史上国家统一的实例，我们可以看出，武力模式是解决国家统一问题的最主要、最经常模式。而相反，和平模式则是非主流模式，德国模式、港澳模式等可能是仅有的几个和平统一模式。

具体到台湾问题来说，一方面我们要千方百计地争取以和平方式解决，因为和平统一是最上策。另一方面我们也应看到，如果一味地使用和平手段，其结果很可能是只和平而不统一。为此，我们还应加紧准备、在不得已时实施武力统一，这也是实现和维护国家根本利益所不可忽视的必要手段。首先，“台独”势力猖獗的现实要求我们必须做好武力统一的一切准备。近些年来，台湾当局不断推行分离主义政策，拒不承认“一个中国”原则，鼓吹“两国论”、“一边一国论”等“台独”言论，谋求美国军售以武拒统，台湾当局诸如此类的言行，是对大陆方面和平统一方略的严重挑战。所以我们有必要借助一定的军事力量迫使台湾当局接受“和平统一、一国两制”的方案，通过军事打击，使台湾当局陷入绝境，使其认识到：除接受“一国两制”的方案别无其他出路。从这一角度来说，武力统一也是实现两岸和平统一的必要前提和重要基础，只有做好武力解决台湾问题的充分准备，和平统一才可能实现。其次，美国插手台湾问题增大了中国和平解决台湾问题的难度，使我们不得不立足于武力统一。美国虽然在口头上公开承认中美之间达成的三个联合公报，承诺信奉“一个中国”的政策，但仍依据所谓《与台湾关系法》，在近三十年间向台湾出售先进武器装备，数额之大，实属罕见。美国的插手，加剧了台湾问题的复杂化。这些因素迫使我们不得不加紧做好对台军事斗争准备，在万不得已的情势下以武力解决台湾问题；但是，在为解决台湾问题作军事准备时，必须克服一切侥幸的思想。从“台独”势力顽固的“台独”立场和西方反华势力暗地里支持台独的情况来看，大陆方面倘若希望通过有限的军事行动，如海上封锁、有限度的导弹攻击、小规模的海空战斗或者攻占若干守军不敌我的外岛等，可能不足以使“台独”势力就范。因此，大陆军事准备的立足点应该是：不打则已，打则必须速战速决，彻底解决问题。[1] 这就从另一个侧面意味着军事解决的难度将增加，使用武力解决问题的成本也随之增大。有鉴于此，大陆方面虽然不放弃使用武力，但也能不轻易使用武力。

二、武力模式：最无奈的抉择

但是，在台湾问题上大陆一旦陷入被动状态，即出现“台湾独立”的情形时，大陆方面别无选择，只好对台使用武力。因为“台湾独立”除了违背“民族大义”的情结之外，还因为它会产生严重的危害性。如果大陆方面不用武力及时去中止和消除这种危害性，则无法向历史和人民作出交待。从古到今，历史上没有任何一种政治势力能承担起导致国家分裂的千古之罪。为了进一步说明这种情势下对台用武的必要性，我们先得从“台湾独立”的危害性说起。概括起来，这些危害主要有；

（一）威胁中国的国家战略安全

对于台湾独立的问题，即使不从“民族大义”的价值层面来判断，至少也存在一个当今世界任何国家不可忽略的底线——国家安全。台湾对国家安

【1】 参见张祖谦：《国防现代化与台湾问题》，载《战略与管理》1999年第6期。

全的价值主要体现在它独特的地理位置上。台湾位于亚欧大陆与太平洋的结合部，背靠亚欧大陆，面向辽阔的太平洋，处在东北亚（包括俄罗斯的远东部分、日本、南北韩及中国的东北、华北）通往东南亚、南亚、欧洲、非洲的必经之地，战略地位十分重要。美国的地缘战略家们对台湾的地理优势可谓认识深刻。早在19世纪亲率舰队敲开日本国门的美国舰队司令佩里曾建议政府："在该岛（台湾）驻泊足够的海军，它不但可以控制这个口岸，而且可以控制中国海面的东北入口。"[1] 均势论的代表人物、美国耶鲁大学的尼古拉斯·斯皮克曼，在英国地缘政治学家麦金德"大陆心脏说"基础上提出的"边缘地区说"认为："谁支配大陆的边缘地带，谁就可以控制欧亚大陆；谁支配欧亚大陆，谁就将掌握世界命运。"[2] 欧亚大陆的边缘地带在战略上比大陆心脏更为主要。台湾恰好处在亚洲季风沿海地区这一边缘地带内。朝鲜战争爆发后，麦克阿瑟认为："从马里亚纳海岛到阿留申群岛是一条弧形的岛屿锁链，可以把太平洋直到亚洲海岛加以控制，而台湾正处在这个防御圈正中央的一个敌性凸角"，"美国可以利用这个永不沉没的航空母舰兼供应舰来威胁整个南方的海运，并切断西太平洋上的所有海上通道。"因此要"武力保护台湾"，[3] 贯彻其地缘战略意图。第二次世界大战期间，日本以台湾为基地，连克菲律宾、印尼、印支、缅甸等国，又攻陷广州，切断封锁了中国沿海与欧美的海上联系，将中国抗战置于十分被动的艰难境地。据统计，在16世纪下半叶以后的四百多年间，台湾前后有十六次遭到日、美、英、法、荷、西诸国的强占和侵略，其中有两次分别沦为荷兰（1624－1662年）、日本（1895－1945年）的殖民地。外国强盗之所以这样垂涎台湾，并且一而再、再而三地大举侵略，无非是想把台湾变成侵略中国和控制西太平洋诸国的基地，其次才是直接掠夺当地的资源。这充分说明了在战争状态

【1】 转引自朱听昌：《论台湾的地缘战略地位》，载《世界经济与政治论坛》2001年第3期。

【2】 [美]斯皮克曼著：《和平地理学》，刘愈之译，商务印书馆1965年版，第47页。

【3】 转引自苏格著：《美国对华政策与台湾问题》，世界知识出版社1998年版，第145－147页。

下，台湾对保障中国安全具有生死攸关的巨大价值。在某种意义上甚至可以说，没有台湾与台湾海峡及其以东海区，便没有中国的海防。台湾是中国进入太平洋的最直接门户，是“我国不受制于他国的通向太平洋的唯一出海口，”[1] 是中国实现其制海权的关键领土，是日本南下的必经之途。从中国的角度来看，如果台湾实现了独立，这不仅使我失去了东南天然屏障和走向太平洋的前哨基地，反而使我东南门户洞开，这本身已构成了对中国的最大威胁。并且，由于台湾的地理空间狭小，缺乏战略纵深，台湾独立后首先遇到的问题就是靠其自身的力量无法建立起有效的边防。这一点，先天性地决定了台湾独立后不可能不依靠一个大国，以获得建立起边防的人力物力，或者干脆就由那个大国为它承担整个防务。根据目前的态势来分析，这个大国肯定是美国，而不是中国，因为台湾独立是其对中国的摆脱，仅凭其分离的惯性，也会使它自然地倒向美国。再从美国的角度来看，台湾独立并与美国结盟后，美国就可以长驱直入，把军事力量部署到中国的东南门户，美国利用控制台湾，就北可遏制日本，南可威慑东盟，西可堵截中国。从这个意义上来说，中国反对台湾独立不仅仅是维护领土主权的斗争，同时也是为维护自身发展权的斗争。所以，从国家安全的角度来考虑，台湾独立是中国决不能接受的。

（二）削弱中国的国际威望

国家尊严是一国以综合国力为基础和后盾，在推行对外政策过程中所逐步形成和确立起来的，它对内要求该国能够自立、自尊、自强，对外则表现为该国在国际社会中的国际地位和国际威望。在国际关系理论中，国家尊严被看做一国不可侵犯的根本利益。在自鸦片战争至二次世界大战结束的短短一百年时间里，中国由于国势衰微、国运不昌而饱受欺凌，历经磨难，大小数百次战事导致中国的政治、经济、文化等主权大量丧失，外国在华获取的开辟商埠、驻泊军舰、领事裁判、厘定关税等特权达十余种，割地赔款难以数计。据统计，前后共有十八个国家（其中包括秘鲁、墨西

【1】 沈伟烈、陆俊元主编：《中国国家安全地理》，时事出版社2002年版，第344页。

哥）强迫中国签订过不平等条约，条约总数竟达三百多个，这无疑是中华民族的巨大屈辱。在此期间，中国连最基本的生存与安全都没有保证，哪里谈得上什么民族尊严，更谈不上什么国际地位与国际威望了。中华人民共和国的成立彻底结束了中华民族落后挨打的历史，特别是改革开放以来，中国的国际地位显著提高，在国际事务中发挥的作用日益重要，并顺利地实现了香港、澳门的回归，这是值得庆幸的。但今天台湾问题的存在不能不说是对中国的国家尊严的一个很现实的考验。中国作为联合国安理会五个常任理事国之一和亚太地区乃至世界政治中最有影响的大国之一，目前尚处于不完全统一状态，显然与中国的大国地位极不相称。台湾果真成为一个“独立的共和国”的话，对中华民族的尊严、中国的国际地位和声望无疑是一次极大地削弱与否定。[1]从这一方面来看，大陆方面也绝不会允许“台湾独立”。

（三）可能引发连锁的“独立”运动

还有一个相关的因素要保持清醒认识：“台湾独立”将给中国埋下进一步被分裂的祸根，更危险的是，由此将极有可能引发中国其他地区，特别是少数民族地区（如西藏、新疆等）的独立连锁反应，进而导致中国的四分五裂。汉族人口虽占中国人口的93%，但是少数民族地区却占中国领土面积的60%，草原面积的89.6%、森林面积的37%。木材积蓄量的49.7%，以及水利资源的50%以上，面对这样的民族分布与国土占有状况，我们必须将台湾的独立诉求与其“后遗症”综合起来通盘考虑，才能进一步认清其危害性。即使台湾果真独立了，虽然不会发生五十五个少数民族全跟着台湾去追求独立的情况，但哪怕只有“藏独”和“疆独”分子来攀比（几乎可以肯定），那也是不得了的。众所周知，西藏和新疆两地的面积加在一起就是四百万平方公里，超过了中国领土的五分之二，目前中国对这两地的控制是稳定的，少量分离主义活动顶多制造一些麻烦，形

【1】 参见董操：《“台湾独立”与国家利益的冲突——兼析台湾问题与中美关系》，载《台湾研究》1994年第1期。

成不了大的挑战。但是台湾如果真的独立出去了的话，稳定的表象立即就会变成严重的隐患，何况目前的“台独”、“藏独”与“疆独”已有合流之趋势，如果这种局面真的出现，接踵而来的将是中国的内战和分裂。届时，李登辉所希望的让“中国大陆摆脱大中华主义的束缚”，让中国分裂成“七个区域”的前景，[1] 不是不可能出现的。因此，台湾问题是事关国家主权和领土完整的大事，我们必须正视各种可能，慎之再慎，不能有任何回避，因为“国家主权是国家财富的基础，是最大的政治”，[2] 在主权方面出任何问题，其结果往往都是覆水难收（如外蒙古“独立”）。在这一点上，我们是不可以“摸着石头过河”，错了再改的。

鉴于“台湾独立”可能会引发如此严重的负面效应，台湾问题一旦出现不测，武力统一模式只好不得已而用之。因为为了维护国家主权和领土完整，制止分裂而进行的战争，合乎人民的利益，合乎民族的利益，具有正义的性质。当年美国南方奴隶主们举行叛乱，分裂联邦时，林肯奋起还击，进行了一场被马克思称为“现代历史上第一个伟大的战争”[3] 的内战，从而维护了美国的统一。正如马基雅维利所说：“对于必需战争的人们，战争是正义的；当除了拿起武器以外就毫无希望的时候，武器是神圣的。”[4] 就现实政治而言，意大利军事家克劳塞维茨关于“战争无非是政治通过另一种手段的继续”[5] 的论断，今天仍然没有过时。用和平方式解决一国内部或国家间的争端，是人们的一种良好愿望，也是当今世界进步的一股潮流，然而把武力和战争作为政治的最高、最后的保留手段，也历来是世界各国通行的做法。

【1】 参见李登辉著：《台湾的主张》，台湾流远出版社 1999 年版，第 241 页。

【2】 张文木著：《世界地缘政治中的中国国家安全利益分析》，山东人民出版社 2004 年版，第 20 页。

【3】 《马克思恩格斯全集》第 15 卷，人民出版社 1963 年版，第 344 页。

【4】 [意]马基雅维利著：《君主论》，潘汉典译，商务印书馆 1997 年版，第 122 页。

【5】 [意]克劳塞维茨著：《战争论》，中国人民解放军军事科学院译，商务印书馆 1978 年版，第 43 页。

参考文献

一、中文文献（除译文文献外，按作者的姓氏音序排列）

【1】薄贵利著:《集权分权与国家兴衰》，经济科学出版社2001年版；
【2】薄贵利著:《中央与地方关系研究》，吉林大学出版社1991年版；
【3】曹绍濂著:《美国政治制度史》，甘肃人民出版社1982年版；
【4】陈道华主编:《“一国两制”与国家理论》，中共中央党校出版社2002年版；
【5】陈治世著:《国际法》，台湾商务印书馆1990年版；
【6】陈志奇主编:《台海两岸关系实录》上册，台海两岸关系研究中心出版;
【7】陈安主编:《海峡两岸交往中的法律问题研究》，北京大学出版社1997年版；
【8】程林胜著:《邓小平“一国两制”思想研究》，江苏人民出版社1999年版;
【9】灿智、晓绪著:《德意志联邦共和国政府机构与官员制度》，人民出版社1986年版；
【10】《邓小平文选》第二卷，人民出版社1994年版；
【11】《邓小平文选》第三卷，人民出版社1993年版；
【12】邓正来著:《布莱克维尔政治学百科全书》，中国政法大学出版社1992年版；
【13】邓伟志主编:《变革社会中的政治稳定》，上海人民出版社1997年版;
【14】丁伟、朱榄叶主编:《当代国际法学理论与实践研究文集》（国际公法卷），中国法制出版社2002年版；
【15】端木正著:《国际法》，北京大学出版社1989年版；
【16】范炯著:《战争沉思录：战争与人》，台湾昭明出版社1999年版；
【17】高德平著:《柏林墙与民主德国》，世界知识出版社1992年版；

【18】方长平著:《国家利益的建构主义分析》,当代世界出版社2002年版;
【19】费孝通等著:《中华民族多元一体格局》,中央民族大学出版社1989年版;
【20】葛剑雄著:《统一与分裂:中国历史的启示》,台湾锦绣出版事业公司1995年版;
【21】谷春德、吕世伦主编:《西方政治法律思想史》,辽宁人民出版社1981年版;
【22】《汉书》卷五十六,《董仲舒传》;
【23】海峡两岸关系协会编:《两岸对话与谈判重要文献选编》,九州出版社2003年版;
【24】黄嘉树著:《两岸风云冷眼观》,中国言实出版社1997年版;
【25】黄嘉树著:《台湾能独立吗——透视台独》,True Win International Inc.出版;
【26】黄琛喻著:《欧洲联盟:跨世纪的政治工程》,台湾五南图书出版公司1999年版;
【27】何承艰:《世界近现代史》,中央党校出版社1989年版;
【28】何春超等编:《国际关系史资料选编》,法律出版社1998年版;
【29】何春超等编著:《国际关系史纲(一九一七——九八五)》,法律出版社1987年版;
【30】胡鞍钢、杨帆等著:《大国战略——中国利益与使命》,辽宁人民出版社2001年版;
【31】姜南扬著:《台湾政治转型之迷》,文津出版社1993年版;
【32】金骥著:《邦联制——中国的最佳出路》,台湾百姓文化事业有限公司1992年版;
【33】康超光等:《体制转轨时期的社会矛盾与社会稳定》,四川人民出版社1998年版;
【34】库桂生主编:《台湾军事力量透析》,国防大学出版社2000年版;
【35】《列宁选集》第2卷,人民出版社1972年版;
【36】《列宁全集》第6卷,人民出版社1986年版;

【37】《列宁全集》第7卷，人民出版社1986年版；
【38】《列宁全集》第20卷，人民出版社1958年版；
【39】《列宁全集》第26卷，人民出版社1988年版；
【40】《列宁全集》第33卷，人民出版社1990年版；
【41】《列宁全集》第37卷，人民出版社1990年版
【42】李家泉著:《"一国两制"与台湾前途——中国海峡两岸关系探讨》，人民出版社1991年版；
【43】李松林、刘文丽著:《我国和平统一的进程》，华文出版社1999年版；
【44】李景鹏著:《权力政治学》，黑龙江教育出版社1995年版；
【45】李宏图著:《西欧近代民族主义思潮研究——从启蒙运动到拿破仑时代》，上海社会科学院出版社1997年版；
【46】林尚立著:《当代中国政治形态研究》，天津人民出版社2000年版；
【47】林尚立著:《国内政府间关系》，浙江人民出版社1998年版；
【48】刘向文等:《俄罗斯联邦宪政制度》，法律出版社1999年版；
【49】梁淑英主编:《国际公法》，中国政法大学出版社1993年版；
【50】《吕氏春秋》卷十七，《不二》；
【51】《论语·子路》；
【52】《马克思恩格斯全集》第3卷，人民出版社1960年版；
【53】《马克思恩格斯全集》第15卷，人民出版社1963年版；
【54】《马克思恩格斯全集》第16卷，人民出版社1964年版；
【55】《马克思恩格斯全集》第20卷，人民出版社1964年版；
【56】《马克思恩格斯全集》第22卷，人民出版社1965年版；
【57】《马克思恩格斯全集》第41卷，人民出版社1982年版；
【58】《孟子·梁惠王章》；
【59】孟庆义等著:《朝鲜半岛：问题与思路》，人民出版社2006年版；
【60】宁骚著:《民族与国家》，北京大学出版社1995年版；
【61】潘抱存著:《中国国际法理论新探索》，法律出版社1999年版；
【62】潘志平主编:《民族自决还是民族分裂：民族和当代民族分立主义》，新疆人民出版社1999年版；

【63】阮铭著:《两岸统一　百年大计》,台湾稻田出版公司1996年版;
【64】《斯大林文选》(1934－1952),人民出版社1978年版;
【65】《孙中山全集》第1卷,中华书局1981年版;
【66】《孙中山全集》第9卷,中华书局2006年年版;
【67】孙关龙著:《分分合合三千年》,广东教育出版社1995年版;
【68】邵宗海著:《两岸关系:两岸共识与两岸歧见》,台湾五南图书出版公司1998年版;
【69】沈伟烈、陆俊元主编:《中国国家安全地理》,时事出版社2002年版;
【70】沈骏、赵玉南主编:《台湾各党派与海峡两岸关系》,华中师范大学出版社1994年版;
【71】世界知识出版社编:《德国统一纵横》,世界知识出版社1992年版;
【72】盛宏、黄崇冀:《中国——何去何从》,台湾师大书苑公司1993年版;
【73】台湾夏潮基金会编:《中国意识与台湾意识》,台湾海峡学术出版社1999年版;
【74】《台湾问题读本》,中共中央党校出版社、九州出版社2001年版;
【75】汤志均主编:《康有为政论集》下册,中华书局1981年版;
【76】童之伟著:《国家结构形式论》,武汉大学出版社1997年版;
【77】王沪宁著:《当代西方政治学分析》,四川人民出版社1988年版;
【78】王沪宁著:《国家主权》,人民出版社1987年版;
【79】王浦劬著:《政治学基础》,北京大学出版社1995年版;
【80】王叔文、吴建璠等主编:《澳门特别行政区基本法导论》,中国人民公安大学出版社1994年版;
【81】王丽萍著:《联邦制与世界秩序》,北京大学出版社2000年版;
【82】王铁崖著:《国际法》,法律出版社1995年版;
【83】王铁崖著:《中外旧约章汇编》第一册,三联书店出版社1957年版;
【84】王绳祖主编:《国际关系史资料选编》上册(第二分册),武汉大学出版社1983年版;
【85】王绳祖等编选:《国际关系史资料选编》(17世纪中叶——1945年),法律出版社1988年版;

【86】王叔文主编:《香港特别行政区基本导论》，中共中央党校出版社1990年版;
【87】王世杰、钱瑞升著:《比较宪法》，商务印书馆1999年版;
【88】王希恩著:《民族过程与国家》，甘肃人民出版社1998年版;
【89】王兆军著:《两岸启示录：大陆与台湾的能与不能》，台湾世界书局1997年版;
【90】王晓波著:《两岸关系论集》，台湾海峡学术出版社1997年版;
【91】王开玺著:《晚清政治新论》，商务印书馆2006年版;
【92】王振民著:《中央与特别行政区关系：一种法治结构的解析》，清华大学出版社2002年版;
【93】吴志成著:《当代各国政治体制：德国和瑞士》，兰州大学出版社1998年版;
【94】吴琼恩著:《轻舟已过万重山：两岸关系与中国前途》，台湾海峡学术出版社1998年版;
【95】吴昱辉主编:《自决与独立》，台湾新台政论杂志社1987年版;
【96】吴友法等著:《当代德国——命运多舛的世界新秀》，贵州人民出版社2000年版;
【97】夏潮基金会编:《一个中国原则面面观》，海峡学术出版社1999年版;
【98】晓兵、青波著:《中国能否打赢下一场战争》，台湾周知文化事业公司1995年版;
【99】肖蔚云主编:《"一国两制"与香港基本法律制度》，北京大学出版社1990年版;
【100】肖蔚云编:《"一国两制"与澳门特别行政区基本法》，北京大学出版社1993年版;
【101】肖蔚云主编:《香港基本法的成功实践》，北京大学出版社2000年版;
【102】肖滨、郭忠华主编:《中大政治学评论》，中山大学出版社2005年版;
【103】萧君和著:《中国统一史》，黑龙江教育出版社1997年版;
【104】萧汉森等主编:《德国的分裂、统一与国际关系》，华中师范大学出版社1998年版;

【105】熊文钊著:《大国地方——中国中央与地方关系宪政研究》,北京大学出版社2005年版;
【106】徐矛著:《中华民国政治制度史》,上海人民出版社1992年版;
【107】徐迅著:《民族主义》,中国社会科学出版社1998年版;
【108】许纪霖、陈达凯编:《中国近代史》,上海三联书店出版社1995年版;
【109】《荀子·王制》;
【110】阎学通著:《美国霸权与中国安全》,天津人民出版社2000年版;
【111】阎学通著:《中国国家利益分析》,天津人民出版社1996年版;
【112】杨海蛟主编:《有中国特色的社会主义民主政治》,社会科学文献出版社1999年版;
【113】杨奇著:《香港概论》(续编),中国社会科学出版社1993年版;
【114】杨泽伟著:《主权论——国际法上的主权问题及发展趋势研究》,北京大学出版社2006年版;
【115】姚先国等著:《两德统一中的经济问题》,科学技术文献出版社1996年版;
【116】《周恩来文选》(下卷),人民出版社1984年版;
【117】《周恩来统一战线文选》,人民出版社1984年版;
【118】周鲠生著:《国际法》上册,商务印书馆1976年版;
【119】曾令良著:《欧洲联盟法总论》,武汉大学出版社2007年版;
【120】张五岳著:《分裂国家互动模式与统一对策之比较研究》,台湾业强出版社1992年版;
【121】张亚中、李英明著:《中国大陆与两岸关系概论》,台湾生智文化事业公司2000年版;
【122】张亚中著:《两岸统合论》,台湾生智文化事业有限公司2000年版;
【123】张亚中著:《两岸主权论》,台湾生智文化事业有限公司1998年版;
【124】张东升著:《当代各国政治体制:荷兰》,兰州大学出版社1998年版;
【125】张雷、程林胜等著:《转型与稳定》,学林出版社1999年版;
【126】张彩凤著:《英国法治研究》,中国人民公安大学出版社2001年版;
【127】张文木著:《世界地缘政治中的中国国家安全利益分析》,山东人民

出版社 2004 年版；
【128】中央档案馆编:《中共中央文件选集》(一九二一——一九二五)，中共中央党校出版社 1989 年版；
【129】中央档案馆编:《中共中央文件选集》(一九二八)，中共中央党校出版社 1989 年版页；
【130】中央档案馆编:《中共中央文件选集》(一九三一)，中共中央党校出版社 1989 年版；
【131】中央档案馆编:《中共中央文件选集》(一九三六——一九三八)，中共中央党校出版社 1991 年版；
【132】中共中央台湾工作办公室、国务院台湾事务办公室编:《涉台法律问题研究》2、3、4、5、6（内部资料）；
【133】张尔驹著:《中国民族区域自治的理论和实践》，中国社会科学出版社 1988 年版；
【134】赵全胜主编:《分裂与统一：中国、韩国、德国、越南经验之比较研究》，台湾桂冠图书公司 1994 年版；
【135】《中国大百科全书》政治学卷，中国大百科全书出版社 1992 年版；
【136】《中国大百科全书》法学卷，中国大百科全书出版社 1984 年版；
【137】中国现代国际关系研究所民族与宗教研究中心编:《全球民族问题大聚焦》，时事出版社 2001 年版；
【138】郑永年著:《中国民族主义的复兴：民族国家向何处去？》，香港三联书店有限公司 1998 年版；
【139】朱高正著:《狱中自白：论台湾前途与两岸关系》，台湾学思出版社 2000 年版；
【140】《左传 · 僖公九年》；
【141】[奥]阿 · 菲德罗斯著:《国际法》，李浩培译，商务印书馆 1981 年版；
【142】[奥]凯尔森著:《法与国家的一般理论》，沈宗灵译，中国大百科全书出版社 1996 年版；
【143】[朝]金汉吉著:《朝鲜现代史》，朝鲜外文出版社 1980 年版；
【144】[朝]金日成著:《关于统一祖国的五点方针》，朝鲜外文出版社 1990

年版；
【145】[朝]金日成：《为统一祖国，实现全民族大团结的十大纲领》，朝鲜外文出版社 1993 年版；
【146】[朝]金日成：《关于建立高丽民主联邦共和国的方案》，朝鲜外文出版社 1990 年版；
【147】[朝]金正日：《全民族团结起来，实现祖国的自主和平统一》，朝鲜外文出版社 1998 年版。
【148】[德]奥斯瓦尔德·斯宾格勒著：《西方的没落》，齐世荣等译，商务印书馆 1995 年版；
【149】[德]赫尔穆特·施密特著：《行动起来　为了德国》，刘芳本等译，外语教学与研究出版 1995 版；
【150】[德]黑格尔著：《法哲学原理》，范扬、张企泰译，商务印书馆 1961 年版；
【151】[德]黑格尔著：《历史哲学》，王造时译，上海书店出版社 1999 年版；
【152】[德]康德著：《法的形而上学原理》，苗力田译，商务印书馆 1986 年版；
【153】[德]莱蒙德·谢德曼主编：《德国政治概论》，学林出版社 1999 年版；
【154】[德]乌尔里希·罗尔著：《德国经济：管理与市场》，顾俊礼等译，中国社会科学出版社 1995 年；
【155】[德]阿登纳著：《阿登纳回忆录》第一卷，上海外国语学院德法语系德语组等译，上海人民出版社 1976 年版；
【156】[德]库特·宗特海默尔著：《联邦德国政府与政治》，孙克武译，复旦大学出 1985 年版；
【157】[法]卢梭著：《社会契约论》，何兆武译，商务印书馆 1982 年版；
【158】[法]卢梭著：《爱弥儿》下卷，李平沤译，商务印书馆 1978 年版；
【159】[法]卢梭著：《论人类不平等的起源和基础》，李常山译，商务印书馆 1997 年版；
【160】[法]巴蒂福尔等著：《国际私法总论》，中国对外翻译出版公司 1989 年版；
【161】[法]孟德斯鸠著：《论法的精神》，张雁深译，商务印书馆 1997 年版；

【162】[法]托克维尔著:《旧制度与大革命》,冯棠译,商务印书馆1992年版;
【163】[法]托克维尔著:《论美国的民主》,董果良译,商务印书馆1996年版;
【164】[法]罗伯斯庇尔著:《革命法制和审判》,赵涵舆译,商务印书馆1965年版;
【165】[法]马里旦著:《人和国家》,霍宗彦译,商务印书馆1964年版;
【166】[法]贡斯当著:《古代人的自由与现代人的自由》,阎克文、刘满贵译,商务印书馆1999年版;
【167】[荷]克拉勃著:《近代国家观念》,王检译,商务印书馆1957年版;
【168】[荷]斯宾诺莎著:《政治论》,冯炳昆译,商务印书馆1999版;
【169】[加]郑海麟著:《海峡两岸关系的深层透视》,明报出版社2000年版;
【170】[加]郑海麟著:《台湾问题考验中国人的智慧》,香港海峡两岸关系研究中心2000年版;
【171】[美]查尔斯·A.比尔德著:《美国政府与政治》,朱曾汶译,商务印书馆1988年版;
【172】[美]卡尔·多伊奇著:《国际关系分析》,周启朋等译,世界知识出版社1992年版;
【173】[美]汉斯·摩根索著:《国际纵横策论——争强权,求和平》,卢明华等译,上海译文出版社1995年版;
【174】[美]戴维·W·张著:《邓小平领导下的中国》,喻晓译,法律出版社1991年版;
【175】[美]黄仁宇著:《放宽历史的视界》,中国社会科学出版社1998年版;
【176】[美]迈克尔·罗斯金等著:《政治科学》,林震、王锋等译,华夏出版社2001年版;
【177】[美]佛雷德·格林斯坦著:《政府制度与程序》,幼狮文化事业公司编译,台湾幼狮文化事业公司1983年版;
【178】[美]莫里森等著:《美利坚共和国的成长》,南开大学历史系译,天津人民出版社1980年版;
【179】[美]詹姆士·麦迪逊等著:《联邦论》,谢淑斐译,台湾猫头鹰出版社2000年版;

【180】[美]杰罗姆·巴伦等著：《美国宪法概论》，刘瑞祥等译，中国社会科学出版社1995年版；
【181】[美]路辛·派伊著：《政治文化》，台湾桂冠图书有限公司1984年版；
【182】[美]汉密尔顿等著：《联邦党人文集》，程逢如等译，商务印书馆1997年版；
【183】[美]萨拜因著：《政治学说史》，盛葵阳等译，商务印书馆1986年版；
【184】[美]查尔斯·比尔德著：《美国宪法的经济观》，何希齐译，商务印书馆1984年版；
【185】[美]汉斯·凯尔森著：《国际法原理》，王铁崖译，华夏出版社1989年版；
【186】[美]亨利·基辛格著：《大外交》，顾淑磬、林添贵译，海南出版社1998年版；
【187】[美]理查德·霍夫施塔特著：《美国政治传统及其缔造者》，崔永禄、王忠和译，商务印书馆1994年版；
【188】[美]熊玠著：《无政府状态与世界秩序》，余逊达、张铁军译，浙江人民出版社2001年版；
【189】[美]丹尼尔·J·伊拉扎著：《联邦主义探索》，上海三联书店2004年版；
【190】[美]文森特·奥斯特罗姆著：《美国联邦主义》，王建勋译，上海三联书店2003年版；
【191】[美]文森特·奥斯特罗姆等著：《美国地方政府》，井敏、陈幽泓译，北京大学出版社2004年版；
【192】[美]列奥·施特劳斯著：《自然权利与历史》，彭刚译，生活读书新知三联书店2006年版；
【193】[美]哈罗德·伯尔曼著：《法律与革命——西方法律传统的形成》，贺卫方译，中国大百科全书出版社1993年版；
【194】[美]斯皮克曼著：《和平地理学》，刘愈之译，商务印书馆1965年版；
【195】[日]松村岐夫著：《地方自治》，孙新译，经济日报出版社1989年版；
【196】[苏]费多罗夫著：《外国国家和法律制度史》，叶长良、曾宪义译，中

国人民大学出版社 1985 年版；
【197】[意]克劳塞维茨著：《战争论》，中国人民解放军军事科学院译，商务印书馆 1978 年版；
【198】[意]马志尼著：《论人的责任》，吕志士译，商务印书馆 1995 年版；
【199】[古希腊]亚里士多德著：《政治学》，吴寿彭译，商务印书馆 1995 年版；
【200】[意]尼科洛·马基雅维利著：《君主论》，潘汉典译，商务印书馆 1997 年版；
【201】[意]萨尔沃·马斯泰罗内著：《欧洲政治思想史——从十五世纪到二十世纪》，黄光华译，社会科学文献出版社 1998 年版；
【202】[英]密尔著：《代议制政府》，汪煊译，商务印书馆 1982 年版；
【230】[英]伊夫·梅尼等著：《西欧国家中央与地方的关系》，朱建军等译，春秋出版社 1989 年版；
【204】[英]霍布斯著：《利维坦》，黎思复等译，商务印书 1997 年版；
【205】[英]惠尔著：《联邦政府》，傅会仁等译，香港商务印书馆 1991 年版；
【206】[英]詹宁斯、瓦斯修订：《奥本海国际法》（第一卷），王铁崖等译，中国大百科全书出版社 1995 年版；
【207】[英]洛克著：《政府论》，叶启芳等译，商务印书馆 1997 年版；
【208】[英]戴维·米勒、韦农·波格丹诺编：《布莱克维尔政治学百科全书》，邓正来等译，中国政法大学出版社 1992 年版；
【209】[英]弥尔顿著：《为英国人声辩》，何宁译，商务印书馆 1958 年版；
【210】[英]基托著：《希腊人》，徐卫翔等译，上海人民出版社 2006 年版；

二、英文文献

【1】Azam, Kousar J. ed., Federalism and Good Governvance: Issues Across Cultures, New Delhi: South Asian Publishers, 1998.
【2】A. G. Toth, The Oxford Encyclopedia of European Community Law, Vol. 1, Institutional Law, Oxford University Press, 1990.
【3】Arlene W. Saxon house, Fear of Diversity: The Birth of Political Science

in Ancient Greek Thought, The University of Chicago Press, 1992.

【4】 Bart Elson, A Genealogy of Sovereignty, Cambridge: Cambridge University Press, 1995.

【5】 Brownlie, .Ian Principles of Public International Law, 4th edition, Oxford: Clarendon Press, 1990.

【6】 Beitz, C., Political Theory and International Relations, Princeton. NJ: Princeton University Press, 1979.

【7】 Bosco, Andrea, ed., The Federal Idea, London: Lothian Foundation Press, 1991.

【8】 Burgess, Michael, Federalism and European Union: Political Ideas, Influences, and Strategies in the European Community, 1972 – 1987, New York: Routledge, 1989.

【9】 B. Reissert, Foderalismus.D. Nohle and R. O. Schultze, eds., Politihvissenschaft, Theorien, Begriffe, Munche, 1992.

【10】 Brian Z.Tamanaha, Post-1997 Hong Kong: A Comparative Study of the Meaning of High Degree of Autonomy with a Specific Look at the Commonwealth of the Nothern Mariana Islands, 5 China Law Reporter, 1989.

【11】 Barber Benjamin R, Strong Democracy: Participatory Politics for a New Age. Berkeley: University of California Press, 1984.

【12】 Caraley, Demetrios, "Changing Conceptions of Federalism", in Political Science Quarterly, 1986.

【13】 Clive H. Church, European Integration Theory in the 1990s, University of North London, 1996.

【14】 Coleman, William D., The Independence Movement in Quebec 1945 – 1988, University of Toronto Press, 1984.

【15】 Chiu Hungdh, ed., Normalizing Relations with The People's Republic of China: Problems Analysis and Documents, Baltimore: The University of Maryland Law School, 1978.

【16】Chiu Hungdah, China and the Taiwan Issue, New York: Praeger Publishers, A. Division of Holt, Rinehart and Winston/CBS, Inc., 1979.

【17】Cronin, Thomas E, Direct Democracy: The Politics of Initiative, Referendum, and Recall. Cambridge, Mass.: Harvard University Press, 1989.

【18】Duchacek, I. D., Comparative Federlism: The Territarial Dimension of Politics, New York: Holt, Rinehart and Winston, 1970.

【19】Denton, Geoffrey, .Federalism and European Union after Maastricht, January 1993, London: HMSO, 1993.

【20】Duchacek, Ivo D., Comparative Federalism: The Territorial Dimension of Politics, Lanham, Md.: University Press of America, 1987.

【21】David Butler, Austin Ranney, eds., Referendums around the World: The Growing Use of Direct Democracy, Washington, D. C.: American Enterprise Institute Press, 1994.

【22】David Held, Anthony McGrew, eds., Global Transformation: Politics, Economics and Culture, Stanford University Press, 1999.

【23】E.Gellner, Nations and Nationalism, Oxford: Basil BlacK-Well Press, 1983.

【24】Edward Hallett Carr, Conditions of Peace, New York: Macmillan, 1942.

【25】Forsyth, Murry, ed., Federalism and Nationalism, Leicester University Press, 1989.

【26】Grady, Patrick M., The Economic Consequences of Quebec Sovereignty Vancouver: Fraser Institute, 1991.

【27】Gregory Henderson, Richard Ned Lebow and John G. Stoessinger, eds., Divided Nations in a Divided World, New York: David Mckay company, Inc. 1974.

【28】Hans J. Michelmann, Panayotis Soldatosed, European Integration Theories and Approaches, University Press of America, Inc, 1994.

【29】Hurst Hannum, Autonomy, Sovereignty, and Self-Determination, The Accommodation of Conflicting Rights, Revised Edition, The University of Pennsylvania Press, 1996.

【30】Hall, Kermit L., Federalism: A Nation of States, Garland Publishing, Inc., 1987.

【31】House Peter, William and Wilbur A. Steger, Modern Federalism: An Analytical Approach, Lexington, Mass.: Lexington Books, 1982.

【32】Hackworth, Green H., Digest of International Law, Vol.1, Washington, D. C.: U. S. Government Printing Office, 1940.

【33】Holland, Martin, European Integration: From Community to Union, London: Pinter Publishers, 1994.

【34】ISKS, Rethinking the Korean Peninsula, 1993.

【35】James G. kellas, The Politics of Nationalism and Ethnicity, London: Macllan Itd. Press, 1991.

【36】Jean Bodin, On Sovereignty, Four Chapters from The Six Books of the Commonwealth, edited by Julian H. Franklin, 2003.

【37】Hine, David, The Italian Referendum of 8/9 November 1987, in Electoral Studies 7.

【38】Hans Kelsen, The Law of the United Nations: A Critical Analysis of Its Fundamental Problems, 1950.

【39】King Preston, Federalism and Federation, London: Groom Helm Ltd., 1982.

【40】Korea Institute for National Unification, The Korean Journal of National Unification, 1997 – 2000.

【41】Lapidoth, Ruth, "Sovereignty in Transition", Journal of International Affairs, Vol. 45, No.2, 1992.

【42】Lister, Frederick K., The European Union, the United Nations, and the Revial of Confederal Goverance, West port: Greenwood Press, 1996.

【43】Murray Forsyth, Union of States: the Theory and Practice of Confederation, Leicester University Press, 1981.

【44】Marshall G., Constitutional Theory, ch.3. Oxford: Oxford University Press, 1971.

【45】P. S. R. F. Mathijsen, A Guide to European Union Law, Sixth Edition, 1995.

【46】Reid, Scott. Canada Remapped, How the Partition of Quebec Will Reshape the Nation, Vancouver, Pulp Press, 1992.

【47】Rejai, Mostafa, Political Ideologies: A Comparative Approach, 2nd ed., M. E. Sharpe, Inc., 1995.

【48】Riker, H., William, The Development of American Federalism, Boston: Kluwer Academic Publishers, 1987.

【49】Radha Kumar, Settling Partition Hostilities: Lessons Learned, Options Ahead, in Michel Seymour, ed., The Fate of the Nation State, Montreal-Kingston: McGill-Queen's University Press, 2004.

【50】Research Center for Peace and Unification of Korea, Korea and World Affairs, Vol. 88, No.1, Spring 1999.

【51】Ruth Lapidoth, Autonomy and Sovereignty: Are They Mutually Exclusive? In New Political Entities in Public and Private International law with Special Reference to the Palestinian Entity, Kluwer Law International, 1999.

【52】Sawer, G., Modern Federalism, 2nd ed., London: Watts, 1976.

【53】Stankiewics, W. J., Aspects of Political Theory: Classical Concepts in an Age of Relativism. London: Collier-Macmillan, 1976.

【54】Sartori, Giovanni, The Theory of Democracy Revisited. Chatham, N.J.: Chatham House, 1987.

【55】Schmidt, David D. Citizen, Lawmarkers: The Ballot Initiative Revolution. Philadelphia: Temple University Press, 1989.

【56】Schumpeter, J., Capitalism, Socialism and Democracy, 6th ed. London: Unwin Paperbacks, 1987.

【57】Slaughter, International Law and International Relations Theory: A Dual Agenda, 87 American Journal of International Law, 1993.

【58】 The Sejong Institute, Korea's National Strategy, 1997.

【59】 The Sejong Institute, The Political Economy of Korean Unification, 1998.

【60】 Thomas M. Frank, The Emerging Right to Democratic Governance, 86 American Journal of International Law, 1992.

【61】 Truman D B, Federalism and the Party System. In MacMahon Arthur, ed. Federalism: Mature and Emergent, Garden City: New York Doubleday, 1955.

【62】 Wise, Mark, Single Market to Social Europe: The European Community in the 1990s, New York: Wiley, 1993.

【63】 Walker Connor, National Self-Determination and Tomorrow's Political Map, in Alan C. Cairans etal., Citizenship, Diversity and Pluralism. Montreal and Kingston: McGill-Queen's University Press, 1999.

【64】 Willianm H. Riker, Jonathan Lemco, The Development of American Federalism, Klawer Academic Publishers, 1987.

【65】 White, Morton, Philosophy, the Federalist, and the Constitution, New York: Oxford University Press, 1987.

【66】 Zimmeman, Joseph F, Participatory Democracy, New York: Praeger, 1986.

后 记

1999年9月至2002年7月，我师从中国人民大学黄嘉树教授攻读政治学专业博士学位。三年多的时间里，我在导师的指导下，潜心研究台湾政治与两岸关系。本书是在我博士学位论文的基础上加工而成的，论文曾获“中国人民大学优秀博士学位论文奖”。

本书在大陆出版之际，我要特别感谢我的导师。本书是在他的精心指导下完成的，其中的第一章还是导师与我的合作成果，里面直接凝聚着导师的心血。我还要向曾参加过我博士学位论文评议和答辩的教授们表达深深的敬意，他们是：清华大学国际问题研究所阎学通教授，北京大学国际关系学院李义虎教授、牛军教授，中国社会科学院台湾研究所刘红研究员，中国人民大学国际关系学院张鸣教授、张小劲教授、周淑真教授。他们对本论文给予充分肯定的同时，也提出了非常宝贵的意见和建议，在此深表感谢。

在这里，我需要特别感谢的是，远在台湾的杨莲福博士。本书以繁体字本形式在台湾由博扬文化出版有限公司出版，这应归功于他的热情关照。回忆与莲福博士交往的几年，他一直关心、支持我的学术研究，每次从台北飞来北京，都为我带来岛内出版的相关研究资料，在此向他表示由衷的谢意。

在本书出版的过程中，得到了九州出版社总编辑王杰先生的支持和关照，特别是责任编辑祝松先生为本书的出版付出了大量的心血，在此一并向他们表示感谢。

王英津

2008年4月18日

于中国人民大学